모든
마음에는
이유가 있다

。

나를 인정하고
타인을 긍정하는
마음 성장 연습

김혜영(마거) · 이수란(대박사) 지음

위즈덤하우스

일러두기

* 본문에 실린 에피소드는 모두 저자가 임의로 꾸며낸 이야기이며 특정인 또는 특정 사례와 무관합니다.

* 참고 문헌 표기는 APA(American Psychology Association) 방식을 따랐으며 본문에 인용된 순서대로 표시하였습니다.

심리학을 알고 나면
왜 마음이 편해질까

이 책을 쓴 마거와 대박사는 심리학을 공부하며 지식을 축적하고 전문 기술을 습득하는 과정에서 심리학 이론을 아는 것만으로 편해지는 경험을 했다. '아… 인간은 원래 그렇구나. 나만 그런 게 아니네.' 아는 것만으로도 안심이 되었다. 그리고 불편한 상황을 마주했을 때 인간으로서 자기 자신을 탐구하면서 어떻게 하면 나답게 살아갈 수 있을까 고민하고 답을 찾아가는 데 심리학이 큰 도움이 되었다.

심리상담실과 학교에서 만난 내담자와 학생들도 우리와 크게 다르지 않았다. 정도의 차이만 있을 뿐, 인간의 보편적이고 자연스러운 특성인데도 나에게만 문제가 있는 건 아닐까 고민하는 사람들이 많았다. 그런 사람들에게 그것이 인간으로서 겪는 자연스러운 심리 현상임을 설명해주기만 해도 안심하고 위로받았다.

물론 알기만 한다고 해서 변화가 일어나지는 않는다. 자신의 감정도 들여다봐야 하고 두려워도 용기 내어 시도해보는 과정도 필요하다. 그럼에도 불구하고 앎이 변화의 출발점이 될 수 있다는 것만은 분명한 사실이다.

이런 쓸모가 있는 심리학을 대중에게 제대로 전달해주고 싶어서 〈알면 편한 심리학〉(이하 〈알편심〉) 팟캐스트 방송을 시작했다. 방송명처럼 알면 마음이 편해지는 데 도움이 되는 심리학 이야기를 나누는 방송이다. 입증된 실험이나 이론을 소개함으로써 사람들이 배움의 재미도 느끼고, 알게 된 것을 삶에 적용해서 자유롭고 편해지기를 바라는 것이 우리의 기획 의도였다. 이런 의도가 잘 전달되어 도움이 되었다는 반응도 많았고 한편으로 방송을 통해 마음의 위로를 받았다는 분도 많았다. 위로가 필요한 시대임을 다시금 깨닫는 순간이었다.

〈알편심〉이 어떤 이유로 위로가 되는지 생각해보았다. "당신은 괜찮은 사람이에요" 혹은 "존재 자체로 소중해요" 같은 말 한마디가 큰 힘이 될 때가 있다. 심리상담에서 깊은 위로를 받는 이유가 여기에 있다. 심리상담에서는 자신의 모습과 상태를 온전히 보여주고 평가나 비판 없이 수용되는 경험을 하게 된다. 그렇다고 부적절한 행동이나 왜곡된 생각이 옳다고 지지해준다는 의미는 아니다. 그 사람의 세계가 이해받고 존재 자체로 존중받는 경험에서 깊은 위로를 느끼는 것이다. 그 과정에서 스스로를 포기하지 않고 건강하게 일으켜 세울 용기도 생긴다.

〈알편심〉이 심리상담은 아니지만 적어도 방송을 들으며 스스로의 심리 상태와 존재 방식을 정확히 이해해볼 수 있는 기반을 제공했던 것 같다. 그로 인해 자기 자신을 있는 그대로 수용할 수 있는 힘이 생기지 않았을까? '도대체 내가 왜 이러지' 싶은 혼란스럽고 불안한 상황의 근원을 이해해보고, 결코 내가 이상해서 겪는 일은 아니라는 말, 그리고 충분히 건강한 방식으로 변화할 수 있다는 근거에 기반한 이야기를 듣자 안심하고 위로받았다는 분들이 많았다.

심리학을 알면 확실히 편해질 수 있다. 내가 왜 이러나 싶었던 이유를 알게 되고 나만 그런 게 아니었음도 깨닫는다. 자신과 타인에 대한 이해가 넓어지는 느낌도 든다. 하지만 심리학을 알고 나서 삶이 달라졌는지 묻는다면 머뭇거려진다. 확실히 편해지긴 했는데 늘 같은 고민을 하고 뒤늦게 후회하는 것은 예전과 비슷하다. 아마도 실제 '행동'이 빠졌기 때문일 것이다. 아는 것과 행동하는 것은 다르며 행동한 후에야 진정한 변화를 경험할 수 있다.

이 책은 행동을 통한 삶의 변화를 직접 경험하길 기대하는 마음으로 썼다. 나답게, 자유롭고 충만하게 살기 위해서는 삶의 전부를 바꾸는 대단한 변화가 아니라 아주 사소하고 쉬운 행동 하나가 필요할 뿐임을 함께 나누고 싶었다. 평소 안 하던 무언가를 해보는 것은 언제나 낯설고 어렵다. 호기로운 도전 끝에 기대했던 무언가가 없을 수도 있다. 하지만 그 모든 과정이 우리의 삶 어딘가엔 의미 있는 무엇으로 남을 것이라고 말해주고 싶다.

그런 의미에서 이 책은 여느 자기계발서와는 다르길 바라는 마음으로 썼다. 책대로 하면 당신이 행복해질 것이다, 성공할 것이다 이런 약속은 하지 못하겠다. 다만 당신다움은 어떤 모습인지, 지금 당신답게 살고 있는지, 혹여 그렇지 않다면 당신답게 살지 못하는 이유는 무엇인지 묻고 싶다. 그리고 당신이 뭔가를 원하고 있다면 지금 당장 도전해볼 수 있는 힘을 실어주고 싶다.

2020년 전 세계를 덮친 전염병 코로나바이러스감염증-19(이하 '코로나19')로 인류는 전대미문의 시간을 보냈다. 실체를 알 수 없는 신종 감염병에 대한 불안과 공포, 그리고 이 고난이 언제 끝날지 알 수 없는 상황에서 우리는 크나큰 불확실성에 내던져졌다. 새로운 해가 되었지만 아직도 우리의 삶은 코로나19의 영향에서 벗어나지 못했다. 그럼에도 불구하고 우리 모두 잘 버텨왔다고 손뼉을 쳐주고 싶다. 코로나19 사태 속에서 우리는 거대한 자연과 불확실한 미래 앞에서 속수무책일 수밖에 없는 인간의 한계를 보았지만, 동시에 적응하고 견디고 연대하는 인간의 힘도 경험했다.

코로나19는 언젠가 분명히 끝날 것이다. 그렇지만 이 경험은 우리에게 한동안 트라우마로 남을 것이다. 더 나아가 우리 삶의 양식에 전반적인 변화를 가져올 것으로 예측된다. 이런 시대일수록 요동치는 마음을 잘 들여다보고 중심을 잘 잡는 것이 절실할 수 있다.

그러기 위해 삶이라는 것이 근본적으로 불확실하다는 것을 수용하고, 내가 통제할 수 있는 것과 통제할 수 없는 것을 구분해내야 한다. 그리고 나서 통제할 수 있는 것에 집중해 문제를 해결하고, 통제할 수 없는 것은 수용하고 인내하는 마음의 힘을 기르는 것. 이 일련의 과정이 더없이 중요하다. 이때 필요한 것은 스스로에 대한 믿음과 존중, 타인에 대한 이해와 배려, 자기 자신 또는 서로에게 건네는 위로와 소소하게 경험하는 삶의 행복이리라. 이 과정에 도움이 될 만한 내용으로 이 책의 꾸러미를 구성했다.

〈알편심〉 방송을 진행하면서 모든 반응이 즐겁고 감사했지만 특히 뿌듯하고 기분 좋았던 후기가 있다. 방송을 듣고 용기 내어 변화의 행동을 시도해봤는데 너무나 좋은 경험을 했다는 내용이었다. 부디 이 책을 읽는 독자들도 알면 편해지는 삶, 더 나아가 알을 깨고 나와 자기답게 훨훨 나는 자유를 경험할 수 있기를 소망해본다.

이 글을 쓰며 〈알편심〉 방송을 처음 시작했던 때가 떠올랐다. 심리학자로서 누군가에게 도움을 주고 싶다는 마음으로 출발한 미약한 시도가 3년을 이어왔다. 우리가 누군가를 돕는다는 마음으로 시작했지만 오랜 시간 〈알편심〉이 지속될 수 있었던 것은 청취자들의 힘이었다. 무한한 응원과 격려를 보내주신 〈알편심〉 청취자들에게 이 기회를 빌려 감사 인사를 드린다. 덧붙여 이 책이 나오는 과정에서 포기하고 싶었던 순간 우리의 원고가 충분히 괜찮다고 용기를 주셨던 〈알편심〉 애청자 남은경 편집자에게도 진심으로 고맙다.

2021년 5월
마거, 대박사

차례

1부

'해야 한다'를
'해도 된다',
'할 수 있다'로
바꿔보자

1

오늘부터 당장 시작하고 싶은데
자꾸만 미루게 돼요

많은 사람이 '해야 하는 걸 알면서' 혹은 '꼭 해낸다는 목표를 세웠지만', 심지어 '다이어리에 손수 써두기까지 했는데' 행동으로 옮기기가 어렵다고 말한다. 대박사도 마찬가지다. 강의 자료 만들겠다고 앉아서 인터넷 기사 검색만 30분. '아, 정신 차려야지' 하고 또 한 시간. "어? 점심시간이네. 우선 밥부터 먹고." 발등에 불이 활활 타올라야 겨우 시작한다.

마거도 크게 다르지 않다. 집에 가자마자 밀린 빨래랑 청소해야지 하고 들어가지만 어느샌가 누워서 인터넷 검색을 하고 있다. '아, 내일 하지 뭐, 빨래가 썩겠어?' 내일이 오면 뭐든 다 할 것만 같다. 어차피 오늘은 다 지나갔으니, 내일부터! 의지를 다진다. 그리고 또 오늘 같은 내일의 반복.

나는 게으른 걸까?
의지가 약한 걸까?

도대체 왜, 이토록 미루고 중간에 스르르 그만두게 될까? 나란 사람, 게으름뱅이에 의지박약인가?

　이런 고민을 하는 사람이 주목해야 할 개념이 있다. '꾸물거림procrastination'이다. 심리학에서는 의도적으로 시간을 끌거나 일을 미루는 것을 '꾸물거림' 혹은 '지연 행동'이라고 표현한다. 적당히 여유 부리는 수준이 아니라 '불필요하게' 계속 미뤄서 결국 나쁜 결과를 얻는데도 이 패턴을 버리지 못할 때, 꾸물거린다고 할 수 있다.

　일반적인 꾸물거림 척도 단축형을 소개한 논문이 2019년에 발표되었는데, 문항이 아홉 개로 짧으니 다음 페이지에서 한번 체크해봐도 좋겠다. 각 문항을 통해 꾸물거리는 사람의 특징을 알 수 있다. 체크한 문항이 많다면? 지금도 꾸물거리고 있을 가능성이 매우 높다. 이 챕터 읽기를 미루지 않길 바란다!

　일 좀 미룬다 하는 사람들에게 매우 유명한 TED 강연이 있다. 팀 어번Tim Urban은 심리학자는 아니지만 '할 일을 미루는 사람의 심리Inside the mind of a master procrastinator'라는 강연에서 꾸물거리는 이유를 그 누구보다 직관적이면서도 재미있게 설명했다. 그는 꾸물거리는 사람의 뇌에는 합리적 의사 결정자와 즉각적 만족을 추구하는 원숭이가 살고 있다고 표현했다. 꾸물거리는 사람의 머릿속에도 합리적 의사 결정자가

☐ 어떤 일의 마감을 앞두고 있을 때, 종종 다른 일을 하면서 시간을 낭비한다.

☐ 내일 하겠다고 계속 말하고 있다.

☐ 마감이 임박해서 하다 보니 필요 이상으로 일을 빨리 끝내곤 한다.

☐ 일반적으로 내가 해야 할 일을 시작하기도 전에 미룬다.

☐ 보통 하루에 계획한 모든 일을 완수하지 못한다.

☐ 보통 내가 해야 할 모든 일을 처리하지 못한 채로 저녁에 휴식을 취한다.

☐ 그저 앉아서 하기만 하면 되는 일인데도 며칠 안에 끝내는 경우가 매우 드물다.

☐ 종종 며칠 전에 해야지 했던 일을 지금 하고 있는 나 자신을 발견한다.

☐ 필수품을 다 떨어질 때가 되어서야 급하게 구입하곤 한다.

살고 있기 때문에 늘 비합리적이지는 않지만 그놈의 즉각적 만족 추구 원숭이가 이길 때가 많다.

즉각적 만족을 추구하는 원숭이가 우리를 장악하고 있을 때, 우린 해야 할 일보다 당장 하고 싶은 일, 재밌는 일을 하게 된다. 꾸물거림의 시작이다. 그러나 다행히도 우리에겐 '패닉'이라는 최후 저지선이 있어서 마감이 코앞으로 다가오면 그제야 움직인다. '큰일 났다. 이제 더 이상은 안 된다'라는 불안감이 닥쳐야 몰아치듯 일하는 것이다. 어쨌든 기어이 일을 해내긴 하니까 이 패턴은 반복된다. 그렇게 벼락치기 인생이 된다.

팀 어번의 설명은 심리학적 견해와도 일치한다. 즉각적인 만족을 추구하는 것은 본능적이고 자연스러운 일이다. 고대부터 먹을 것이 있을 때 먹고, 잘 수 있을 때 자는 것이 생존에 유리했다. 이런 원시적 본능이 남아 있기에 지금 당장 즐겁고 편한 쪽을 선택하게 된다. 그러니 좀 꾸물거린다고 해서 자책할 필요는 없다. 인간의 본능이니까 말이다.

꾸물거림에도 여러 가지 유형이 있다

'내 안의 원숭이가 날뛰고 있구나'라고 생각하는 것으로 꾸물거리는 이유가 선명해지면 좋겠지만 그걸로는 다 설명할 수는 없다. 심리학자 린다 서페이딘Linda Sapadin은 많은 임상 경험을 바탕으로 꾸물거리는 사람을 여섯 유형으로 구분했는데, 이를 통해 내가 꾸물거리는 진짜 이유를 알 수 있을 것이다.

① 완벽주의자perfectionist

꾸물거리는 첫 번째 이유는 완벽을 추구하는 성향인 '완벽주의' 때문이다. 완벽하게 잘하고 싶은 마음을 가질 수는 있지만 지나치게 높은 기준만 바라보는 부적응적 완벽주의는 문제다. 완벽하게 해내야 한다고 생각하니 철저하게 계획을 세우고 준비하느라 시작하기도 전에 지친다. 특히 완벽주의 성향의 사람들은 완벽하지 못할 것 같으면 시작도 하지 않는다. 실패하느니 안 하는 게 낫다는 마음이다. 너무 잘하려는 마음 때문에 그 누구보다 열심히 하면서도 끝내지 못하는 경우가 많다.

② 몽상가dreamer

막연하게 '잘되겠지' 하며 현실적인 계획을 세우지 않는 유형이다. 얼핏 자기 자신을 긍정적으로 평가하는 낙관적인 사람처럼 보이지만 객관적인 근거나 계획 없이 그저 상상할 뿐이다. 비현실적 낙관주의에 빠진 이 유형의 사람들은 "금방 끝나", "그거 별일 아니야" 하며 호언장담하지만 일을 처리하는 데 걸리는 시간이나 노력은 제대로 계산하지 않는다. 온갖 훌륭한 아이디어와 멋진 목표를 말하곤 하지만 세부 사항에는 관심이 없다. 큰 꿈을 꾸지만 실행은 귀찮아하기 때문에 늘 꿈에서 끝난다.

③ 걱정이 많은 사람worrier

걱정과 불안이 높은 사람도 꾸물거린다. 이 유형은 스스로에게 '만약 이런 일이 생기면 어떻게 하지?'를 끊임없이 질문하느라 일에 집중하지 못한다. 걱정하는 데 너무 많은 시간을 쓴다. 걱정한다고 일을 잘 마무리할 수 있는 것도 아닌데 말이다.

④ 마감의 스릴을 즐기는 사람crisis-maker

벼랑 끝에서 간신히 살아나는 것을 즐기는 사람도 있다. 이 유형은 걱정이 많은 사람들과 정반대에 서 있다. 마감 직전의 압박감을 즐기고 압박감이 클수록 더 잘한다고 생각한다. 이들은 미리 할 수 있는데도 마지막 순간까지 기다리고 밤새워 일한다. 젊을 때는 괜찮다고 생각할지 모르지만 나이가 들수록 이런 패턴을 유지하기 힘들어지고 부정적인 결과가 나타나는 경우도 많아진다.

⑤ 반항아defier

'왜 내가 해야 하지?'라는 마음으로 살아가는 사람들이다. 기본적으로 규칙을 따르기 싫어하고 통제당하는 데 거부감을 느낀다. 어떤 일을 해야 할 때, 특히 그 일이 온전히 자기 것처럼 느껴지지 않을 때 공공연히 반항한다. 때로는 "내가 할게"라고 말은 하지만 끝까지 하지 않음으로써 수동적인 반항을 하기도 한다.

⑥ 일을 과도하게 하는 사람overdoer

거절을 잘 못 하거나 우선순위 설정을 힘들어해서 너무 많은 일을 떠맡고 있는 사람도 결국은 미루게 된다. 특히 다른 사람의 요청을 거절하지 못해서 늘 바쁘게 움직이느라 자꾸 깜빡깜빡한다. 이들은 스스로 게으르다고 생각하지만 실제로는 게으름과 거리가 멀다.

습관적으로 미루고 있다면
내 안에 그 답이 있다

스스로 하겠다고, 하고 싶다고 생각한 일도 미루는데 진정으로 원하는 목표가 아니라면? 미루기는 극대화된다. 셀던Sheldon과 엘리엇Elliot의 자기-일치 모형에 따르면 목표가 개인의 욕구 및 가치와 일치할수록 지속적인 노력을 기울이게 되고 그 결과 목표 달성 확률이 높아진다. 그에 따라 심리적 만족감도 더 많이 경험한다. 반대로 자기가 진정으로 원하는 목표가 아닌, 그저 남들 보기에 좋아 보이는 일, 그렇게 안 하면 죄책감이나 수치심이 들어서 세운 목표, 스스로 의미를 찾기 어려운 일을 추구할 때는 자꾸 미루거나 작심삼일이 될 확률이 높다. 취미 활동은 부지런히 하면서 회사 일은 미루게 되는 것은 아마 이런 이유일 것이다.

작가가 되고 싶다고 하면서도 엉덩이 붙이고 앉아서 글을 쓰지는 않는 미진 씨. 영감이 떠오르지 않아서, 글 쓸 기분이 아니라서, 다른 일로 바빠서, 다양한 이유로 글쓰기를 미룬다. 하루 이틀은 한 줄이라도 쓰겠다는 결심을 지키지만 지속하기가 쉽지 않다.

이럴 때는 작가가 되고 싶은 게 진짜 자기 욕구인지 물어야 한다. 미진 씨가 작가를 꿈꾸는 것은 당연했다. 유명 대학 문예창작과를 졸업했으니 글을 써야 할 것 같았다. 함께 졸업한 동기들은 한 작품씩 써서 작가가 됐는데 나라고 못할까 싶기도 했다. 질투와 부러움, 누군가의 기대에 부응해야 한다는 생각. 하지만 미진 씨가 진정으로 원하는 것은 아니었다. 가짜 목표로 향하는 길이었기에 도무지 흥이 나지 않았다.

무조건 해내야 한다는 마음을 버리고
차근차근 솔직하게

미루는 이유와 꾸물거림 유형을 알게 됐다고 해서 갑자기 계획을 잘 지키는 사람이 되지는 않는다. 현재를 점검하는 것부터 깊은 내면을 들여다보는 것까지 변화를 시도해야 한다. 어떻게 하면 작심삼일에 그치지 않고 할 일을 할 수 있을까?

내 행동을 관찰하고 기록하기만 해도
미루는 습관을 고칠 수 있다

변화의 첫 번째 단계는 정말 미루고 있는지, 언제, 어떻게, 얼마나 미루고 있는지 확인하는 것이다. 자신에 대한 기준이 높은 사람들은 충분히 제때 잘 해내면서도 스스로 미루고 있다고 생각하기도 한다. 하루를 시간대별로 잘게 쪼개서 무엇을 하며 시간을 보내는지 기록해보자.

벌써 마음이 어려워진다. '그거 쓰고 있을 시간에 그냥 일을 하겠네' 싶기도 할 것이다. 하루를 전부 기록하기 힘들다면 집중해서 뭔가를 하고 싶은 시간대를 정하고 그 시간을 어떻게 보내고 있는지 살펴보자. 반복해서 관찰하다 보면 미루기 패턴을 발견할 수 있을 것이다.

별것 아닌 듯한 단순한 방법이지만 실제로 효과가 있다. 이스트캐롤라이나대학 로버트 커렐스Robert Carels 팀의 연구에 따르면 다이어트 다이어리, 운동 다이어리를 꾸준히 쓴 사람들은 쓰지 않은 사람보다 체중을 더 많이 감량하고 운동을 더 많이 했다. 셀프 모니터링self-monitoring 효과다. 무엇을 얼마나 먹고 있는지, 운동에 얼마나 시간을 투자하는지, 오늘 몸무게는 몇 킬로그램인지 관찰하는 것만으로 옳은 것을 선택하고 지속할 수 있었다. 앉아서 일하는 사람들을 대상으로 앉은 자세를 셀프 모니터링 하게 했을 때, 그 빈도가 낮든 높든 셀프 모니터링을 하지 않은 사람들에 비해 바른 자세를 유지하는 시간이 훨씬 길었다. 어떤 형태든 스스로를 관찰하고 점검하는 과정이 원하는 행동을 하게 할 확률을 높였다.

혹시 지금 '효과는 잘 알겠고요. 그런데 저는 좀 귀찮고요. 정 그렇게 효과가 있다면 내일부터 쓸게요'라고 생각하진 않았는가? 내일을 떠올리는 순간 이미 미루기가 시작되었다. 지금 당장 써보자.

미루기를 멈추는 마법의 주문, '일단 시작하자'

뭔가를 미루고 있을 때, 당신은 보통 뭐라고 말하는가? 소파에 몸을 파묻고 채널을 이리저리 돌리면서 "운동해야 하는데…" 하고 있진 않은가? 꾸물거리는 사람들이 자주 쓰는 말이 있다. "해야 한다", "원래 그렇다", "이 일은 너무 중요하다" 등이다. 문제없는 말처럼 들리지만 가만히 들여다보면 '내가 하고 싶은 건 아니지만 어쩔 수 없다'라는 마음이 잔뜩 담겨 있다. 내 선택은 쏙 빠지고 의무만 남아 있으니 역시 미룰 궁리를 하게 된다.

말은 의외로 힘이 세다. 심지어 혼잣말이라 할지라도. 자기 생각을 말로 표현하는 것을 셀프 토크self-talk라고 하는데 선택과 긍정을 담은 셀프 토크는 자기 확신을 품게 하고 동기를 부여한다. "해야 한다"라는 말 대신 "이걸 하겠어", "반드시 끝내야만 해" 대신 "지금 시작할까?", "이 일은 너무 중요해" 대신 "하나씩 해보자", "쉴 시간도 없네" 대신 "산책할 시간을 만들어야지"라고 말해보자. 습관처럼 셀프 토크를 하는 것도 좋은 방법이다.

우리는 할 일을 생각하는 순간 압도되곤 한다. 왜 늘 할 일은 가득 쌓여 있는지, 도대체 언제 다 하나 싶다. 한숨과 함께 소파와 한 몸이 된다. 이때 우리를 움직이는 셀프 토크 한마디는 "일단 시작하자"다. "일단 시작하자"를 내뱉고 자리에 앉으면 뭐라도 하게 되고, 시작하고 나면 어느새 많은 일을 처리하게 된다.

자기효능감을 길러주는
아주 작은 목표의 힘

성적이 자꾸 떨어지는 탓에 부모 손에 이끌려 상담소에 온 아이가 있었다. "상담을 받는 동안 어느 정도 성적이 올랐으면 좋겠니?" 하고 물었더니 중간고사에서 40점 받은 수학 점수가 80점은 되면 좋겠단다. 오늘부터 두 시간씩 수학 문제집을 풀겠다, 인터넷강의도 듣겠다는 계획을 쏟아냈다. 할 수 있다며 호기롭게 상담실을 나섰지만 그다음 시간에 만난 아이는 하루 두 시간은커녕 일주일 전체를 따져도 두 시간을 앉아 있지 못했다고 고백했다. 예상한 결과였다. 거대한 목표와 거창한 계획은 꾸물거림으로 향하는 지름길이다.

계획을 새로 세우기로 했다. 수학 문제집을 펼쳐서 단원 목록 읽어보기, 하루에 두 문제 풀기로 정했다. 이걸 목표라고 해도 되나 싶을 정도로 작은, 실패하기엔 너무 어려운 수준이었다. 일주일 후에 만난 아이는 의기양양해져 있었다. 우선 펼쳐 보니 아는 것도 좀 있고 두 문제만 풀기엔 아쉽기도 했다고⋯ 어떤 날은 스무 문제도 넘게 풀었다고 자랑했다.

목표와 계획을 작게 세워야 하는 첫 번째 이유는 우리 뇌에 있다. 인간은 본능적으로 즉각적 만족을 선호한다는 설명을 기억하는가? 작은 목표와 계획은 달성할 가능성이 크고, 성취에 대한 즉각적 만족은 보상이 된다. 보상받은 뇌는 쾌락을 느끼게 만드는 도파민을 분출한다. 우리의 똑똑한 뇌는 긍정적인 경험을 이끌어낸 행동을 더 자주, 더 오래, 더 강하게 하려고 한다. 작은 성취 경험으로 뇌는 미루는 것보다 하는 것이 더 즐거움을 알게 된다.

작은 성취 경험이 도파민만 분출하고 사라지는 것은 아니다. 자신이 어떤 일을 성공적으로 해낼 수 있다고 믿는 '자기효능감self-efficacy' 역시 높아진다. 그 결과 자기효능감이 높은 일에 대해서는 해내겠다는 의지가 더 커진다. 식습관 연구에서 건강하게 먹는 태도를 결정하는 핵심 요인은 타인에게 잘 보이고 싶은 마음이나 건강하게 먹어야 한다는 규범이 아니라 '나는 건강한 식습관을 가질 수 있다'라고 믿는 자기효능감 수준이었다. 자기효능감이 낮은 사람이 자신을 의심하며 괴로워할 때, 자기효능감이 높은 사람은 목표를 향한 집중력을 발휘하며 목표의 크기를 조금씩 늘려간다.

마거는 히말라야 안나푸르나를 오를 때, 목표 작게 쪼개기의 효과를 톡톡히 경험했다. 마의 구간이라 부르는 촘촘한 계단만이 끝없이 펼쳐지는 길을 올라야 했다. 제 발로 온 거였지만 저 계단 끝까지 올라야 한다 생각하니 막막하기만 했다. 그때 생각과 시선을 바꿔보았다. 먼 산을 보지 않고 계단 하나하나에 집중하자 마음먹었다. 계단 하나를 목표로 걸었더니 어느새 목적지에 도달해 있었다. 아마도 계단을 오를 때마다 보상을 받은 뇌가 지속할 힘을 불어넣어 주었을 것이다.

인생의 큰 방향을 염두에 두고 지향점을 바라보며 걸어야 하는 것은 맞다. 하지만 거대한 목표에만 집중하다 보면 도달하지 못할 듯한 느낌 혹은 압도되는 느낌에 우리 뇌는 한 걸음 한 걸음을 무겁게 받아들인다. 오히려 목표를 쪼개서 작은 목표에 집중하다 보면 가벼운 걸음으로 어느덧 인생의 큰 목표에도 가까워져 있을 것이다.

계획을 세울 때는 행동을 구체화하는 것이 중요하다. 막연하게 '운동해야지'가 아니라 '저녁 먹고 30분 걷겠다'가 실행 가능성이 훨씬 높은 계획이다. 행동을 구체화할 때는 육하원칙을 생각하면 쉽다. '누가(누구랑), 언제, 어디서, 무엇을, 어떻게, 왜'가 포함된 계획을 세워보자. 이 모든 것을 다 계획에 넣기 어렵다면 '~하면 ~하겠다'와 같이 특정 상황과 행동을 연결하는 계획을 세우는 것으로도 충분하다. '다이어트를 위해 조깅을 하겠다'가 아니라 '저녁 7시가 되면 조깅을 하러 나간다'와 같이 계획하는 것이다.

행동을 구체화할수록 실제 행동에 옮기는 비율도 높아진다. 방학을 앞둔 대학생들을 두 집단으로 나눈 후, 한 집단에게 방학 동안 써야 할 보고서 작성을 위해 구체적인 계획을 세우라고 했다. 이 학생들은 '크리스마스 다음 날, 오전 10시부터 동네 카페 창가 자리에 앉아서 세 시간 동안 보고서를 쓰겠다'와 같이 상세한 계획을 세웠다. 다른 집단에겐 동일한 보고서 작성 과제를 내주면서 구체적인 계획은 별달리 언급하지 않았다.

방학이 지난 후 구체적인 계획을 세운 학생들은 3분의 2가 보고서를 작성한 반면 구체적인 계획이 없었던 학생들은 4분의 1만 보고서를 작성했다. 연구자들은 계획을 구체화할수록 그것을 떠올리게 하는 상황이 많아지기 때문이라고 설명한다. 크리스마스, 오전 10시, 동네 카페, 창가 자리 등만 봐도 보고서 과제를 의식하게 될 테니 말이다.

내가 진짜 원하는 일이 맞는지
가슴에 손을 얹고 물어보자

앞서 소개한 방법들을 적용해보고 노력했는데도 번번이 작심삼일에 머문다면 좀 더 근원적인 질문을 던져야 한다. "이 일이 나의 진짜 욕구, 가치와 일치하는가? 정말 내가 원하는 것인가?"

작가는 되고 싶지만 글은 쓰지 않았던 미진 씨처럼 진정으로 원하는 목표가 아닐 때는 작은 성공 경험 대신 실패 경험만 쌓일 수도 있다. 이 목표를 달성하는 것이 자신에게 어떤 즐거움을 주는지, 내가 좋아하는 것과 어떻게 연결되는지, 내가 추구하는 삶과 얼마나 가까운지 질문해볼 필요가 있다.

〈알편심〉 방송에서 (꽤 자랑스럽게) 소개했지만 책에는 못 싣겠다 싶었던 에피소드가 있다. 대박사가 한창 글쓰기 습관을 만들고자 노력하던 때였다. 그 당시 준비하던 책이 있었는데 그 전까지 잘 먹혔던 벼락치기 전략이 글쓰기에는 통하지 않았다. 그대로라면 마감 기한을 도저히 못 지킬 것 같아서 다른 방법을 시도했다. 아주 작은, 성공할 수밖에 없는 목표 세우기. 무조건 하루에 두 문장만 쓰자고 결심했다. 한창 잘 지키고 있을 때, 〈알편심〉 방송에서 "이렇게 잘하고 있어요" 하고 우쭐대며 성공 사례로 소개했다. 하지만 결국 그 책은 다 쓰지 못했고 하루 두 문장 글쓰기 시간은 사라진 지 오래다.

너무 민망해서 이 에피소드는 슬그머니 빼려고 했는데 근원적인 질문을 던져보니 그럴 만했다 싶다. 정말 쓰고 싶은 주제도 아니었고 내가 쓴 책이 나오면 어떤 기분일까 하는 호기심이 더 컸다. 대박사에게 딱 맞는 전문 분야를 다룬 기획도 아니었다. 그럼에도 불구하고 약속을 못 지키는 사람은 되고 싶지 않은 마음, 거절하기 어려운 마음, 어떻게든 되지 않을까 하는 헛된 희망 같은 것 때문에 꾸역꾸역 해내려고 했다. 진짜 내 목표가 아님을 알았으니 '하루 두 문장도 못 쓰면서 무슨 책을 쓰겠냐' 하고 자책하는 마음은 내려놓고 이제 더는 하고 싶지 않아졌다고 말할 용기도 생겼다. 물론 미안함과 창피함, 관계의 삐걱거림을 경험하겠지만 미루며 피하기보다는 직면하기를 선택해본다.

누군가는 이렇게 말할 수 있겠다. "늘 자기가 원하는 것만 하면서 살 수는 없잖아요." 인생이 참 그렇다. 때론 내가 원하는 바와는 다르지만 해야 하는 일도 있다. 그럴 때는 환경의 요구에 수동적으로 반응하는 목표가 아닌, 조금이라도 나에게 맞는 목표로 조정하는 편이 좋다.

예를 들어 회사에서 평가를 했는데 리더십에 문제가 있다며 코칭을 받으라고 한다. 리더십 스타일을 바꾸라는 압박이 상당하다. 회사에 계속 남으려면 어쩔 수 없는 상황처럼 느껴진다. 외부 압력 때문에 마지못해 변화하려니 왜 이렇게까지 해야 하나 싶다. 하지만 이런 상황에서도 좀 더 나답게 소화할 여지를 찾아보자. 리더십을 바꾸는 방법과 방향은 다양한데, 어떤 리더이고 싶은지, 무엇부터 시작할지는 내가 선택할 수 있다. 회사가 요구하니까 어쩔 수 없다는 수동적인 태도를 버리고 리더십 변화가 나에겐 어떤 의미인지, 내 커리어 혹은 장기적인 목표에 어떤 도움이 될지 생각해볼 수도 있다. 물론 제한적인 면도 있겠지만 내 욕구와 일치하는 선택을 하면서 상위 목표와 연결고리를 찾아간다면 행동의 동력을 얻을 수 있을 것이다.

꾸물거리는 이유와 미루지 않는 법을 실컷 소개한 마당에 이제 와서 이런 이야기를 하기가 좀 미안하지만 꾸물거림이나 미루기는 반드시 버리고 고쳐야 할 '문제'가 아니다. 이 챕터에서 말한 내용은 어디까지나 미루는 일이 지나치게 반복되어 부정적인 경험이 쌓였을 때, 그리고 그 경험을 바꾸고 싶을 때 적용되는 이야기다. 꾸물거림은 나쁘다, 미루는 버릇은 반드시 고쳐야 한다, 촘촘히 계획을 세우고 꼭 지키는 삶이 옳다고 말하는 것이 아니다. 해야 하는데 왜 안 하느냐는 자기 비난을 멈추고 싶은 사람을 위한 조언임을 강조하고 싶다.

미룰 만한 상황이라면, 미루는 순간에 여유를 만끽하고 있다면 미뤄도 괜찮다. 일을 마무리하지 못할 것을 알지만 지금 당장은 안 하고 싶은 심정이라면 그것도 괜찮다. 미루는 것도, 미루지 않는 것도 스스로 선택한 것이라면 어느 쪽이든 다 괜찮다. 당신을 더 행복하게 만드는 선택을 하길 바란다.

작심삼일은 이제 그만!
미루지 않고 제때 하는 법

1. 목표를 떠올려보자

새해 계획이 무엇이었는지 떠올려보자. 꼭 올 한 해 이루고 싶은 목표가 아니라도 그동안 하고 싶었지만 미뤄왔던, 혹은 하려고 했지만 안 하고 있었던 일이 무엇인지 생각해보자.

2. 구체적인 실행 계획을 세워보자

실제로 행동에 옮기는 데 도움이 되도록 목표를 떠올릴 수 있는 단서를 곳곳에 두는 것이 좋다. 누구와, 언제, 어디서, 무엇을, 어떻게, 얼마나 자주 할 것인지 상세하게 기록해두자.

3. 일단 시작하자

그려놓은 상황이 되었다면 그냥 시작하자. 할까 말까, 혹은 내일부터 하면 된다는 생각이 끼어들 틈을 주지 말자. '저녁 7시에 집 앞 공원에서 20분 동안 조깅을 한다'라는 계획을 세웠고 지금이 저녁

7시라면? 바로 나가서 조깅을 한다.

4. 미루는 순간 무슨 생각과 말을 하는지 점검하자

계속 미루기가 반복된다면 그 순간 하는 생각과 말을 점검해보자.
아래 표의 왼쪽에 미룰 때 자주 하는 생각과 말을 하나씩 써본다.
그리고 나서 오른쪽에 선택의 말로 바꿔 써본다. 선택의 말은 최대
한 간결하게 만들어서 미루는 순간에 습관적으로 내뱉어본다.

미룰 때 드는 생각, 자주 하는 말	선택의 말로 바꾸기
예) 이번 주까지는 해야 하는데….	예) 지금 시작하자.
예) 이번엔 잘해야 한다.	예) 오늘 안으로 보고서 작성을 끝내겠어.

QR코드를 인식하면
〈알편심〉 11회 방송을 들을 수 있습니다.
https://youtu.be/MmfPjtClXlc

2

후회할까 봐 두려워서
결정을 못 하겠어요

점심시간이 되었다. 은영 씨는 오늘도 고민이다. 뭘 먹을까? 오전 근무 시간 중 제일 어려운 과제가 점심 메뉴 선택이라지만 은영 씨는 유독 더 하다. 제일 불편한 순간이 메뉴에 대한 의견을 물을 때다. 뭔가 결정해야 하는 압박이 느껴지면 견디기 힘들다. 오늘도 동료들이 정해준 식당으로 간다. 식당에서 메뉴를 고르기도 쉽지 않다. 순두부찌개도 맛있을 거 같고 된장찌개도 맛있을 거 같다. 고민하다 옆에 앉은 동료가 시키는 순두부찌개를 시켰다가 아무래도 된장찌개가 더 나을 거 같아서 마지막에 메뉴를 바꿨다.

은영 씨의 고민은 메뉴뿐만이 아니다. 현재 직장이 불만족스러워 이직해야겠다고 몇 년 전부터 생각해왔지만 어디로 옮겨야 할지, 옮기는 게 맞는지 결정하지 못해 고민만 쌓아놓고 있다. 이런 은영 씨, 관계에서도 결정을 어려워하긴 마찬가지다. 현재 두 남자와 동시에 썸을 타고 있는데 둘의 장단점이 너무나 달라 어느 한쪽을 선택하자니 아쉽고 힘들다. 스스로 결정 장애라고 농담처럼 공공연히 말하고 다니지만 이런 방식의 삶이 불편하고 때로는 빨리 결단 내리고 행동으로 옮기지 못하는 자신에게 화가 나기도 한다.

선택지가 많다고 더 좋은 선택을 할 수 있는 건 아니다

무수한 선택지 앞에서 결정이 어려운 것은 비단 은영 씨만의 이야기가 아니다. 속사포처럼 쏟아지는 광고와 마케팅의 홍수 속에서 우리 앞에 너무 많은 선택지가 펼쳐진다. 과거 전통사회의 단절된 환경에서는 선택지가 굉장히 제한적이었으나, 개방되고 자유로운 현대사회에서는 개인이 선택해야 할 것이 너무나 많다. 현대인이라면 누구나 선택 장애 또는 결정 장애를 겪고 있을지도 모른다.

자세한 이야기로 넘어가기 전에 우선 짚고 넘어갈 것이 있다. 많은 사람들이 쓰고 있는 '결정 장애'나 '선택 장애'라는 말은 공식 진단 명칭이 아니고 실제 장애에 속하지도 않는다. 한편으로는 최근에 '장애'라는 용어를 무분별하게 사용하는 현상이 심리학자로서 우려스럽기도 하다. 진단명에 없는 단어를 만들어낼 뿐 아니라 공황장애 같은 진단명도 너무

가볍게 사용하는 것 같다. 자조 섞인 의미로 쓰거나 힘든 상태를 표현하기 위해 사용하는 흐름이 이해는 된다. 그러나 장애라는 말의 무거움과 남용으로 생기는 역효과를 신중하게 생각해볼 필요도 있다.

'결정 장애'라는 용어도 그렇다. 물론 누구나 쉽게 결정하기 어려운 순간이 있다. 때로는 많은 영역에서 결정을 어려워하는 사람이 있을 수도 있다. 그러나 그런 사람에게 손쉽게 '결정 장애'라고 이름 붙이는 순간 스스로 어떤 증상을 가졌다고 인식하고 꼬리표를 붙일 가능성이 높아진다. 일종의 낙인을 스스로 찍는 효과가 생기는 셈이다. 어떤 프레임을 갖게 되면 그에 맞춰 사고하고 행동하는 경향이 생기는데, 결정이 어려운 모든 순간을 결정 장애라고 부르면 결정이 더 어려워질 수 있다. 그러므로 자신이 결정 장애라고 단정 지어 말하기보다는 어떤 순간 어떤 이유로 결정이 어려운지 살펴보고 이해해보는 노력이 더 유용하다.

선택 자체가 스트레스이고 부담이 된다는 점은 누구에게나 나타나는 공통 특성인데, 이를 잘 보여주는 유명한 실험이 있다. 컬럼비아대학 쉬나 아이엔거Sheena S. Iyengar 교수와 스탠퍼드대학 마크 레퍼Mark R. Lepper 교수가 실행한 일명 '잼 실험'이다.

어느 슈퍼마켓에 6가지 잼과 24가지 잼을 시식할 수 있는 부스를 따로 설치하고 고객의 반응을 살펴보았다. 보통 사람들은 좀 더 자유롭게, 취향껏 선택할 수 있는 24가지 잼 시식대를 선호하리라 예상한다. 역시나 지나가는 고객의 60퍼센트가 24가지 잼이 있는 시식대를 골랐고 6가지 잼이 있는 시식대 앞에서는 40퍼센트의 고객만이 발걸음을 멈쳤다.

하지만 잼을 구매하는 확률은 확연히 달랐다. 24가지 잼 시식대에서는 단 3퍼센트만이 잼을 구매한 반면 6가지 잼 시식대에서는 무려 30퍼센트가 샀다. 호기심에 이끌려 다양한 잼이 마련된 시식대에 멈춘 사람들이 더 많았지만 선택지의 가짓수에 압도당하고 질려서 구매 선호도나 욕구는 오히려 줄어든다는 결과였다. 즉 많은 선택지가 스트레스와 부담으로 다가온다는 뜻이다. 이런 현상을 '선택 부담 효과' 또는 '선택의 역설'이라고 하는데, 이런 패턴은 다양한 뇌과학 연구에서 실증적으로 입증되고 있다.

그중 하나가 캘리포니아공대 콜린 캐머러Colin Camerer 교수 연구진이 수행한 연구다. 이 연구에서 실험 참가자들은 찻잔에 붙일 수 있는 풍경 사진을 받았다. 세 그룹으로 나뉘어 각각 여섯 장, 열두 장, 스물네 장씩을 받고 마음에 드는 풍경 사진을 고르도록 했다. 참가자들은 이 과정을 𝑓MRI(기능적 자기공명 영상) 장치 안에서 수행했고 그들의 뇌 활동은 스캔되었다.

참가자들이 사진을 선택할 때 뇌의 두 영역이 활성화되었는데, 하나는 의사 결정이 가져올 잠재적 이익에 관여하는 영역이고 다른 하나는 선택한 결과의 가치를 평가하는 영역이었다. 가장 많은 선택지인 사진 스물네 장을 받은 그룹의 뇌가 가장 많이 활성화될 것이라고 예상했지만 실제로는 열두 장을 받은 그룹의 뇌가 가장 많이 활성화되었다. 즉 적당한 수준까지 선택지가 늘어나면 의사 결정을 위한 평가가 활발해지지만 그 이상으로 선택지가 많아지면 뇌는 피로를 느끼고 평가에 드는 노력을 줄인다는 것을 보여주었다. 우리의 뇌가 너무나 많은 선택지 앞에서 당황하고 피로해지도록 설계되어 있기 때문에 선택지가 많아질 때 스트레스를 느끼는 것은 너무나 당연하다.

앞서서 겁먹지 말고
일단 가벼운 마음으로

어느 때보다 선택지가 많아진 요즘 같은 세상에서 선택의 어려움은 현대인이라면 누구나 겪는 스트레스다. 그러나 의사 결정이 유난히 힘들다면 자기만의 개인적인 이유가 있을지도 모른다.

선택의 역설,
선택지를 줄이고 규칙을 만들자

앞서 소개했던 실험들이 보여주듯이 인간은 선택지가 많을 때 과도한 피로를 느끼고 선택에 대한 만족이나 기쁨이 줄어든다. 실제로 우리가 선택이 어려운 경우를 생각해보면 대안이 많을 때다. 백화점식 메뉴가 나열된 식당을 떠올려보자. 생각해둔 메뉴가 있었어도 짧은 순간이나마 다시 한번 고민하게 된다. 반면 단일 메뉴를 제공하는 식당에 가면 고민할 필요 없이 빠르게 결정한다.

그래서 의사 결정이 어려울 때 선택 피로를 줄이기 위해 의도적으로 대안의 가짓수를 줄이고 선택에 대한 규칙을 만들기를 권한다. '선택적으로 선택을 하는 것'이다. 중요한 선택에는 당연히 상당한 시간과 에너지를 써야 마땅하다. 그러나 실제 삶을 관찰해보면 중요하지 않은 선택에 꽤 많은 시간과 에너지를 습관적으로 쓰고 있음을 발견할 수 있다. 그런 낭비되는 선택에 쓰는 시간과 에너지를 모두 비용이라고 생각하면 여러분이 어떤 선택을 해야 할지 자각할 수 있을 것이다. 즉 중요하지 않은 선택과 관련한 선택지를 줄이거나 때로는 규칙을 만들어 기계적으로 따르기를 택할 수 있다.

애플 창업자 스티브 잡스Steve Jobs가 이런 삶을 선택한 대표적인 예다. 생전 스티브 잡스의 모습을 떠올려보라. 그는 늘 검은 터틀넥에 청바지를 입었다. 매일 아침 무엇을 입을지 결정하는 데 들이는 시간을 줄이기 위해 의상의 가짓수를 대폭 줄인 것이다. 결정 피로를 줄이고 더 중요한 선택에 시간과 에너지를 쏟기 위한 의도적 선택이다. 물론 어느 영역에서 선택의 가짓수를 줄이느냐는 사람마다 다를 것이다. 중요하게 여기는 가치와 삶의 우선순위가 상이하기 때문이다.

사실 선택의 가짓수를 줄이고 규칙을 따르는 삶은 이미 여러분도 실천하고 있다. 아침에 일어나 화장실에 가서 용변을 보고 이를 닦고 세수

하고 옷을 입는 일련의 과정, 그리고 일하러 가는 길에 선택하는 교통수단과 경로 등은 우리가 세워둔 자동화된 규칙을 따르고 있다. 이런 과정에서 매번 선택을 해야 한다면 얼마나 피곤하겠는가? 이 방식을 조금 더 확장하여 삶에 적용해보자. 특히 사소한 결정을 내리는 순간에도 갈팡질팡하는 사람이라면 더욱 추천한다. 예를 들어 약속 장소로 식당을 정할 때 몇몇 단골집 중에서 고른다든지, 아침에 입을 옷을 결정하는 시간을 줄이기 위해 일주일 치 옷을 미리 계획해둔다든지 하는 식으로 자기만의 간명한 규칙을 정해 자동적으로 실행해보자.

좋은 선택은 찾는 것이 아니라 만들어가는 것

쇼핑할 때를 떠올려보자. 요즘은 온라인쇼핑을 많이 하는 추세이니 아마도 검색을 하고 가격 비교를 하며 물건을 살 것이다. 이때 가격이나 품질 면에서 가장 좋은 선택을 하기 위해 모든 사이트와 블로그를 검색하고 구매할 제품을 결정한 뒤에도 혹시 더 좋은 제품이 있지 않나 생각하며 검색을 멈추지 않는 편인가? 그렇다면 당신은 극대화자다.

'극대화자Maximizer'는 자신이 하는 모든 구매나 결정이 반드시 최고이기를 바란다. 그래서 자신이 가장 좋은 제품을 가장 좋은 가격에 선택했다는 확신이 들 때까지 탐색을 멈추지 않는다. 대안 탐색과 의사 결정까지 많은 시간과 에너지를 들인다. 이런 행동의 기저에는 혹시라도 더 좋은 대안을 놓칠지도 모른다는 불안이 숨어 있다.

반면 이에 상응하는 다른 축이 '만족자Satisficer'인데, 이들은 뭔가 구매하거나 선택할 때 어느 정도 만족스러운 수준에서 탐색을 멈추고 의사 결정을 한다. 더 좋은 선택지가 있을 수도 있겠지만 적당히 만족하고 받아들인다. 그래서 더 좋은 대안을 놓칠 수도 있다는 불안이 덜하다. 혹시 궁금한 독자들이 있다면 다음 페이지의 체크리스트에서 자신이 얼마나 극대화자에 가까운지 알아보길 바란다.

연구 결과에 따르면 극대화자보다 만족자가 선택의 만족도는 높고 선택 후의 불안은 낮다. 후회하지 않을 최고의 만족을 얻기 위해 시간과 에너지를 투입하는 극대화자들이 적절한 수준에서 만족하는 만족자들에 비해 만족도는 낮고 후회는 높다는 것이 아이러니하다. 심지어 극대화자들이 만족자들에 비해 삶의 만족도나 행복도도 더 낮다고 한다.

물론 극대화자도 자기 나름대로 이유가 있다. 더군다나 극대화자라 하더라도 절대적인 수준의 극대화를 추구하진 않는다. 지구 끝까지 달려가 모든 대안을 탐색하지는 않을 테니 말이다. 최고의 가성비로 최고의 만족을 얻기 위해 자신의 시간을 기꺼이 쓰고 그 과정에서 즐거움을 얻는다면 그 또한 개인의 선택 아니겠는가?

그러나 극대화 패턴 때문에 의사 결정에 어려움을 겪고 있다면 좀 더 고민해볼 여지가 있다. 예를 들면 배우자를 찾거나 직업을 선택하거나 직장을 구하는 데 문제가 있다면 무엇을 위해 선택의 극대화를 하려고 하는지 찬찬히 생각해보면 좋겠다. 이런 상황에서 극대화자가 가장 두

☐ 나는 선택에 직면할 때마다 그 밖의 모든 가능성을 생각하면서 그 시점에 존재하지 않는 것까지도 상상하려 애쓴다.

☐ 나는 내 직업에 아무리 만족해도 더 좋은 기회를 알아보려 애쓴다.

☐ 나는 TV를 볼 때 종종 특정 프로그램을 보려 하는 경우에도 채널을 이리저리 돌리면서 다른 대안을 알아보곤 한다.

☐ 나는 인간관계를 옷 입기와 비슷하게 다룬다. 즉 많은 사람을 만나보고 나서 완벽하게 맞는 사람을 고르려 한다.

☐ 나는 종종 친구에게 줄 선물을 고르는 데 애를 먹는다.

☐ 쇼핑을 할 때 내 맘에 꼭 드는 옷을 찾는 데 어려움을 느낀다.

☐ 나는 순위 매기기를 매우 좋아한다. 이를테면 최고의 영화, 최고의 가수, 최고의 운동선수, 혹은 최고의 소설 같은 것이다.

☐ 나는 친구에게 이메일을 쓸 때 적합한 단어를 고르느라 무척 애를 먹는다. 종종 간단한 글도 초안을 몇 번이나 작성한다.

☐ 나는 결코 차선에 만족하지 않는다.

☐ 나는 종종 현재의 생활과 전혀 다른 방식의 삶을 꿈꾼다.

려워하는 것은 선택으로 인한 후회다. 그래서 후회가 없을 최고의 선택을 고집하고 그러다 보니 결정이 어려워지며 고민의 나날이 길어진다.

진로를 결정할 때 어려움을 겪는 사회 초년생 중에는 극대화자가 많다. 인생의 중요한 결정을 앞두고 신중해야 하겠지만 자신에게 최고로 적합한 직업이나 회사를 찾겠다고 탐색의 시간이 무작정 길어지고 있다면 적정 수준에서 탐색을 멈추고 그 상황에서 만족스러운 선택을 해야 한다.

세상에 최고의 의사 결정은 없다. 최상의 결정이 있으리란 기대를 내려놓고 적당한 수준에서 타협하는 자기만의 기준을 세울 필요가 있다. 이때 선택은 한 번으로 끝나지 않는다는 점을 떠올리면 도움이 된다. 길을 걷다 보면 중간중간 여러 갈래 길이 나오듯이, 지금 당면한 이 선택이 인생의 행로를 전부 결정하는 단 하나의 선택이 아니라는 점을 기억하자. 그러면 지금 최고의 결정을 해야 한다는 부담감이 조금은 줄어들지 않을까?

좋은 선택은 특별히 따로 정해져 있지 않다. 선택을 하고 나서 그 길을 어떻게 얼마나 충실히 걸어가느냐에 따라 좋은 선택으로 만들 수도 있고 좋지 않은 선택으로 만들 수도 있다. 즉 선택의 결과는 선택 그 자체에 있는 것이 아니라 선택 후 이어지는 길에서 내가 만들어갈 수 있다는 점을 기억하면 좋겠다.

끊임없이 비교하며 타인의 결정을 탐하지 말자

자기 기준이 있으면 만족자가 될 수 있다고 하지만 그게 참 쉽지가 않다. 자기만의 기준을 세웠다 하더라도 끊임없이 흔들리는 게 우리네 삶이다. 특히나 인간은 사회적 존재이기 때문에 의사 결정을 할 때 다른 사람의 선택을 참조하게 마련이다. 위치나 입장이 비슷한 사람들이 어떤 선택을 하는지 관찰하고 참조하면서 유용한 정보를 얻고 마음의 위안을 얻기도 한다는 면에서 비교의 이득을 무시할 수 없다. 그럼에도 불구하고 비교는 우리 삶을 갉아먹는 원흉 중 하나임이 틀림없다. 특히 선택과 의사 결정에서 비교의 덫에 빠지면 결정이 쉽지 않고 우울이나 불만이 높아진다.

미영 씨에게는 아이 교육 문제가 그렇다. 개인적으로 아이가 자유롭고 밝게, 본연의 모습 그대로 살기를 희망한다. 그래서 되도록 아이에게 너무 이것저것 시키지 않고 원하는 대로 두자 마음먹는다. 그러나 다른 엄마들을 만나고 오면 그 기준이 엄청나게 흔들린다. 다른 엄마들이 아이에게 이것도 시키고 저것도 시키는 것을 들으면 나만 정보가 없어서 못 해주는 거 아닌가, 우리 아이가 뒤처지는 거 아닌가, 아이가 재능이 있을 수도 있는데 그냥 내버려둬서 못 키워주는 거 아닌가 하는 회의와 의심이 들 때가 종종 있다. 부모라면 으레 공감할 것이다. 저마다 아이를 양육하는 기준이 있지만 집단 속에서 이 이야기 저 이야기 듣다 보면 내가 잘하고 있는 건가 의심하며 흔들리는 자신을 발견하게 된다.

비단 아이 교육 문제만이 아니다. 연애나 결혼, 직업 선택이나 주거 등 인생에서 중요한 순간에 비교가 은연중에 우리 마음속을 파고들어 결정을 어렵게 한다. 은식 씨는 은퇴 후 한적하고 자연과 가까운 곳에 주택을 짓고 사는 게 꿈이었다. 오래전 집터를 사고 집을 지어서 전원주택에 들어갔지만 그사이 오른 서울 아파트값을 목도하면 속이 쓰려온다. 아침마다 들려오는 새소리에 신선한 공기를 마시며 위안을 삼지만 주변에서 아파트로 돈을 얼마나 많이 벌었는지 하는 이야기를 들으면 선택을 잘못했나 싶어서 이따금 후회가 되기도 한다.

　판단하고 결정할 때 비교가 유용한 참조점이 되기는 하지만, 선택을 어렵게 만들거나 숙고 끝에 결정을 내린 뒤에도 후회나 불만을 불러오기도 한다. 그러므로 좀 더 편안하고 만족스럽게 의사 결정을 하려면 무엇보다 자기만의 선택 기준을 명확히 하는 것이 중요하다. 물론 가끔 흔들릴 때도 있겠지만 이는 사회적 존재로서 인간이 겪는 자연스러운 현상이다. 중요한 것은 이럴 때마다 자신이 추구하는 삶의 우선순위와 기준을 되새겨보는 과정이다. 행복은 절대적인 것이 아니다. 주관적이고 상대적이다. 타인에게 좋은 것이 반드시 나에게도 좋은 것은 아니며 내게 좋은 것이 타인에게도 좋은 것이라 보장할 수 없다. 선택이 어려운 순간 내가 생각하는 명확한 행복의 기준이 무엇인지 떠올려보자.

│ 할까 말까 고민될 때
│ 일단 해야 하는 이유

최고의 결정이 아니면 어쩌나 하는 불안을 더 깊숙이 들여다보면 후회에 대한 두려움이 보일 것이다. 의사 결정이 어려운 이유 중 하나가 후회 regret의 심리라는 것은 널리 알려져 있고 많은 연구로도 입증된 사실이다. 우리는 후회할까 두려운 마음 덕분에 의사 결정에 앞서 신중해질 수 있다. 하지만 혹시라도 부정적인 상황이 벌어지고 고통스러운 감정을 마주할까 봐 걱정이 되어서 의사 결정을 미루거나 포기해버리기도 한다.

소소하게는 식사 메뉴 결정이나 물건 구매 같은 일에도 후회가 관여하겠지만, 인생에서 중요한 결정일수록 이 감정이 더 강하게 우리의 발목을 잡는다. 예를 들어 자신을 착취하는 연인과 끝내야 한다는 것을 분명히 알면서도 혹시라도 헤어져서 너무 외롭고 허전하면 어쩌나, 이보다 더 좋은 사람을 못 만나면 어쩌나 같은 후회가 걱정되어 선뜻 의사 결정을 내리지 못하는 경우가 많다. 그래서 자신이 파괴되는 상황을 벗어나지 못하고 무기력을 반복하기도 한다. '미래의 나'를 염려한 나머지 '현재의 나'는 아무런 선택도 하지 못하는 셈이다.

이런 인간의 심리는 후회 혐오regret aversion로 이어진다. 사람들은 후회의 감정을 매우 고통스럽게 느끼기 때문에 그럴 만한 상황을 피하려는 경향을 보인다. 그래서 후회가 예상되는 상황에서 의사 결정을 미루거나 회피한다. 후회하느니 안 하고 만다는 심정이 된다. 이런 심리를 보여주기 위해 심리학자 대니얼 카너먼Daniel Kahneman과 아모스 트버스키Amos Tversky가 만든 가상의 시나리오가 있다.

마거는 A 주식을 보유하고 있다. 작년에 A 주식을 팔고 B 주식으로 바꿀까 생각한 적이 있으나 그냥 A 주식을 가지고 있기로 했다. 그리고 오늘 마거는 알게 되었다. 고민했던 당시에 A 주식을 팔고 B 주식을 샀더라면 지금 150만 원을 더 벌 수 있었다는 사실을 말이다. 대박사의 사정은 이렇다. 대박사는 작년에 B 주식을 보유하고 있다가 팔고 A 주식으로 갈아탔다. 그리고 오늘 대박사는 알게 되었다. B 주식을 그대로 갖고 있었다면 150만 원을 더 벌 수 있었다는 사실을 말이다. 이 둘 중 누가 더 후회를 많이 할까?

마거와 대박사 둘 다 150만 원의 수익을 거둘 기회를 놓쳤다. 차이점은 마거는 아무 행동도 하지 않았고 대박사는 행동을 했다는 것이다. 이 가상의 시나리오를 주고 마거와 대박사 중에서 누가 더 후회를 많이 하겠느냐는 질문에 92퍼센트가 대박사가 더 후회할 것이라고 대답했다. 즉 뭔가 행동을 해서 이익을 놓친 대박사가 더 후회하리라는 데 대다수가 동의한 것이다.

이는 대다수가 후회에 대한 두려움을 안고 살아간다는 뜻이다. 다시 말해 우리는 아무것도 하지 않아 안 좋은 결과를 불러일으키는 것보다 어떤 행동을 해서 안 좋은 결과가 나오는 것을 더 크게 후회한다. 일종의 반사실적 사고counterfactual thinking가 작동하는 것이다. 후회가 드는 순간 우리는 일어난 사실에 반대되는 상황을 자동으로 떠올린다. 자신이 한 행위action에 대해 '아, 내가 그것만 안 했더라면…' 하고 생각하는 편이 아무것도 하지 않은 행동inaction에 대해 생각하는 것보다 쉽기 때문이다.

비슷한 말로 무행동 관성inaction inertia이라는 개념이 있다. 후회를 피하기 위해 행동하지 않는 것이 관성처럼 되었다는 의미다. 마트에 갔는데 원래 사려고 했던 가전제품이 정상가보다 50퍼센트 세일을 하고 있다. 살까 말까 고민하는데 마음속으로 이런 생각이 든다. '계절도 끝나가는데 조금 기다리면 60퍼센트 할인할 수도 있지 않을까?' 그래서 더 기다려보기로 한다. 그런데 며칠 후 갔더니 똑같은 물건을 40퍼센트 할인한다고 한다. 정말 마지막 세일이라며⋯. 이런 상황에서 사람들은 어떤 선택을 할까?

대부분은 제품을 사지 않는다. 지난날 50퍼센트 할인가에 사지 않은 자신의 행동을 후회하면서 말이다. 필요한 물건이었고 40퍼센트라도 할인을 받으면 정상가보다 훨씬 저렴하게 사는 셈인데, 후회라는 감정이 너무나 고통스러운 나머지 우리를 비합리적이고 어리석은 행동으로 몰아가는 것이다.

그러나 장기적인 관점에서 사람들에게 인생에서 가장 후회되는 것이 무엇인지 물으면 대체로 행동하지 않은 것을 꼽는다. 예를 들면 그때 망설이지 말고 대학원에 들어갈걸, 그때 용기 내어 고백해볼걸, 여행을 떠나볼걸, 소중한 가족과 더 많은 시간을 보낼걸⋯ 등 행동하지 못해 놓친 기회를 아쉬워하고 후회한다.

진짜 원하는 것이 있는데도 후회라는 감정이 과도하게 두려워서 선택하지 못하고 있다면 앞서 다룬 후회에 대한 심리학 이야기를 떠올려보자. 그리고 미래의 내가 혹여 잔뜩 후회하지는 않을까 걱정하느라 선택을 회피하기보다는 기꺼이 선택할 수 있는 용기를 내보기 바란다.

이런 말을 한 번쯤 들어보았을 것이다. "할까 말까 할 때는 그냥 해라." 해도 후회가 남고 안 해도 후회가 남는다면 하는 편이 좋다. 하고 나서 드는 후회는 반성이 되어 앞을 보게 하지만 안 하고 나서 하는 후회는 미련이 되어 뒤를 돌아보게 하기 때문이다.

내 인생의 길은
내가 직접 만든다

마지막으로 의사 결정의 본질을 생각해보면 좋겠다. 우리가 선택 장애를 말하며 오늘 점심 메뉴를 무엇으로 할지, 어떤 물건을 살지 말지와 같은 어려움을 언급하기도 하지만, 이런 것은 인생에서 그리 중요한 문제가 아니다. 진짜 몇 날 며칠 또는 오랜 시간을 두고 머리 싸매고 하는 고민은 인생에서 중요한 갈림길에 섰을 때 찾아온다. 그럴 때 선택을 좀 더 어렵지 않게 하려면 삶의 유한성을 직시하고 내 인생을 바꿀 수 있는 존재는 나뿐임을 자각해야 한다. 다시 말해 실존주의적 관점을 취해보자는 것이다.

인간은 누구나 같은 조건에서 살아간다. 언젠가는 죽음을 맞이한다는 것이다. 생에 대한 충만감이 가득한 어린 나이에 죽음을 생각하는 것은 다소 어색할지도 모르지만 점점 나이가 들면서 우리는 자연스럽게 삶의 유한성을 직시하게 된다.

삶의 유한성과 죽음의 필연성을 자각하고 나면 자칫 허무주의로 빠지지 않을까 하는 우려가 들 수 있다. 하지만 오히려 반대다. 삶의 유한성을 깨달으면 하루하루, 지금 이 순간이 한없이 소중해진다. 그래서 나에게 불필요한 것들로부터 벗어나 본질적인 것에 집중해야겠다는 책임감이 생겨난다. 세상과 타인을 바꿀 수는 없지만 적어도 이 순간 내 행동은 내가 결정할 수 있다.

마거는 30대 초반에 6개월가량 배낭여행을 떠난 적이 있다. 여행을 떠나기 전 대기업을 다니고 있었는데, 언뜻 안정적으로 보이는 삶이었지만 공허하고 기계적으로 생활하며 만족감을 찾지 못했다. 이런저런 고민으로 아무 결정도 할 수 없는 상태에 이르자 마냥 괴로워하기보다는 스스로에게 시간을 주기로 했다.

그 결정이 쉽지만은 않았다. 한창 커리어를 쌓는 시기였고, 안정적인 삶을 버리고 간다는 불안, 자기를 찾겠다고 떠난 여행에서 아무것도 얻지 못하고 돌아오면 어쩌나, 돌아와서 지금 혜택의 반도 누리지 못하면 어쩌나, 사회적으로 낙오되면 어쩌나 하는 고민이 짓눌렀다. 그 과정에서 깨달았다. 집착과 욕심 때문에 결정이 어려운 거구나. 싫은 것은 피하면서 좋은 것은 놓고 싶지 않은 마음, 양손에 꽃놀이패만 쥐려는 마음이 결정을 어렵게 한다는 자각이 퍼뜩 들었다.

우리는 흔히 선택의 순간, 더 많은 이득을 얻고 손해를 덜 보려면 뭘 골라야 할지 비교하고 고민한다. 그러나 마거는 그 순간 관점을 달리했다. 최악의 상황과 손실들을 예상하고 비교하여 과연 감당할 수 있을지 고민했다. 그리하여 인생에서 중요한 결정을 내려야 할 때 좋은 결과만 얻으려 하면 선택이 어려워지고, 불확실한 상황이나 부정적인 결과도 책임지겠다고 마음먹어야 결단을 내릴 수 있다는 사실을 깨달았다. 그러고 나니 그 힘들었던 선택이 한결 편해지고 가벼워졌다.

이렇게 이야기하면 마거가 깨달음의 경지에 도달해 늘 실존적으로 살고 있다고 오해할 수도 있겠다. 그러나 마거 역시 아직도 매일매일 고민하며 좌충우돌하는 삶을 살고 있다. 그럼에도 불구하고 하루하루 치열하게 내가 무엇을 원했던가, 무엇을 하기로 결정했나, 그 결정에는 어떤 책임이 뒤따르고 나는 무엇을 감당해야 하는가를 자문하면서 살아가려는 노력이 더 중요하다.

최고의 선택, 좋은 선택을 해야 한다고 생각하면 지나치게 신중해지고 때로는 선택을 아예 못 하는 경우까지 발생한다. 하지만 선택의 결과는 내가 만들어가는 것이다. 선택을 하고 나서 어떤 노력을 하고 어떤 길을 걸어가느냐에 따라 좋은 선택이 될 수도, 나쁜 선택이 될 수도 있다는 점을 기억하면 좋겠다.

오지도 않은 미래에
현재를 저당 잡히지 않는 법

1. 일상의 소소한 결정이 어려운 경우

① 선택 및 의사 결정에 들이는 시간과 에너지 대비 자신의 만족도가 얼마나 되는지 생각해보자. 의외로 영향이 크지 않다는 사실을 발견할 것이다.

② 선택 및 의사 결정에 들이는 시간을 줄이기 위해 자신만의 간소한 규칙을 세우고 미리 결정한 후 고민 없이 따라 해보자.

③ 선택에 들이는 시간을 줄이고 기계적으로 따랐을 때 무슨 일이 벌어지는지 관찰해보자. 큰 문제가 발생하기는커녕 오히려 마음이 가벼워짐을 느꼈는가? 긍정적인 감정을 느끼면 그 행동을 지속하기가 쉬워진다. 멈추지 말고 계속해보자.

④ 그래도 계속 마음이 불편하다면 내면을 들여다보자. 어떤 욕구와 두려움이 숨어 있는가? 그 욕구와 두려움은 비단 선택 및 의사 결정에만 영향을 미치지는 않을 것이다. 그 욕구와 두려움을 해결하자.

2. 인생의 중요한 결정이 어려운 경우

① 삶의 우선순위와 가치를 먼저 나열해보자.

② 우선순위를 매기면서 어떤 상황에도 포기하고 싶지 않은 당신만의 우선순위는 무엇인지 확인해본다.

③ 이때 다른 사람과 비교하지 말고 당신에게 좋은 것, 당신에게 가치 있는 것이 무엇인지 떠올려보자.

④ 좋은 결과만 떠올리며 결정을 내리지 말고, 최악의 상황을 상상해보며 내가 감내할 수 있는지, 감내할 용의가 있는지 생각하자. 그러면 선택으로 인한 불확실성과 어려움도 대처할 수 있는 용기가 생길 것이다.

QR코드를 인식하면 〈알편심〉 4회 첫 번째 방송을 들을 수 있습니다. 두 번째 방송도 이어서 함께 들어보세요.

https://youtu.be/4UQofntWsOE

3

오늘도 무심코
화를 내고 말았습니다

지윤 씨는 오늘도 욱하고 말았다. 이렇게까지 화낼 일은 아니었다. 곧 퇴근한다던 남편이 제시간에 오지 않았을 뿐이다. 급하게 처리할 일이 있었고 빨리 끝날 것 같아서 따로 연락하지 않았는데 이렇게 늦을 줄은 몰랐다고 미안해하는 남편이 순간 이해되기도 했다. 하지만 지윤 씨는 기다리는 사람은 생각 안 하냐, 문자에는 왜 대답 안 했냐, 이미 다 식어버린 음식을 또 차려야 하지 않냐, 끝없이 짜증을 쏟아냈다. 처음엔 미안해하던 남편도 결국 늦고 싶어서 늦은 게 아니지 않냐, 오죽 급했으면 그랬겠냐, 그냥 이해해주면 안 되냐 받아치기 시작했다.

전쟁이 시작됐다. 지윤 씨는 한순간도 같이 못 있겠다며 집을 나와버렸다. 물론 문은 있는 힘껏 쾅 닫았다. 내가 얼마나 화났는지 똑똑히 보라는 듯이. 놀란 눈으로 눈치를 살피는 아이의 모습이 눈에 밟히긴 했지만 그 순간에는 정말 참을 수 없었다.

혼자 걷다 보니 좀 심했다 싶었다. 남편에게 그렇게 쏟아부을 정도로 화가 났던 걸까. 퇴근 시간에 맞춰 저녁상을 준비하고 기다렸는데 때가 돼도 오지 않아 걱정했다고, 미리 연락 좀 해주지 그랬냐고 한마디 하고 넘길 수도 있는 일이었다. 제때에 가족이 다 함께 저녁을 먹지 못해 속상했을 뿐인데, 불같이 내지른 말들 때문에 결국 밥은 아무도 먹지 못했다.

내 맘이 내 맘 같지 않다고 느꼈다. 머리로는 이해되는 상황인데 뭔가가 불쑥 치밀어 올라 자꾸만 경로를 이탈한다. 요즘 갑자기 솟아오르는 화를 참지 못하는 일이 많아졌고 한번 터져 나온 뾰족한 말들은 점점 더 날카로워졌다. 그때 느낀 감정이 무엇이었는지, 그렇게 감정을 쏟아내는 것이 최선이었는지 혼란스러웠다.

지윤 씨만의 이야기는 아니다. 분명 내 마음이니 내가 가장 잘 알 것 같은데, 그 마음을 제대로 알기가 참 쉽지 않다. 감정을 알아차리는 것부터가 쉽지 않으니 잘 표현하고 조절하는 것은 더더욱 어렵게만 느껴진다. 이런 우리 모두에게 필요한 것이 바로 정서 조절이다.

감정이 사라지면
과연 편해질 수 있을까

감정이 문제가 되는 경우를 자주 본다. 누군가는 감정을 억누른 채 살아가고, 누군가는 작은 감정도 폭발하듯 표출하고 살아간다. 이럴 때 딱 이만큼의 감정을 느끼는 것이 맞다고 정해져 있지는 않지만 생뚱맞은 감정의 늪에 빠져서 벗어나지 못하는 사람들도 있다. 감정이 제 역할을 못하는 경우다.

감정이 고장 나면 삶의 여러 영역이 삐걱거린다. 감정에는 어떤 기능이 있을까? 감정은 일반적으로 어떤 일을 경험하거나 내면의 생각, 기억이 작용할 때 생기는 비교적 강하고 일시적인 느낌을 의미한다. 선선해진 바람을 맞으며 자전거를 탈 때 느끼는 즐거움, 그 순간 떠오른 자전거를 처음 혼자 타게 되었을 때의 기억과 아련함, 이 모든 것이 감정이다.

감정을 느낄 수 있다는 것은 그 순간을 오롯이 경험하는 것 이상의 의미다. 감정은 생존에 필수적이다. 맹수를 보면 두려움을 느끼고 두려움은 우리를 도망가게 만든다. 따뜻한 집 안 공기에 안정감과 편안함을 느끼고 쉬면서 에너지를 충전한다. 슬퍼하면 누군가에게 도움을 받을 수도 있다. 인간이라면 누구나 감정을 타고난다는 것도 감정의 생존 기능을 증명한다.

감정에는 사회적 기능도 있다. 말을 하다가 타인의 표정에 드러난 감정을 읽으면 엉뚱한 소리를 멈출 수 있다. 의사소통 또한 중요한 기능이다. 굳이 말하지 않아도 표정으로 마음을 전달할 수 있고 말에 감정이 더해지면 힘이 강해진다.

이뿐만이 아니다. 감정은 의사 결정의 가이드이기도 하다. 뭔가를 선택해야 할 때 감정의 저울은 무척 유용하다. 아쉬움이 더 큰지 후련함이 더 큰지에 따라 선택이 달라진다. 헤어질 거라고 백번을 말하고도 아직 헤어지지 못하는 것은 연인과의 이별이 주는 후련함보다 아쉬움이 더 무겁기 때문이다.

감정은 동기의 원천이 되기도 한다. 어떤 일을 계속할지 여부는 그 일을 할 때 느끼는 감정이 긍정적인가 혹은 부정적인가에 따라 달라진다. 감정(혹은 정서)은 영어로 emotion인데 이 단어의 어원이 흥미롭다. '움직이다'라는 뜻의 라틴어 movere가 그것이다. '동기'를 뜻하는 단어 motivation 역시 같은 어원에서 비롯했다. 감정은 마음 안에 가만히 머무는 것이 아니라 어떻게 움직여야 할지, 어디로 향해야 할지 이끄는 강력한 힘인 셈이다.

바쁘고 복잡한 세상에서 감정이 고장 나버린 사람들

인간은 날 때부터 감정을 느끼고 표현할 수 있는 존재인데 어쩐 일인지 이 기능이 고장 난 사람들도 꽤 있다. 왠지 모르게 마음이 울렁거리는데 그 마음에 어떤 이름을 붙여야 할지 모르는 사람, 자신이 왜 이러는지도 모른 채 다짜고짜 폭발하듯 감정을 표출해버리는 사람, 지금 내 마음이 어떤지 그런 감정 따위는 중요하지 않다고 생각하는 사람 등 감정이 고장 난 유형도 참 다양하다.

정수 씨는 자신의 감정을 말하지 못하는 사람이었다.

"그래서 그때 어떤 마음이었어요?"

"그 사람이 나를 무시하는 것 같았어요. 자기가 좀 더 힘이 세니까 사람을 그런 식으로 대해도 된다고 생각했을까요? 참 나쁜 사람이죠."

정수 씨는 상담소에서만큼은 솔직하게 자신의 감정을 표현하고 있다고 생각했지만 다시 질문이 돌아왔다.

"무시당한 것 같다고 생각했군요. 그래서 어떤 감정을 느끼셨어요?"

정수 씨를 가장 힘들게 하는 질문이다. 감정을 물을 때마다 턱 막히는 기분이 들었다. '그래서 내 감정이 뭐였더라…. 무시당한 것 같다는 건 내 생각인 거구나…' 몇 번을 되뇌어도 딱히 대답할 말이 없었다.

회사에서 몇 번 참기 힘들 만큼 답답함을 느끼고 상담을 받기 시작한 지 몇 주가 흘렀다. 마음의 동요를 제대로 표현하지 못하는 자신이 답답했다. 분명히 울컥하는 무언가가 있는데 그 무언가의 모습이 정확히 그려지지 않았다.

"정수 씨에게 감정을 물으면 매번 생각이 돌아오는 거 아세요? 무시당하는 것 같았을 때 정수 씨 마음은 뭘 느꼈을까요? 화가 났을 수도, 비참했을 수도 있는데 자기감정과 거리를 두는 것 같아요."

상담소를 나선 후에도 내면의 감정과 거리를 두고 있다는 말이 계속 귓가에 맴돌았다. 어렸을 때부터 계속 그래왔다. 먹고사는 문제가 가장 급했던 시절이었다. 따뜻한 손길이 필요한 시기였지만 잠잘 때도 끙끙 소리를 내며 새우잠을 자는 부모님 앞에선 늘 괜찮아야 했다. 마음이 괜찮지 않을 만한 상황은 미리 피했고 괜찮다는데도 자꾸만 마음을 살피는 사람과는 가까워지기 어려웠다. "네 속을 잘 모르겠어. 나 혼자만 답답한 것 같아"라는 말을 남기고 멀어졌던 옛 연인의 얼굴, "그렇게 가만히 있는다고 누가 저절로 알아주는 거 아니야"라고 훈수 두던 선배의 얼굴이 스쳐 지나갔다.

정수 씨가 드러내지 않은 감정이 가만히 사라지는 것은 아니다. 때로는 몸의 병으로, 때로는 알 수 없는 분노와 화풀이로, 때로는 사람들 사이의 갈등으로 튀어나온다. 당신 안에 이런 마음들이 있는데 왜 자꾸 모른 척하느냐고 신호를 보낸다. 그런데 왜 이렇게 감정은 뒷전이 됐을까?

솔직하게 감정을 표현하는 행동이 미숙하다고 생각하거나 감정에 휘둘려서는 안 된다는 신념이 단단히 자리하고 있는 탓이다. 자기 마음을 살피는 것보다 급하고 중요한 일이 더 많은 삶을 살아야 하는 현실도 한몫한다. 감정 표현에 대해서는 남자, 여자 구별도 노골적이다. 감정을 억제하는 것이 남자다움이라면 감정을 풍부하게 드러내는 것은 여자다움으로 강요된다. 감정은 '이성'과 대비되어 "이성적으로 생각해야지, 왜 그리 감정적으로 반응하니?" 같은 비난의 대상이 되기도 한다. 때론 격렬하게 감정을 드러내야지만 말을 들어주고 이해해주는 듯한 경험도 감정의 왜곡을 만든다. 감정에 대한 그릇된 인식과 경험이 쌓이면서 감정이 고장 난 사람을 만든다.

당신의 감정은 괜찮냐고 묻고 싶다. 오늘 당신은 기분이 어떤지, 그 마음이 어디서 왔는지 잘 알고 있는가? 당신의 감정이 당신을 잘 안내하고 있는가?

내 감정을 무시하지 않고
잘 조절하며 살 수 있다면

감정을 잘 다룬다는 것은 어떤 의미일까? 심리학자 존 메이어John Mayer 와 피터 샐러베이Peter Salovey가 제안한 개념인 '정서지능emotional intelligence'에서 그 답을 찾을 수 있다. 이들은 정서지능을 '정서가 주는 정보 를 처리하고 조절하는 능력'이라고 정의했다. 이성에 비해 비합리적이 고 미숙하다고 여기는 편견과는 달리, 감정이 중요한 정보의 원천이며 인간의 인지 과정에 도움을 준다는 사실을 강조한 개념이다. 정서지능 이 높은 사람은 자신이 느끼는 감정을 재빨리 인식할 수 있으며 타인의 감정도 잘 인식하고 충분히 이해한다. 자신과 타인이 느낀 감정을 적절 한 말로 표현하며 상황에 맞는 행동과 표정으로 나타낼 수 있다. 정서를 이용하여 문제를 해결하고 판단하며, 자신과 타인의 정서를 적절하게 조절하고 변화시킬 수 있다.

정서지능의 중요한 부분이며 자기감정의 주인으로 살길 원하는 모두 가 꼭 알아야 하는 개념이 '정서 조절'이다. 정서를 조절한다고 하면 잘 참는 것 혹은 표현하지 않고 속으로만 삼키는 것을 떠올리곤 한다. 그러 나 정서 조절은 자기감정을 손상하지 않으면서 상대방의 생각, 감정, 의 도, 상황을 이해해 융통성 있게 대처한다는 의미다. 어느 정도의 강도로 얼마나 오래, 언제, 어떻게 감정을 표출할지 스스로 조절하는 힘이다.

정서 조절을 잘한다는 것은 자신이 느끼는 감정을 지금 이 순간 자신 과 타인에게 도움이 되는 방식으로 활용할 수 있다는 뜻이기도 하다. 참아야 할 때는 참고 참지 않아야 할 때는 참지 않는 것이 정서 조절이다. 아무리 시험공부를 열심히 했어도 시험 칠 때 불안을 조절하지 못하면 시험을 망쳐버리게 마련이다. 이때 정서 조절을 잘하는 사람은 그런 상황에서도 그동안 열심히 해온 자신을 믿고 스스로 격려할 수 있다.

앞서 소개한 지윤 씨가 문을 쾅 닫고 나가버리기 전에 정서 조절을 떠올렸다면 어땠을까? 물론 지윤 씨가 그렇게 화를 내기까지 수많은 일이 있었을 것이다. 그러니 단순히 정서 조절을 못 한 결과라고 단정 지을 수는 없다. 무조건 지윤 씨가 참아야만 했던 상황도 아니다. 다만, 지윤 씨역시 기껏 차려둔 저녁밥 한술 뜨지 못하고 홀로 밤길을 걷게 되리라 예상하고 그런 행동을 하지는 않았을 것이다.

내 감정을 제대로 알아차리고
온전히 겪어내자

어떤 감정은 잘 아는 녀석이라 별일 없이 흘러가지만 어떤 감정은 얼굴도 제대로 보여주지 않고 마음을 휘젓는다. 감정을 잘 다루고 싶은 당신을 위해 구체적인 방법을 소개한다. 연습과 경험을 통해 내 감정의 진짜 주인이 되어보자.

정서 조절의 첫 단계, 알아차림

내 감정의 주인이 되는 첫 단계는 자기 자신에게 주의를 기울이고 지금 경험하는 감정이 무엇인지 알아차리는 것이다. 내 감정이니까 당연히 내가 잘 알 거라고 생각하지만 막상 어떤 경험을 하는 순간 무엇을 느끼고 있는지 명확히 알기란 쉽지 않다. 무언가가 마음을 탁 칠 때, 어딘가가 울렁거린다 싶을 때 우선 잠깐 멈추고 이 감정이 무엇인지 들여다봐야 한다.

① 몸의 감각에 집중하기

감정을 잘 알아차리려면 몸의 감각에 집중해야 한다. 감정은 신체적 반응이나 행동과 함께 온다. 심장이 두근거리고 얼굴이 빨개지며 자꾸만 그 사람 곁에 가까이 가려고 한다면 그 감정을 사랑이라 부를 수 있다. 심장이 고요하고 얼굴에 홍조도 없으며 그 사람이 옆에 있는지도 몰랐는데 사랑을 느낀다고 할 수는 없다. 감정을 알아차리기 위해 자신의 몸, 신체적 반응을 잘 관찰해야 하는 이유다.

심리상담을 공부하는 사람들도 이른바 감수성 훈련이라 불리는 '감정 알아차리고 표현하기' 연습을 한다. 내면의 감정과 타인의 감정을 섬세하게 알아차리고 이해하는 연습을 통해 내담자의 마음을 비춰주는 상담자로 성장해나간다. 손끝에 땀이 나는지, 숨이 가빠지는지, 어깨를 움츠리게 되는지 등 몸의 크고 작은 반응들이 감정을 보여준다. 하지만 많은 사람들은 마음에 동요가 생길 때 그 정체가 무엇인지 알지도 못한 채 압도되거나 도망가기에 급급하다.

감정을 알아차린다는 것은 마음의 동요 앞에 잠깐 멈춰 서서 그 동요를 가만히 바라본다는 뜻이다. 파도치는 바다를 가만히 바라보는 행동은 위험하지 않다. 파도가 얼마나 높은지 잘 알지도 못하면서 파도를 견딜 만한 장비도 없이 무작정 뛰어들거나 발끝에 닿지도 않는 파도를 피하겠다고 허둥대는 행동이 오히려 더 위험하다. 몸의 감각을 동원해 마음을 관찰하면 그 감정에 알맞은 이름을 붙여줄 수 있다. 땀이 삐질삐질 나고 심장이 두근거리고 자꾸만 다른 사람의 반응을 살피고 있다면 '아, 나 지금 불안하구나, 긴장했네' 하고 내 마음을 알아주는 것이다.

② 감정을 시각화하기

감정을 알아차리는 또 다른 방법은 감정을 시각화해보는 것이다. 이는 알아차림을 강조하는 상담자들이 자주 사용하는 기법이기도 하다. 실제로 한 상담자가 이 방법을 공개 시연하는 장면을 볼 기회가 있었다. 너무 우울해서 죽고 싶다는 내담자에게 상담자가 말했다.

"우울하다, 죽고 싶다고 말하기 전에 속에 있는 그 감정을 한번 꺼내서 보세요. 마음속에 있는 그 감정을 손 위에 꺼내서 올려놔 보세요."

그 순간 당황하는 듯 보였지만 이내 눈을 감고 집중하는 내담자에게 상담자가 물었다.

"그 덩어리의 표면이 어떤가요? 차가운가요, 뜨거운가요, 말랑말랑한가요, 딱딱한가요…?"

이런 탐색 끝에 내담자가 대답했다.

"그동안 이 마음이 불안하고 우울해서 그냥 죽고 싶은 것이라고 생각했는데, 꺼내놓고 보니 좀 말랑말랑한 부분도, 부드러운 부분도 있는 것 같아요."

　감각을 동원해서 마음을 들여다보면 좀 더 다채로운 감정을 발견하게 된다. 우울이라 표현해온 감정을 가만히 들여다본 그 내담자는 그 경험만으로 마음이 한결 가벼워졌다고 말했다.

③ 감정에 적절한 이름 붙이기

감정을 경험한다는 것은 내 상태에 대해 내가 아는 단어로 이름을 붙이는 과정이다. 때로는 잘 관찰하지도 않은 채 넌 행복, 넌 불안, 넌 우울, 이렇게 덩어리째 이름을 붙여버리곤 한다. 실제 경험하는 감정을 제한하게 될 뿐만 아니라 그 감정이 하나의 큰 덩어리가 되어버리기 때문에 더 무겁게 느껴진다.

　세심히 들여다본 감정에 어떤 이름을 붙여야 할지 모르는 경우도 많다. 감정을 표현하는 단어를 이미 잘 안다고 생각하지만 딱 맞는 감정 단어가 떠오르지 않을 때도 많다. '기분이 좋은', '기쁜'처럼 많이 쓰는 감정 단어와 비슷하지만 의미가 미묘하게 다른 감정만 해도 수십 가지다. '벅찬', '충만한', '만족스러운', '평화로운', '신나는', '기운이 나는', '기대에 부푼', '들뜬', '흥미로운', '상쾌한', '끌리는', '짜릿한'…. 평소에 감정을 표현할 때 얼마나 많은 단어를 쓰고 있었는지 점검해보자. 감정을 알아차리는 데에는 공부가 필요하다. 감정 단어 목록을 살펴보고 특정한 감정이 어떤 감각으로 다가오는지 생각해보는 것도 좋은 방법이다. 감정을 표현할 수 있는 단어가 많아질수록 다채롭고 생생한 감정을 '적절히'

경험할 수 있다.

감정의 이름에 정답은 없다. 사람마다 감정 그릇의 모양과 크기가 다르다. 누군가 '놀라운'이라 부르는 감정을 다른 누군가는 '당황스러운'이라 부를 수 있다. 같은 경험을 해도 다른 감정을 느낄 수 있으니 내 감정 그릇에 맞는 이름을 찾으면 그걸로 충분하다.

감정의 성격과 상황에 따라 달라지는 정서 조절 전략

감정을 알아차렸다면 정서 조절을 본격적으로 시도할 수 있다. 감정의 종류와 강도에 따라서 유용한 정서 조절 전략이 달라진다. 효과적인 정서 조절을 위해 먼저 스스로에게 물어보자. "지금 당장 다뤄볼 만한 감정인가? 얼마나 고조되어 있는가?" 만약 평소에 경험해본 감정이고 너무 격렬하지 않다면 인지적, 문제 해결적 방법을 쓸 수 있다. 반면 당장 마주하기에 버거운 감정이라면 주의 분산 방법이 유용하다.

① 인지적 정서 조절

인지적 방법은 ABC 방법으로 불린다. 선행 사건을 의미하는 Antecedent, 신념을 의미하는 Belief, 결과를 의미하는 Consequences의 약자다. 사람들은 흔히 어떤 사건이나 상황 때문에 감정이 생겼다고 믿는다. 네가 늦었기 때문에 화가 났고, 내가 지각을 했기 때문에 부끄럽다고 생각한다. 하지만 ABC 방법을 제안한 인지치료자들은 인간의 감정이 '신념', 즉 사고방식이나 특정 생각 때문에 생긴다고 설명한다.

ABC 이론에 딱 맞는 일이 있었다. 노트북으로 대부분의 일을 처리하는 대박사. 어느 날 갑자기 노트북이 고장 났다. 화면이 온통 파란색이었다. 자료를 따로 저장해두지도 않았는데…. 그 순간 화가 나고 조바심이 났다. 노트북이 고장 난 사건이 A라면 화와 조바심을 느끼는 결과는 C에 해당한다.

그저 느낌에서 끝났다면 이 책에 등장하지 않았을 것이다. 조바심은 가족에게 향했다. 뾰족하게 날이 선 채로 평소와 다름없이 행동하는 아이들에게 "엄마 바쁜데 자꾸 왜 그래. 혼자 할 수 있잖아!" 하며 화를 내고, 기계와 그리 친하지 않은 남편에게 "노트북 왜 이러지? 좀 고쳐봐. 왜 못 고쳐? 좀 더 방법을 찾아볼 수 있잖아!" 하며 짜증을 냈다. 이 모든 결과도 C에 해당한다. 노트북이 고장 났다고 이렇게까지 할 일인가? 누구나 노트북이 고장 나면 화와 조바심을 느낄까? A와 C 사이에 대박사만의 B가 있다.

대박사를 펄쩍 뛰게 한 B는 무엇이었을까? 그 순간엔 깨닫지 못했지만 폭풍 같은 감정이 지나간 후 번뜩 정신이 들었다. 여러 사람과 함께 일할 때, 제시간에 일을 마무리하지 못하면 민폐, 그것은 무능한 행동이라는 신념을 가지고 있었음을 알아차렸다. 반드시 제 몫을 제때에 해내야만 한다는 생각에 감정이 증폭되었고 전혀 상관없는 사람들에게까지 번졌던 것이다.

ABC 방법으로 정서를 조절한다는 것은 내가 어떤 생각을 하고 있기에 이렇게 반응하는지를 찬찬히 살펴본다는 뜻이다. 보통 우리를 괴롭히는 신념은 융통성 없고 편협하며 과장되거나 축소되어 비합리적인 경우가 많다. 과도한 정서 표현이나 행동을 일으키는 생각들을 유연하고 합리적인 것으로 바꾸는 과정이 인지적 방법의 핵심이다.

'~해야만 한다', '반드시 ~이다' 등의 생각을 '그럴 수도 있다', '나는 그렇게 하고 싶다'로 바꾸는 것만으로도 감정이 한결 가벼워진다. 전자를 '당위적 사고'라고 하는데 당연히 해야만 하는 것을 못 하는 것처럼 느껴지기 때문에 부정적 감정이 증폭된다. 반면 후자의 방식으로 생각할 경우에는 원하는 바가 이루어지면 좋겠지만 늘 그럴 순 없음을 비교적 쉽게 받아들일 수 있다. '사람들과 약속을 잘 지키고 싶고 정해진 시간에 일을 마무리하면 좋겠다'라고 생각하는데 노트북이 고장 났다고 그렇게까지 펄쩍 뛸 필요는 없다. '같이 일하는 사람들에게 이 상황을 잘 설명하고 양해를 구하면 이해해줄 거야'라고 생각해볼 수도 있다. B를 바꾸면 전혀 다른 C가 뒤따른다. 실제로 고장 난 노트북을 고치는 데 일주일이 넘게 걸렸고 일 처리도 그만큼 늦어졌지만 우려했던 일은 하나도 일어나지 않았다.

처음에는 B를 찾기 쉽지 않지만 ABC 방법을 몇 번 적용하다 보면 여러 사건을 관통하는 핵심 신념을 발견할 것이다. 그러면 정서 조절이 한결 수월해진다. B 찾기가 막막하게 느껴진다면 다음 페이지의 목록을 참고해보자. 인지치료 전문가들이 소개한 대표적인 비합리적 신념이다.

- 세상은 공평하고 노력은 배신하지 않는다.

- 나는 언제나 나에게 중요한 사람들에게서 진실된 사랑과 인정을 받아야만 한다.

- 내가 유능한 사람임을 느끼기 위해 시도하는 모든 일을 성공해야만 한다.

- 모든 일은 내가 바라는 대로 되어야만 하고 그렇지 않으면 삶은 끔찍할 뿐이다.

- 일이 원하는 대로 되지 않는 것은 내 인생이 실패했다는 의미다.

- 잘 살기 위해서는 의존할 만한 강한 누군가가 반드시 필요하다.

- 현재의 행동과 운명은 과거에 의해 결정되며 우리는 과거에서 벗어날 수 없다.

- 내 가치는 다른 사람의 평가에 달려 있다.

- 사람들이 언제 나에게 등을 돌릴지 모르기 때문에 다른 사람은 믿을 수 없다.

② 문제 해결적 정서 조절

다룰 만한 일상적 감정일 때 문제 해결적 방법을 쓸 수도 있다. 감정을 일으킨 상황을 해결할 만한 행동을 시도해보는 것이다. 예를 들어 팀원이 실수해서 전체 프로젝트 마감 기한을 지키지 못하고 있는 상황을 상상해보자. 팀원을 원망하며 혼내는 것으로는 그 상황이 해결되지 않는다. 오히려 팀 분위기만 가라앉고 감정의 골만 깊어질 것이다. 이런 상황이 실망스럽고 조바심이 나겠지만, 그 감정이 압도될 만큼 크지 않다면 문제 해결을 바로 시도할 수 있다. 일을 재분배하거나 마감 기한을 조율하거나 목표를 다시 설정하는 것 등이 이에 해당한다.

앞서 소개한 노트북 고장 사건에 이 전략을 쓴다면 함께 일하는 사람들에게 최대한 빨리 상황을 공유하고 일 처리에 도움이 될 만한 자료들을 받아둘 것이다. 언제 복구될지 모르는 보고서 파일을 생각하며 애태우기보다는 한시라도 빨리 기억을 되살려 보고서를 다시 쓰기 시작할 것이다.

감정은 한번 발을 담그면 계속 빠져드는 갯벌 같다. 알아차릴 겨를 없이 순간적인 감정에 몰두하면 감정은 자꾸만 더 커지고 그로 인한 부정적 결과들도 늘어난다. 문제 해결 전략을 쓰면 감정을 유발한 상황이 해결되거나 다른 상황으로 변할 수 있기 때문에 정서 조절에 도움이 된다. 시도할 만한 행동이 있다면, 그 행동이 상황을 조금이라도 바꿀 수 있다면 행동하는 것은 건강한 정서 조절 전략이다.

③ 주의 분산 방법

늘 다룰 수 있을 법한 감정만 경험하는 것은 아니다. 때로는 감정이 너무 깊고 커서 당장 마주할 힘이 없을 때도 있다. 상황을 바꿀 만한 방법이 아예 떠오르지 않을 수도 있다. 이럴 때 쓸 수 있는 방법이 바로 주의 분산이다.

주의 분산은 자신이 느끼는 감정이나 그 감정을 일으킨 상황이 아닌 다른 것에 주의를 기울이는 방법이다. 한 사건에는 다양한 측면이 있고 어디에 주의를 기울이느냐, 즉 어디에 집중하느냐에 따라 전혀 다른 감정을 경험한다. 마감 기한을 지키지 못했다는 사실에 집중하면 팀원에게 화가 나지만, 요 며칠 잠도 못 잔 듯한 팀원의 얼굴에 집중하면 안쓰러운 마음이 먼저 든다.

스트레스 받을 때 매운 떡볶이를 먹고 우울할 때 달콤한 케이크를 먹는 것이 대표적인 주의 분산 방법이다. 사람마다 주의 분산 방법이 다를 것이다. 어떤 사람은 격렬한 운동을 해서 그 순간 스트레스에서 달아나기도 하고, 또 다른 사람은 친구들과 만나 문제와 관련 없는 수다를 떨며 스트레스를 잊어버리기도 한다. 하지만 그 순간의 즐거움이나 쾌락이 사라지면 이전의 감정은 다시 돌아온다. 상황이 바뀐 것도, 감정을 제대로 마주한 것도 아니므로 일시적인 위안만 얻을 수 있을 뿐이다. 그래서 주의 분산 방법은 궁극적으로 건설적이며 지속 가능한 정서 조절 전략이 될 수 없다.

항상 주의 분산만 쓰는 것은 문제지만 때로는 이 방법이 필요하다. 누군가의 죽음과 같이 돌이킬 수 없는 상실을 경험하거나 감정을 다룰 만한 자원과 에너지가 전혀 없는 상황이라면 주의 분산이 효과적이다. 정서 조절에는 에너지가 많이 드는데, 애초에 쓸 에너지가 없다면 우선은 에너지를 비축해둬야 한다. 어떤 감정을 느낄 때 즉각 그 감정을 해결해야 한다는 생각에서 자유로워질 필요가 있다.

표면 감정은 거대한 빙산의 일각, 수면 아래 깊은 감정을 마주하자

때로는 감정을 있는 그대로 온전히 경험하는 것도 필요하다. 지금 어떤 감정을 느끼고 있는지를 아는 것이 앞서 소개한 '알아차림'이라면, 그 감정을 깊이 있게 알아차리는 순간으로 나아가는 것이 '온전한 경험'이다. 알아차린 감정을 더 자세히 들여다보고 그 감정을 바꾸거나 억누르려 하지 않고 그저 경험하는 것이다. 눈물이 흐르면 흐르는 대로, 부글부글 끓으면 끓는 대로 그 감정을 비난하거나 피하지 않고 마주하는 순간, 우리는 그 감정을 제대로 만나게 된다.

감정에는 층이 있다. 비교적 쉽게 자각할 수 있고 표정이나 행동으로 표현하는 '표면 감정'이 있는가 하면 아주 깊숙한 곳에 있어 알아차리기 어렵고 인정하기도 쉽지 않은 '내면 감정'도 있다.

앞서 소개한 지윤 씨 이야기를 기억하는가? 연락 없이 늦게 퇴근한 남편을 마주한 순간의 표면 감정은 짜증이나 화였을 것이다. 그 감정을 가만히 들여다보자. 예전만큼 자신을 소중히 돌봐주지 않는 것에 대한 서운함, 더 이상 가장 소중한 존재가 될 수 없을 것 같은 두려움 등의 내면 감정이 자리 잡고 있었을지 모른다. 표면 감정을 느끼고 표현하는 것은 자신에게 그리 위협적이지 않지만 내면 감정은 자신의 존재감, 가치와 연결되어 있어 오롯이 느끼고 표현하는 것이 위협적이다. 내가 당신에게 가장 사랑받고 싶어 한다는 것, 중요한 존재이고 싶은데 그렇지 못할까 봐 두려워하고 있다는 것을 표현하기만 해도 내가 작아지는 듯한 느낌을 받을 수 있다.

내면 감정을 마주한 후에는 그런 자신에 대한 이해와 공감이 필요하다. 그 어떤 감정도 틀리지 않다. 모든 감정은 기능이 있고 그런 감정을 느낄 만한 맥락과 이유가 있다. 왜 하필 이런 감정을 느끼는지 스스로 다그치기보다 그럴 만했다고, 지금 이런 마음일 수 있다고 수용해주는 자세가 필요하다.

표면 감정과 내면 감정은 타인의 정서를 이해하는 데에도 도움이 된다. 오늘도 상사가 "넌 정말 언제까지 이렇게 일할래? 내가 얼마나 더 커버해줘야 해?"라며 당신 마음에 상처를 냈을지도 모르겠다. 상사의 표면 감정은 당신에 대한 실망과 답답함일 것이다. 내면 감정은 무엇일까? 우리가 실망하고 답답해하는 것은 그 사람에 대한 기대가 있기 때문이다. 아마도 상사의 내면 감정은 당신이 걱정되고 조바심 나는 마음이었을 것이다.

타인이 표현하는 감정 이면에 있는 내면 감정을 살펴보면 그 감정을 이해하고 수용하기가 한결 수월해진다. "네가 미워"라는 표면 감정에만 반응하면 "나도 미워!"가 되지만, 밉다고 말할 수밖에 없는 내면 감정을 헤아리면 "나한테 뭐 속상한 거 있구나? 얘기해봐"라고 대화를 시작할 수 있다.

내 감정의 진짜 주인으로
살아가는 법

1. 감정이 동요할 때는 우선 잠깐 멈춰보자

원인 모를 동요를 느꼈을 때 섣불리 행동하지 말고 일단 멈추자. '잠깐. 우선 심호흡부터 하자'와 같이 자신만의 멈춤 신호를 만드는 것도 도움이 된다.

2. 이미 말이나 행동을 해버렸어도 괜찮다

말이나 행동으로 옮기기 전에 멈춘 다음 감정을 들여다보면 가장 좋았겠지만 조금 늦어도 괜찮다. 이미 터져버린 감정이라도 다시 돌아보면 다음에는 감정이 내 주인이 되어 나를 휘두르는 일을 막을 수 있다.

3. 나는 지금 어떤 상태일까? 자문해보자

지금 느끼는 감정이 무엇인지 스스로에게 질문해보자. '내 기분이 어떻지? 내 상태를 어떻게 정의할 수 있지?' 이때 신체의 모든 감각을 활용하자.

4. 감정에 이름 붙이기를 연습하자

한국비폭력대화교육원 홈페이지에서 느낌/욕구 목록(http://www.krnvcedu.com/about/about04.aspx)을 찾아볼 수 있으니 참고해보자. 자주 사용하는 감정 단어에 새롭게 이름을 붙이고 경험한 감정을 추가해가며 자신만의 목록을 만들어도 좋다.

5. 첫술에 배부르랴! 연습하고 또 연습하자

정서 조절은 연습이 필요하다. 감정을 알아차리고, 인지적 또는 문제 해결적 방법을 시도해보고, 때론 주의를 분산하면서 자기에게 잘 맞는 조절 방법을 찾아보자.

QR코드를 인식하면
〈알편심〉 8회 방송을 들을 수 있습니다.

https://youtu.be/FvNw5m_V-j0

4

내가 누구인지, 뭘 원하는지
잘 모르겠어요

지성 씨는 요즘 부쩍 공허함을 느낀다. 무엇을 위해 살아왔나 싶기도 하다. 취직하고 자리만 잡으면 괜찮아지겠지 하며 여기까지 정신없이 달려왔다. 작년에 차장 진급을 하며 회사에서 어느 정도 자리를 잡았다. 때론 고단했지만, 가장으로서 책임을 다한 덕에 가족이 안정적인 삶을 누리고 있다는 뿌듯함도 느꼈다.

며칠 전 졸업했던 학교 앞을 지나게 되었다. 생기 넘치는 대학생들을 보며 대학 시절을 떠올려보았다. 고민이 없지는 않았지만 그래도 내 한 몸만 건사하면 되는 시기였다. 하고 싶은 것도 이루고 싶었던 꿈도 많았는데, 이제는 기억조차 나지 않는다. 되돌릴 수 없는 시절이라고 생각하니 뭔가 슬픔 같은 것이 훅 올라왔다.

사람들은 이런 혼란의 시기를 중년의 위기라고 부르곤 한다. 특별한 변화 없이 분주하게 살아갈 때는 내가 나인 것이 너무나도 당연하지만, 어딘가 요동치는 환경과 마주하거나 삶에 빈 공간이 생기면 문득, 그래서 진짜 나는 누구인가, 이것이 내가 원하던 삶인가, 나는 어떻게, 무엇을 위해 살아야 할까 하는 질문이 찾아온다.

이런 순간은 어떤 특정 시기에만 맞이하는 것은 아니다. 스물이 될 때는 이제 어른이 된다는 설렘과 함께, 서른이 될 때는 이제 '진짜' 어른다워져야 한다는 생각과 함께, 마흔이 될 때는 이 정도면 뭔가 이루었으리라 기대했는데 지금 나는 어디에 있나 하는 불안과 함께, 인생의 어느 시점에서나 마주할 수 있는 질문이다. 문득 진짜 나는 어떤 사람인지 궁금해질 때, 우리는 이 질문에 어떻게 대답할 수 있을까? 진정한 나를 발견하려면 어떻게 해야 할까?

내가 누구인지부터 알아야
현명한 결정을 내릴 수 있다

살다 보면 그래서 나는 도대체 어떤 사람인가라는 질문을 마주할 때가 있다. 그동안 옳다고 생각했던 삶의 방식이 흔들릴 때, 잘해왔다고 생각했는데 그리 만족스럽지 않을 때, 혹은 분명한 소신을 갖고 행동하는 사람을 볼 때, 문득 '나'의 실체에 의문을 품게 된다. 자아정체감을 고민하는 시간이다.

자아정체감ego-identity은 '나는 누구인가'에 대한 총체적이고 일관된 믿음과 느낌을 가리키는 개념이다. 익숙하면서도 어딘지 모호한 느낌이 들 텐데, 자아정체감이라는 용어를 처음 제안한 정신분석학자 에릭 에릭슨Erik Erikson의 설명을 통해 조금 더 자세히 살펴보자. 에릭슨은 자아정체감을 "개인이 가지는 영속성, 단일성 또는 독자성, 불변성이며 개인 스스로 의식하는 동일성에 대한 감각"이라고 정의했다. 더 쉽게 이야기하면 자신의 성격, 능력, 관심, 가치관, 인간관, 세계관, 미래관 등을 명료하게 이해하고 있으면서 그 내용이 어느 정도 지속되고 통합되어 있어야 한다는 뜻이다.

예를 들어보자. 평소에 독서와는 거리가 먼 사람이 어느 날 우연히 손에 잡은 책이 꽤 재미있어서 그날은 책을 열심히 읽었다. 그렇다고 해서 그 사람이 스스로를 '나는 책을 좋아하는 사람이다'라고 정의하지는 않을 것이다. 과거의 나와 현재의 나, 미래의 나 사이에 일관성이 없기 때문이다. 나는 뭘 좋아하지? 내 성격이 어떻지? 나는 어떤 가치관을 가지고 있지? 이런 질문에 쉽게 대답할 수 있고, 그 대답들이 정말 내 모습을 보여준다고 느낀다면 자아정체감이 있는 상태라 볼 수 있다. 하지만 생각해본 적 없다거나 대답하기 어렵다면 자아정체감이 아직 확립되지 않았거나 혼란을 겪고 있을 가능성이 높다.

내가 누구인지 내가 아는 것은 당연해 보이지만 그리 쉬운 일은 아니다. 상담이나 교육 장면에서도 "그래서 당신은 어떤 사람인가요?"라는 질문에 쉽사리 대답하지 못하고 망치로 한 대 맞은 듯한 표정을 짓는 사람을 종종 만난다. 이 책을 읽고 있는 당신도 그중 하나일지 모르겠다.

내가 누구인지 분명하게 알기란 그리 쉽지 않지만 반드시 필요한 과정이기도 하다. 앞으로 마주할 많은 선택의 순간에 조금은 더 확신을 품을 수 있다는 의미이기 때문이다. 누군가를 만나 깊은 관계를 맺을 때, 이 사람과 잘 지낼 수 있을지, 정말 나와 잘 맞는 사람일지를 알려면 내가 어떤 사람인지 잘 알고 있어야 한다. 진로를 결정할 때도 마찬가지다. 이 일을 정말 하고 싶은지, 잘할 수 있을지 등의 답이 필요한 중요한 결정을 내릴 때 내가 누구인지 알고 있다면 시행착오를 덜 겪을 것이다.

청소년, 자아정체감을 형성하기 위한 결정적 시기

자아정체감 확립이 청소년기의 전유물이라고 오해하는 사람들이 많다. 이런 오해가 생긴 것은 앞서 언급한 에릭슨이 제안한 발달 이론 때문일지도 모른다. 그는 인간의 심리사회적 발달을 8단계로 나누어 설명하면서 각 단계에서 성취해나가야 할 발달 과업과 이를 성취했을 때 얻게 되는 덕목을 제안했다. 그중 다섯 번째에 해당하는 청소년기 발달 과업이 바로 정체감 획득이다. 그래서 많은 사람들이 청소년기에만 정체감을 고민한다거나 정체감은 반드시 청소년기에만 확립해야 하는 것이라 오해할 수 있다. 에릭슨에 따르면 청소년기에 정체감 확립이 분명한 이슈인 것은 맞지만 인간은 전 생애에 걸쳐 각각의 연령대에 중요한 무언가에 기초한 정체감을 가지게 된다. 따라서 인생 후반부에도 정체감 탐색은 계속될 수밖에 없다.

그럼에도 불구하고 청소년기가 정체감을 집중적으로 고민하는 시기임은 확실하므로 정체감을 이해하기 위해 청소년기를 주시할 필요는 있다. 청소년기에는 이차성징이 나타나며 신체가 급격하게 달라진다. '내가 왜 이러지?', '나는 어떻게 되는 거지?' 하는 무의식적 불안과 함께 자연스럽게 자신이 누구인지 생각하게 된다.

사회적으로 청소년기는 이중적인 메시지를 받는 시기이기도 하다. 아동기에서 성인기로 이행하는 과도기, 아이는 아니지만 그렇다고 어른도 아니다. 혼자서 해보려고 하면 "넌 왜 네 맘대로 하려고 하니, 네가 뭘 안다고"라는 핀잔을, 그래서 의지하려고 하면 "넌 다 컸으면서 아직도 그러니, 네가 애니?"라는 꾸중을 듣는다. 이런 상황에서 경험하는 혼란은 그럼 나는 누구이며 어떻게 살아야 하는가에 대한 질문으로 이어진다.

요즘 부모들도 청소년들이 자아정체감을 획득해야 하고 그러려면 자신에 대해 고민해야 한다는 것을 잘 아는 듯하다. 그러나 여전히 그 고민의 끝에 "아, 열심히 공부해서 좋은 대학에 가야 하는구나" 혹은 "사회적으로, 경제적으로 성공하는 삶을 살아야겠구나"라는 답을 얻기를 기대하는 것 같다. 그렇기 때문에 조금이라도 다른 대답에 도달할 것 같으면 세상 무서운 줄 모르고 철없는 고민을 한다며 면박을 주기도 한다. 고민을 하되 옳은 답(부모가 원하는 답)을 내놓으라는 무언의 압박이 존재하는 셈이다.

하지만 반가운 움직임도 있다. 외국 학교들이 갭이어gap year, 에프터스콜레efterskole 같은 제도를 통해 청소년들에게 자신의 가능성을 실컷 탐색하고 스스로 어떤 사람인지 고민할 시간을 주듯이 우리나라에서도 이런 시도가 이루어지고 있다. 넓게는 자유학기제가 그런 시도 중 하나이며, 1년 동안 대입 공부를 멈추고 자신을 발견하는 활동에 집중하는 오디세이학교나 '옆을 볼 자유, 한눈을 실컷 팔 자유'를 보장하는 꿈틀리인생학교 같은 과감한 시도가 퍼져나가고 있다니 반가운 일이다.

물론, 인생의 어느 시점에나 자신에 대해 발견하고 고민할 수 있으니 청소년기를 그냥 지나가 버렸다고 해서 아쉬워할 필요는 없다. 하지만 자아정체감 형성의 결정적 시기인 청소년기를 청소년답게 보낼 수 있는 환경을 만들어주는 것은 우리 모두가 관심을 둬야 할 사회적 이슈다. 자아정체감을 찾는 여정은 때론 과격하고 때론 파괴적이다. 나다움을 찾는 과정에서 내가 아닌 것 같은 무언가는 배척하고 무시한다. 청소년들이 유난히 편을 가르고 툭하면 어른들과 갈등을 겪는 것도 이런 과정 중 하나로 이해할 수 있다.

에릭슨은 자신의 저서에서 인생의 발달 과업을 잘 성취한 사람들은 믿음, 의지력, 목적의식, 능력, 충실함, 사랑, 돌봄, 지혜를 갖게 되며 이런 강점은 사회로 흘러 들어온다고 표현했다. 청소년들의 자기 대탐험을 적극적으로 지지하는 것, 스스로 자기 탐색에 힘쓰는 환경을 만들어주는 것은 이런 덕목이 깃든 사회를 만드는 일이기도 하다.

위기, 진정한 나다움을
찾을 수 있는 절호의 기회

진짜 나를 찾는 순간은 변화와 함께 찾아오곤 한다. 늘 하던 방식대로, 늘 하던 행동을 할 때는 진짜 내가 누구인지 생각할 필요가 없다. 하지만 진학, 취업, 승진, 결혼, 출산, 이별 등 변화에 부딪히면 이게 맞나, 이런 상황에서 나다운 건 뭘까 고민하게 된다. 변화는 다르게 바라보길 요구하는 위기 경험이기도 하다.

위기라는 말이 거창하게 들리겠지만 자아를 탐색하는 과정에서 만나게 되는 위기는 아주 사소한 것일 수도 있다. 누군가 지나가며 툭 던진 '넌 선생님이 잘 어울릴 것 같아'라는 한마디가, 용돈벌이로 시작한 아르바이트가, 오랫동안 준비한 시험에서 떨어지는 것이, 죽이 잘 맞을 줄 알았던 사람과의 갈등이 모두 위기 경험일 수 있다. 자아정체감을 획득하는 과정에서 위기 경험을 강조한 이론이 있다. 제임스 마샤James Marcia는 위기 경험과 전념이라는 두 축을 가지고 자신만의 정체감 이론을 발달시켰는데 다음 페이지 표처럼 위기 경험과 전념 여부에 따라 정체감의 지위를 네 가지로 구분한다.

앞서 소개한 지성 씨의 사례를 기억하는가? 평생 가족을 위해 헌신하는 삶에 만족하며 살아왔지만 어느 날 문득 공허함에 휩싸인 그는 어떤 정체감에 해당할까? 아마도 그는 이런 혼란의 시간이 찾아오기 전까지는 특별한 위기 경험 없이 가장이자 직장인으로서의 모습에 전념해왔을 것이다. 이런 상태는 '정체감 속단'에 해당한다. 진짜 나는 누구인가, 어

전념 Commitment		위기Crisis	
		있음	없음
	있음	정체감 성취 Achievement	정체감 속단 Foreclosure
	없음	정체감 유예 Moratorium	정체감 혼미 Diffusion

떻게 살기 원하는가를 특별히 고민하는 순간 없이 현재의 역할에 충실해온 것이다.

정체감 속단인 사람은 자신의 삶에 충실하고 만족하며 살아가는 것처럼 보이지만, 인생의 위기가 어찌 그 사람만 피해 가겠는가. 언젠가는 위기를 마주칠 텐데 그때 더 큰 혼란을 경험할 수도 있다. 그동안 전념해온 시간과 노력이 클수록 혼란도 클 것이다. 속단이라는 용어는 원어로 'foreclosure'이며 '압류', '저당 잡힘'이라는 뜻이다. 진짜 자기를 찾을 기회를 압류당한 상태라고 생각하면 훨씬 더 와닿을 것이다.

지성 씨가 지금 마주한 위기의 순간은 인생 후반부를 나답게, 원하는 삶으로 만들어나갈 기회이기도 하다. 위기 경험을 통해 새롭게 자신을 이해하고 그런 자신의 모습에 걸맞은 삶을 살고 있다면 '정체감 성취'로 볼 수 있다. 가장 이상적인 상태로 보이고, 많은 연구에서도 정체감 성취

지위에 오른 사람들은 더 높은 자율성과 독립심, 유연함을 보였다고 한다. 하지만 지금 정체감 성취 단계에 있다 해도 정체감에 대한 탐색은 언제든지 다시 진행될 수 있다. 제한적인 몇 번의 경험으로 너무 빨리 정체감을 결정하고 전념하면 많은 기회를 제한하게 될 수도 있다. 지금 경험하는 위기 속에서 진짜 나인 것 같은, 이제는 제대로 발견한 것 같은 내 모습도 다음 위기 속에선 그게 아니었구나 싶을 수도 있다.

정체감을 고민한 적도 없는데 이에 대해 별로 염려하지 않는 경우도 있다. '정체감 혼미'라고 하는데 나이가 어리다면 당연한 상태겠지만, 성인이 되어서도 혼미 지위에 있다면 정말 나다운, 만족스러운 삶을 살고 있는지 반문해볼 필요가 있다. 위기를 경험했지만 그 속에서 발견한 자신의 모습에 전념하지 않는 사람도 있다. 아직 정체감에 대해 결론을 내리지 않고 유예하고 있는 셈인데, 아직은 좀 더 자기를 알아볼 시간이 필요하다고 생각하는 경우다.

지금 나의 발달 단계(생물학적 나이, 사회적 역할 등을 모두 고려해야 한다)와 현재 경험에 따라 건강한 정체감 지위가 달라질 수 있다. 반드시 누구나 정체감 성취에 이르러야 하는 것은 아니다. 하지만 진짜 내가 누구인지 찾는 것은 언젠가 반드시 부딪쳐야 할 과제다.

삶에 균열이 생기기 시작했는가? 크고 작은 변화를 마주하고 있는가? 참 반가운 위기의 순간이다. 이제 나다움을 발견하고 나답게 살기 위한 고민을 시작해보자.

나이가 들 만큼 들어도
정체감의 위기는 찾아온다

위기를 통해 진짜 나를 찾을 수 있다니 위기를 반갑게 맞아야겠다 싶지만 마냥 반가워할 수만은 없는 묵직한 위기도 있다. 아마 '중년의 위기'를 떠올리면 그럴 것이다. 중년이 몇 살부터인지 꼬집어 말하기는 어렵다. 마흔 정도면 중년의 시작일까. 누구는 마흔부터, 누구는 백세 시대에 쉰도 청춘이라 말한다. 중년이 언제부터든 심리학에서 중년은 이질적인 특성이 두루 나타나는 특별한 시기 같다. 신체적으로는 시력과 청력 감퇴, 근육과 골밀도 감소, 성 기능 저하 등이 본격적으로 나타나지만 지적 능력과 생산성은 최고조에 이른다. 수십 년에 걸쳐 진행된 하버드대학 성인 발달 연구를 주도한 조지 베일런트George Vaillant 교수는 하버드 졸업생들을 추적했을 때, 50~60대 때 생산성이 그 전에 비해 더 높다는 사실을 발견하기도 했다.

그런데 왜 중년을 다소 부정적으로 바라볼까? 잘은 몰라도 중년의 위기라는 용어가 큰 몫을 한 것 같다. 몇몇 학자가 중년의 위기에 관해 연구했는데, 중년의 위기를 겪고 있는 사람들은 침체감, 무력감, 불행감, 지루함, 회의감, 자신의 정체성에 대한 고민을 품고 있다고 한다. 위기는 위기다. 하지만 이런 경험은 지극히 자연스럽다. 일종의 발달 과업이기 때문이다.

중년의 심리에 대해 특히 많은 이야기를 한 심리학자가 있다. 우리나라에서는 《남자가 겪는 인생의 사계절》이라는 책으로 유명한 대니얼 레

빈슨Daniel J. Levinson이다. 그는 사람이 나이 들면 자연스럽게 그 나이에 적응하는 것이 아니라 단계별로 '전환기'를 경험한다고 설명한다. 얼마나 매력적인 이론인가.

청소년에서 청년으로, 장년에서 중년으로, 그리고 다시 노년기로 접어드는 매 순간 그런 변화가 당연하고 익숙한 사람은 없다. 누구나 그 시기는 처음이니 제 나름의 위기를 경험하고 좌충우돌을 겪는다. 새로운 단계에 적응하기 위해 각자 고군분투하는 시간이 필요하다.

중년으로 접어드는 시기에도 전환기는 존재한다. 지금까지 살아온 삶에 의문이 생기고, 인생 후반부는 어떻게 살아야 할지 불안을 느끼며, 동시에 그동안 성취한 것들에 만족감도 느낀다. 자신의 삶에 대한 재평가를 시도하는 것이다. 관계도 새로운 국면에 접어든다. 가정에서는 배우자, 자녀와의 관계를 재정립하고 직장에서는 역할을 재조정한다. 무언가 배우며 해내던 사람에서 누군가에게 전수하며 이임하는 사람으로 변해야 한다.

이런 전환기에 성공적인 재정립이 일어나면 인생의 절정기를 맞이할 수 있다. 고민과 혼란의 시간 없이는 인생의 절정기도 없다. 치열하게 고민할수록, 중년의 위기가 깊을수록 더 찬란한 절정기를 준비하고 있는 셈이다.

여전히 중년의 위기가 무겁게 느껴진다면, 카를 구스타프 융Carl Gustav Jung의 이야기에 집중해보자. 그는 저서《영혼을 찾는 현대인Modern Man in Search of a Soul》에서 인생의 후반부는 전반부와 달라야 한다고 강조하며 다음과 같이 말한다. 우리는 인생의 오전 프로그램에 따라 인생의 오후를 살아갈 수 없다고. 왜냐하면 아침에는 대단했던 것이 저녁에는 사소한 것일 수 있고 아침에는 진실이었던 것이 저녁에는 거짓이 될 수도 있기 때문이라고 말이다. 중년의 위기는 인생 후반부를 잘 살아나가기 위해 필수적으로 거쳐야 할 과정일 수 있다. 융은 이 시간이 자기 치유의 과정이며 내면의 균형을 맞추는 개성화Individuation의 시기라고 말했다. 개성화는 진정한 자기다움을 찾고 실현하는 것을 의미한다.

인간은 사회가 부과한 혹은 외부에 보여주는 인격인 페르소나를 가지고 살아간다. 우리는 어쩌면 인생이라는 연극에서 다양한 배역을 소화하며 살아가고 있는지도 모르겠다. 착한 학생부터 다정한 친구, 성실한 직장인, 희생적인 부모까지 맡은 배역도 다양하다. 각 배역의 얼굴인 페르소나는 사회인으로 살아가는 데에는 기능적이지만 이 가면이 내 전부라고 볼 수는 없다. 중년은 가면을 벗고 가면 없이도 당당할 수 있는 힘이 생기는 시기이기도 하다. 가면 없이는 아무것도 아닐 것 같았는데, 오히려 가면을 벗으면 더 후련하기도 하고 하나의 가면만 쓰고 다니느라 어깨에 힘이 잔뜩 들어갔음을 깨닫기도 한다. 페르소나 자체가 모두 나쁜 것은 아니다. 가면 없는 민낯만이 진정한 나라고 할 수도 없다. 하지만 필요할 때 가면을 쓰고 벗고 싶을 때 벗을 수 있는 용기를 갖는 것, 가면이 없어도 충분히 괜찮은 것이 진정한 자기실현이라 할 수 있다.

중년에는 페르소나로부터 자유로워지는 것에서 한 발 더 나아가, 어린 시절엔 더 예민하게 느껴졌던, 꺼내면 큰일 날 것 같았던 내면의 그림자도 마주할 수 있다. 삶을 살아가는 동안 포용하는 그릇이 그만큼 커졌기에 가능한 일이다.

50대 초반에 명예퇴직을 앞두고 있던 한 중년 남성이 떠오른다. 가정 형편이 넉넉하지 않았던 그는 고등학교를 졸업하자마자 가족의 생계에 힘을 보탰다. 물론 고등학교도 취업이 잘되는 곳을 선택했다. 누구보다 열심히 일했다. 승진도 빨랐고 인정도 받았다. 안정적인 가정도 꾸렸다.

하지만 상담소에서 만난 그는 이 일을 좋아한 적이 단 한 번도 없다고 말했다. 좋아하고 말고를 생각하지 않았고 그저 최선을 다했는데 막상 퇴직을 앞두니 한없이 혼란스럽기만 하다고 했다. 가족의 생계를 온전히 책임지는 든든한 가장이라는 페르소나가 벗겨질 참이었다. 자신의 진짜 얼굴을 들여다볼 겨를도 없이, 그것이 자신이라고 믿고 지금까지 살아왔는데 가장이라는 얼굴이 없다면 자신은 무엇이 남나 허탈한 마음이 든다고 했다.

상담을 하는 동안 어린아이가 크고 작은 경험을 통해 스스로 뭘 좋아하는지, 언제 신나는지 알아가듯 그렇게 자신을 탐구했다. 사실 어릴 때부터 돈 걱정 안 해도 된다면 배우고 싶었던 것이 있었다며 수줍게 소망을 꺼내놓기도 했다. 허전함만 가득했던 얼굴에 생기가 돌았다. 인생 전반부에 책임감과 성실함을 발휘하며 제 몫을 다했다면 이젠 그에게 잠재해 있던 다른 기능을 발휘해볼 때다.

융은 이렇게 말했다. 중년이 되면 마음에 지진이 일어난다고. 그러면서 그것은 곧 진정한 당신이 되라는 신호이며 진정한 치유는 자기 자신이 되는 것이라고도 했다. 이제 언제든 당신 마음에 지진이 일어날 수 있음을 알기에 조금은 더 반갑게 인생의 위기를 맞이할 수 있기를 기대한다. 웰컴! 위기.

인생이란, 나도 몰랐던 나를
발견하고 친해지는 여정

우리는 인생의 단계마다 변화를 마주하며 전환기와 위기를 경험한다.
그리고 이 위기는 자아정체감을 획득할 기회다. 내가 누구인지 아는 것
은 당연하고 쉬운 일 같지만 '진짜' 나다움을 찾으려면 수많은 질문과 경
험이 필요하다. 진정한 나를 발견한다는 것은 무엇이며, 어떻게 해야 진
정한 나를 발견할 수 있을까?

지금의 내 모습은
문화와 사회에 적응한 결과

앞서 말했듯이 나는 누구인가라는 질문에 비교적 안정되고 통합된 답을

할 수 있으려면, 즉 자아정체감을 가지려면, 자기가 어떤 사람인지부터 인식해야 한다. 심리학에서는 이를 자기개념self-concept이라고 부른다. 키가 큰지, 잘생겼는지, 어깨가 넓은지와 같은 '신체적 자기개념', 친구를 잘 사귀는지, 인기가 있는지와 같은 '사회적 자기개념', 쉽게 우울해지는지, 겁이 많은지, 잘 웃는지와 같은 '정서적 자기개념', 기억력이 좋은지, 창의적인지와 같은 '지적인 자기개념' 등 자기개념은 수없이 많다. 내가 어떤 자기개념을 얼마나 가졌는지 궁금하다면 자기소개를 해보면 된다. 나에 대해 어떤 이야기를 얼마나 많이 할 수 있는가?

사람들은 자기개념이 진짜 자신의 모습을 담고 있다고 생각하지만 사실은 그렇지 않다. 우리의 자기개념은 이미 문화와 젠더, 상황의 영향을 받은 결과물이다. 내가 태어나고 자란 곳의 문화가 나를 어떤 사람이라고 설명할지를 결정하기도 한다. 흔히 서양은 독립적인 자기개념in-dependent view of self을, 동양은 상호 의존적인 자기개념interdependent view of self을 가졌다고 표현한다. 서양에서는 눈이 파란색이고 무엇을 좋아하고 가치관이 어떤지가 자기소개의 핵심이라면, 동양에서는 어느 지역에서 태어났고 누구의 자식이며 어떤 학교, 어떤 직장을 다니는지가 자기소개의 핵심이 된다.

유튜브에서 펜실베이니아 주립대 샘 리처드Sam Richard 교수의 강의 영상이 큰 주목을 받은 적이 있다. 이 영상에서는 서양과 동양의 자기개념 차이가 극명하게 드러났다. 리처드 교수는 미국인 학생 한 명과 한국인 학생 한 명을 앞으로 불러 몇 가지 질문을 했다. 자신이 똑똑하다고 생각하는가? 무엇을 잘하는가? 어떤 재능이 있는가? 자신이 우수한 학생이라고 생각하는가? 같은 질문이었다. 미국인 학생은 자신이 좋아하고 잘하는 것을 비교적 분명히 말하고 스스로 제법 우수한 학생 같다고 평가했다. 한국인 학생은 자신은 그저 보통 학생일 뿐이며 조금 더 열심히 해야 한다고 말했다. 한국인 학생은 4점 만점에 3.8점을 받고 2년이나 일찍 조기졸업을 하는 학생이었다. 이 학생이 미국에서 자랐다면? 자신은 무척 뛰어난 학생이며 더 이상 잘할 수 없을 정도로 높은 성취를 이루어왔다고 말했을지도 모른다. 문화가 자기개념에 얼마나 큰 영향을 미치는지 알 수 있는 사례다.

문화만큼이나 강력한 영향을 미치는 것이 젠더gender다. 사람들은 자신의 젠더와 일치하는 모습은 쉽게 자기개념에 포함하지만 불일치하는 모습은 애써 외면하거나 상황 탓을 한다. 감수성이 풍부하고 눈물이 많다고 말하는 남자보다는 여자가 훨씬 많다.

현재의 주변 상황도 자기개념에 영향을 준다. 무채색 계열의 점잖은 정장을 입은 사람들 틈에 핑크 핫팬츠를 입고 있다면 톡톡 튀는 패션에 감각이 남다른 사람이라는 자기개념을 갖겠지만, 모두가 형형색색 독특한 옷을 입은 패션의 거리를 걷고 있다면 지극히 평범한 사람이라고 스스로 생각할 것이다.

어떤 상황에서 두드러지는 모습을 자기개념에 포함할 가능성이 높은데, 각자 경험하고 있는 상황은 매우 제한적이다. 당신이 속한 세상이 이 세상의 전부는 아니다. 당신의 유난함이 무난함으로, 당신의 평범함이 특별함으로 여겨질 상황들이 얼마든지 존재한다.

자기개념 가운데 일부는 자기 자신이 속한 문화와 상황에서 특정한 성정체성을 가지고 있기 때문에 생겨난 것이다. 명문대를 조기졸업할 만큼 뛰어난데 그저 평범하다고 생각하고 있지는 않은지, 그저 자기 생각을 잘 말할 뿐인데 위계질서를 강조하는 문화 속에서 버릇없고 튀는 사람이라는 자기개념을 가지고 있지는 않은지, 나의 자기개념을 찬찬히 들여다보자. 문화가 요구하는, 사회와 상황에 적응해버린 자기개념을 한 꺼풀 벗겨낸 나는 어떤 모습인가? 여자이기 때문에 혹은 남자이기 때문에 어울리지 않는다고 생각했던 내 모습은 무엇인가?

내 안에 너무 많은
내가 있는 것이 당연하다

자아정체감을 갖는다는 것은 단 하나의 진짜 자기를 찾는다는 뜻이 아니다. 오히려 다양한 자기 모습을 인정하고 이 모습을 관통하는 나라는 존재를 깨닫는 것에 가깝다. 다양한 자기개념 중에 어떤 것은 진짜 나이고 어떤 것은 가짜라고 말할 수 있을까? 물론, 문화나 상황, 젠더 등의 영향을 받아 객관적인 모습과 거리가 먼 왜곡된 자기개념을 갖고 있다면 수정할 필요가 있지만, 오늘 진짜라고 느낀 내 모습이 먼 훗날 돌이켜 보면 또 다른 가면일 뿐이었다고 생각할 수 있다.

다양한 자기 모습을 갖는 것은 트렌드가 되었다. 직장인이면서 공부하는 사람을 가리키는 샐러던트, 직장인이면서 작가인 사람을 가리키는 샐러라이터 등 정체성이 다양한 사람을 표현하는 단어도 많아졌다. 부캐(제2의 캐릭터) 열풍 또한 이런 트렌드를 보여준다. 이렇게 한 사람이 다양한 정체성을 갖는 것을 멀티 페르소나multi-persona라고 한다. 상황에 맞게 가면을 바꿔 쓰듯 다양한 정체성을 넘나들며 자신을 표현하는 현대인을 일컫는 말이다.

대박사는 학생들을 가르칠 때는 꼼꼼하고 열정적이다. 〈알편심〉 녹음을 할 때는 대박사라는 닉네임 뒤에서 조금은 자유롭고 편안해진다. 집에서 엄마가 되는 순간에는 아이에게 다정하고 싶지만 화를 잘 내고, 아내로서는 엄격하기도 하고 무심하기도 하다. 친구들에겐 든든하고 무난한 사람이지만 선배들이나 친한 언니들에겐 손이 많이 가는 존재다. 이 중에 무엇이 진짜 대박사인가? 어떤 모습은 꽤 만족스럽고 어떤 모습은 아무도 몰랐으면 싶기도 하지만 이 중에 진짜를 고르라면 고를 수 없다.

자아정체감을 갖는다는 것, 진짜 나다움을 발견한다는 것은 결국 자기 자신과 친해지는 과정이다. 누군가와 친밀감을 느낄 때를 떠올려보자. 그 사람의 다양한 면을 발견했을 때, 미처 예상하지 못한, 남들은 모르는 모습을 발견했을 때 정말 친해졌다는 생각이 든다. 자신과의 관계도 마찬가지다. 내가 누구인지 분명하게 대답하려면 내가 어떤 사람인지 속속들이 알아야 한다. 나를 설명할 수 있는 재료를 많이 준비할수록 더 멋진 한 상 차림이 탄생할 것이다.

위기를 맞닥뜨렸을 때,
나다운 나를 만나는 법

1. 위기에 대한 생각을 전환하자

발달 단계에 '전환기'와 '위기'가 포함됨을 기억하자. 누구나 위기를 맞이한다. 그리고 그 위기는 누구에게나 두렵고 낯설다. 지금 경험하는 혼란은 자연스럽고 당연함을 기억하자. 위기는 어쩌다 오는 것이 아니라 당연히 오는 것이다. 위기는 나다운 내가 될 수 있는 기회다.

2. 위기의 순간에 도움이 되는 질문을 스스로에게 던져보자.

① 나는 무엇을 했으며, 그것이 나 자신과 타인, 사회에 어떤 의미가 있는가?

② 정말 내가 원하는 것을 얻고 있는가? 앞으로도 계속되길 원하는가?

③ 지금 내 삶에 어떤 일들이 벌어지고 있는가?

④ 지금의 위기는 무엇을 의미하는가? 지금 상황은 나에게 어떤

의미인가?

⑤ 나의 재능은 무엇이며 어떻게 활용할 수 있는가?

⑥ 아무런 보상이 없다 하더라도 흔들림 없이 붙잡고 싶은 것은 무엇인가?

3. 이전과는 다른 행동을 시도해보자.

늘 먹던 음료만 마신다면 새로운 음료를 마셔보고, 늘 버스를 타고 출근했다면 지하철을 타보고, 동창 모임에 한 번도 나가본 적이 없다면 이번엔 나가보자. 이런 새로운 시도를 통해 내가 정말 좋아하는 것, 내가 원하는 것을 찾을 수 있다.

4. 반드시 자아정체감을 찾아야 한다는 부담감을 내려놓자.

자아정체감을 완성해야만 하는 때는 없다. 조바심이 날 때면 스스로에게 말해보자. 아직 더 많은 내 모습이 있을 것 같은데, 느긋한 마음으로 두고 보자.

QR코드를 인식하면
《알편심》 12회 방송을 들을 수 있습니다.
https://youtu.be/7AqSg5J2uTs

2부

있는 그대로의
나를
충분히
들여다보자

5

나도 내가 왜 이러는지
이해할 수가 없어요

은일 씨는 동료들 사이에서 어렵고 불편한 사람으로 통한다. 반갑게 웃으며 인사를 해도 굳은 표정으로 인사를 받는 둥 마는 둥 하고, 가벼운 농담을 던지면 못 들을 말이라도 들은 듯 정색한다. 처음엔 동료들도 조금 더 친근하게 다가가려 했지만 이젠 알아서 조심하는 눈치다. 같이 일하다 보면 할 만한 부탁에도 내가 할 일이 없어 보이냐, 내가 만만해 보이냐 날 선 반응을 보이니, 주변 사람들은 살얼음판을 걷는 듯하다. 은일 씨는 왜 항상 화난 사람처럼 행동할까?

  희진 씨는 왜 이 사람과 결혼하기로 결심했는지, 자신의 선택을 이해할 수 없다. 모두가 말리는 결혼이었다. 번듯한 직장에 안정된 삶을 살아온 희진 씨가 변변한 직업도, 이렇다 할 계획도 없는 사람과 결혼하겠다

했을 때, 다들 의아해했다. 정작 희진 씨 본인은 티셔츠 한 장도 꼼꼼하게 비교해가며 사는 자신이 결혼이라는 중대한 결정 앞에 오히려 이것저것 따지지 않고 결단을 내리다니, 드디어 운명의 짝을 만난 게 틀림없다 생각했다. 얼마 지나지 않아 남들이 걱정했던, 충분히 예상할 수 있었던 문제들이 고스란히 모습을 드러내자 과거의 자신에게 왜 그런 선택을 했는지 따져 묻고 싶어졌다.

사람들은 자신의 행동과 선택에는 전부 다 이유가 있다고 생각하고 자신은 그 이유를 알고 있다고 믿는다. 당신도 그렇게 믿고 있을지 모르겠다. 그럼 이 질문에 대답해보자. 당신은 왜 이 책을 읽고 있는가? 다른 책이 아닌 이 책을, 다른 때가 아닌 지금 읽고 있는 이유는 무엇인가? 서점에 갔더니 베스트셀러에 진열되어 있었고 그중에 눈에 띄어서, 제목이 꽤 그럴싸해서…(이런 이유이길 바란다). 이런저런 이유를 떠올릴 수 있을 것이다.

자, 그럼 다시 묻겠다. 그 많은 책들 중에 왜 하필 이 책이 눈에 띄었을까? 책 읽는 것 말고도 할 일이 많은데 왜 지금 책을 손에 잡았을까? 질문들의 끝에 결국은 대답할 것이다. 모르겠다. 우리는 내 선택과 행동을 인식하고 설명할 수 있다고 믿지만, 사실 모르는 것이 더 많다. 내 의지가 담긴, 그럴듯한 이유가 삶을 채우고 있다고 생각하지만 나도 모르게 하는 말과 행동, 선택들이 더 많다. 무의식이 나를 움직이고 있다.

마음이라는 거대한 빙산, 바닷속 깊이 잠겨 있는 무의식

심리학에 관심 있는 사람들은 심리학을 통해 자신에 대해 더 선명하게 알고 자신의 삶을 조절할 수 있기를 기대한다. 물론 심리학에는 그런 효과가 있다. 하지만 심리학을 공부하고 심리학 팟캐스트를 진행하며 심리학을 다룬 책을 쓴 사람으로서 인정할 수밖에 없는 사실이 있다. 내면 깊이 들어갈수록 알지 못하는 내 모습이 있다는 것, 나도 나를 다 알 수는 없다는 것이다. 나와 타인을 관찰하고 이해할수록 우리는 무의식의 세계가 참으로 크고 강력하다는 것을 깨닫는다.

무의식은 자각이 없는 상태, 의식할 수 없는 마음이라고 정의할 수 있다. 무의식은 특별한 의도나 생각 없이 자동적으로 작용한다. 원할 때는 꺼냈다가 원치 않을 땐 접어둘 수 있는 마음이 아니다. 인간의 마음을 잘 묘사한 애니메이션 〈인사이드 아웃〉을 보면 무의식을 쉽게 이해할 수 있는 장면이 나온다. 주인공의 마음(정확히는 뇌) 속에는 동그란 구슬들이 가득 쌓여 있다. 구슬 한 알 한 알이 인생의 기억을 담고 있다. 알록달록 다양한 색을 띠던 구슬들은 시간이 지나면 점점 색을 잃고 회색으로 변한다.

완전히 빛을 잃은 기억은 '영원히 떠올릴 수 없는 기억의 쓰레기장'으로 버려지는데, 그곳이 무의식의 공간이라고 할 수 있다. 버려진 구슬들은 아무 일도 하지 않고 잊힐 것 같지만 꿈속에선 훌륭한 배역을 맡는다. 무의식이라고 해서 완전히 사라지는 것이 아니라 어딘가에 잠재되어 있

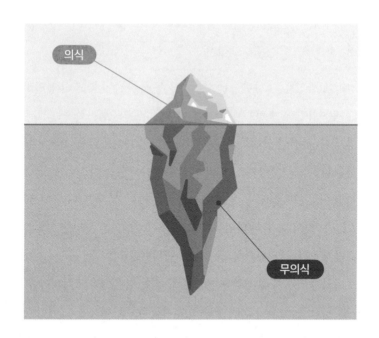

의식

무의식

다가 어느 순간 툭툭 영향을 준다는 사실을 알 수 있는 대목이다.

무의식 이야기를 하려면 지그문트 프로이트Sigmund Freud의 이론을 빼놓을 수 없다. 위에 나오는 빙산 그림은 심리학을 한 번이라도 배워본 사람이라면 익숙할 것이다. 빙산의 일각이라는 말이 괜히 생긴 것이 아니다. 바닷속 깊이 뿌리내린 커다란 빙산의 극히 일부분만 우리 눈에 보이는 것처럼, 인간의 의식 역시 일부만 인식될 뿐이다. 프로이트는 인간의 의식을 인식하고 통제할 수 있는 의식의 영역과 분명 존재하지만 인식하지 못하고 겉으로는 드러나지 않는 무의식의 영역을 구분했다.

프로이트는 인간이 무의식에 지배받는 존재라고 말했다. 우리는 스스로 말과 행동을 선택하고 통제한다고 생각하지만 그렇지 않다는 것이다. 무의식이 저 깊은 곳에서 매 순간의 말과 행동에 영향을 미치고 있다. 단 한마디, 사소한 행동도 그냥 나오는 것이 없다. 무의식 속의 무언가가 시키는 일이다. 프로이트 이론에 따르면, 말실수는 실수가 아니라 무의식 속에 있는 생각이 자기도 모르게 튀어나온 결과다.

무의식 속에는 무엇이 들어 있을까? 프로이트는 성적 충동과 본능, 삶과 죽음에 대한 충동이 자리 잡고 있다고 봤다. 다 꺼내놓고 확인할 수는 없지만 무의식 안에는 매우 다양한 것들이 담겨 있을 것이다. 아주 어린 시절의 기억, 누군가와 나누었던 정서, 품어서는 안 된다고 믿었던 마음, 감히 바라서는 안 될 것 같았던 소망, 스쳐 지나가며 들었던 말들, 내가 아니었으면 싶었던 모습들….

어쩌면 무의식이 먼저고 이유가 나중일지도 모른다

프로이트는 심리적, 신체적 고통을 호소하는 사람들을 치료하면서 자신의 직관을 발휘해 무의식의 존재를 설명했지만 과학적인 방법으로 검증한 것은 아니었다. 무의식이 인간을 좌지우지할 만큼 강력한지, 무의식 속에 무엇이 들어 있는지에 대해서는 여전히 논란이 뜨겁다. 하지만 현대 심리학자들은 다양한 연구를 통해 무의식이 실제로 존재하며 우리 행동에 많은 영향을 미치고 있음을 증명하고 있다. 특히 뇌를 들여다볼

수록 무의식의 존재를 인정할 수밖에 없다.

현대 과학은 마음이라는 것이 결국은 뇌의 활동이라고 이야기한다. 뇌에는 뉴런이라는 세포가 있고 뉴런끼리 서로 신호를 주고받으면서 정보를 처리한다. 우리 뇌에 뉴런이 몇 개나 있을까? 한 사람의 뇌에는 보통 1000억 개의 뉴런이 있다고 한다. 1000억 개만 해도 이미 충분히 놀라운 숫자인데 여기서 끝이 아니다. 뉴런들은 거미줄처럼 서로 연결되어 있는데(시냅스라고 부른다) 뉴런 하나가 최대 1만 개의 줄기를 뻗어 다른 뉴런과 연결되어 있다. 우리 뇌에 1000억 개 곱하기 1만 개의 연결고리가 존재하는 셈이다. 계산하면 보고도 믿기 힘든 숫자가 나온다. 1000000000000000. 0이 열다섯 개! 1000조다. 내 뇌에 1000조 개의 연결망이 존재한다.

이렇게 많은 뉴런이 서로 주고받는 정보를 우리가 다 알고 있다면, 혹은 다 알 수 있다면 얼마나 피곤할까. 몰라서 참 다행이다 싶다. 우리는 1000조 개의 시냅스가 주고받는 정보를 다 알지 못하지만, 내가 모르는 순간에도 이 모든 세포는 그 나름대로 활동을 하고 있고 그 활동은 매 순간 영향을 미친다.

무의식의 존재를 인정할 수밖에 없게 만드는 흥미로운 연구들도 있다. 그중 하나가 듀크대학 워런 멕Warren H. Meck 교수의 연구다. 그에 따르면 사람들은 공포나 두려움을 느낄 때, 똑같은 크기의 점도 더 크고 가까이 있다고 여긴다. 연구에 참가한 사람들은 그저 컴퓨터 화면에 나타나는 점이 얼마나 큰지 평가하고 있었다. 하지만 봤다고 인식하지 못하는 짧은 순간 놀란 표정 또는 무표정이 재빨리 지나갔다. 그런데 자신이 느낀다고 인식하지도 못한 감정이 점 크기를 달라 보이게 만든다면 믿을 수 있겠는가?

실제로 놀란 표정에 노출됐던 사람들은 같은 크기의 점도 더 크게 보았다. 놀란 표정은 자기도 모르게 두려움을 불러일으킨다. 이런 마음이 들 때는 앞에 나타나는 물체를 잘 살펴야 자신을 보호할 수 있다. 그래서 작은 자극도 더 크게 보였던 것이다. 흥미로운 점은 참가자들이 자신이 어떤 표정을 봤는지, 어떤 감정을 느꼈는지 의식하지 못했다는 것이다. 무의식 어딘가에 저장된 자극과 감정에 의해 현재의 판단이 달라졌다.

마음 깊은 곳의 외로움도 판단에 영향을 미친다. 연구자들은 이미지를 조작해서 사람 얼굴부터 인형 얼굴에 이르기까지 점진적으로 변화하도록 만들었다. 쭉 이어지는 수십 장의 사진을 보여주면서 어디까지가 사람이고 어디부터는 인형인지 평가하도록 했다. 그 결과, 다른 사람들과 연결되고 싶은 욕구need to belong가 큰 사람들은 인형 얼굴에 가까운 사진도 사람이라고 대답했다. 그 순간 무의식에 자리 잡고 있던 누군가와 함께이고 싶은 마음, 외로움이 무생물에서 생명을 찾아낸 것이다.

그러고 보니 엄마가 출출하다고 느낄 때 아이들 간식에 좀 더 너그러워지는 것 같다. 엄마가 배고프니까 아이들도 배고플 거라고 무의식중에 생각하는 것이다. 때로는 과자를 먹고 싶어 하는 아이에게 유난히 인색해진다. 단걸 많이 먹으면 안 되니까, 좀 있으면 식사 시간이니까, 점심을 잘 안 먹으니까… 이유는 수없이 많다. 하지만 정말 그런 이유였을까? 의식할 수 없는 마음이 행동을 만들고, 그 행동을 이해할 수 없는 우리가 그럴듯한 이유를 대거나 그저 우연일 뿐이었다고 부정하기도 한다는 사실을 잊지 말자.

나는 인종차별에 반대하지만 인종차별을 하고 있다

우리의 태도 역시 겉으로 드러나는 것과 무의식적인 것이 존재한다. 당신은 인종차별에 찬성하는가? 이 질문에 당당하게 그렇다고 대답하는 사람은 거의 없다. 거짓말이 아니라 인종차별은 잘못이라고 생각하기 때문이다. 대부분 그렇게 생각하는데, 왜 우리 사회에서는 여전히 인종차별 문제가 끊임없이 발생할까? '피부색으로 사람을 차별해서는 안 된다', '인간은 모두 평등하다' 등 의식할 수 있고 겉으로 쉽게 내놓을 수 있는 외현적explicit 태도가 있는가 하면 무의식 속에 있는 암묵적implicit 태도도 있기 때문이다.

스스로도 의식하지 못하는 무의식 속 태도를 어떻게 알 수 있을까? 연구자들은 표면적 태도와 행동이 일치하지 않는 이유를 밝히기 위해 다양한 시도를 해왔고, 암묵적 태도를 측정하는 암묵적 연합 검사Implicit Association Test, IAT를 개발했다. 검사 절차는 다소 복잡하지만 원리는 간단하다. 암묵적 태도와 일치할 때는 빨리 반응하지만 불일치할 때는 반응 속도가 느려진다는 것이다.

IAT 가운데 가장 널리 알려진 인종에 대한 검사를 예로 들어보자. 평소 인식하지 못했을 뿐, 흑인에 대한 이미지가 부정적이라면 백인 얼굴 사진보다는 흑인 얼굴 사진과 끔찍함, 실패, 짜증 등의 부정적 단어를 더 쉽게 연결할 것이다. 반면 흑인에 대한 이미지가 부정적이지 않다면 흑인 얼굴 사진과 평화, 기쁨, 성공 같은 긍정적 단어도 빨리 연결할 수 있을 것이다. IAT는 이러한 반응 속도 차이를 정밀하게 계산해서 실험 대상자의 암묵적 태도를 파악한다.

대다수가 자신은 인종에 대한 편견이 없다고 말했지만 흑인 얼굴 사진과 긍정적인 단어가 결합될 때 반응 속도가 더 느려지는 경우가 꽤 많았다. 이들이 다 거짓말쟁이라는 의미는 아니다. 우리는 바람직하고 옳은 것을 추구한다고 믿는다. 이런 검사를 통해 무의식 속에 잠재된 자신도 의식하지 못한 차별적 태도를 확인하게 된다.

IAT로 성별, 나이, 직업, 자기 자신 등 다양한 영역에 대한 암묵적 태도를 확인해볼 수 있다. 자신도 모르게 갖고 있던 편견을 확인해보고 싶다면 하버드 IAT 사이트(https://implicit.harvard.edu/implicit/korea)를 방문해보자. 무료로 다양한 검사를 실시할 수 있다.

무의식에 뿌리내린
결핍과 욕구가 나를 지배한다

당신은 어떤 사람인가? 이 질문에 지금 당신이 떠올린 이런저런 생각은 외현적 자기개념에 해당한다. 그러나 자신에 대한 무의식적인 태도도 있다. '나는 소중하다' 혹은 '나는 괜찮은 사람이다'라고 말은 하지만, 왠지 공허하고 문득 외롭고 누가 나에게 뭐라고 할 때 발끈한다면 자신에 대한 암묵적 태도를 점검해볼 필요가 있다.

앞서 소개한 은일 씨도 겉으로는 그 누구보다 당당해 보이는 사람이다. 하지만 그의 속내는 좀 다르다. 은일 씨 스스로도 가끔 자신이 너무 화를 잘 내고 과하게 대응할 때가 있다고 생각했다. 이런 행동의 뿌리를 찾아 들어간 곳에서 만난 것은 늘 꾸중 듣고 위축되어 있던 어린 은일이었다.

많은 형제자매 중 막내로 자라면서 언제나 아이 취급을 받았고 뭘 해도 모자란다는 말을 들었다. 그런 그의 무의식 속에는 무시당할까 두려운 마음이 자리 잡고 있었다. 작은 동물들이 천적을 만나면 털을 곤두세워서라도 자기가 더 커 보이게 하듯, 무시와 억압 속에 자란 은일 씨는 자기 안에 작은 아이가 있음을 들킬까 봐 더 강한 모습만 보였다.

자신에 대한 무의식적 태도는 배우자를 선택할 때도 영향을 준다. 겉으론 겸손해 보여도 자기애가 강한 사람은 묘하게 의존적인 성향의 사람과 만난다. 남을 높여주고 헌신하면서 자신의 의존 욕구를 채우는 사람에게 본능적으로 끌리는 것이다.

모두가 말리는 결혼을 선택한 희진 씨는 연애를 할 때마다 매번 '네가 왜 그런 애를 만나?'라는 질문을 받았다. 어딘지 모르게 조금씩 안 어울리는 사람을 만나면서 스스로도 불만을 느끼고 마음을 다 주지 않는 연애를 해왔다. 결혼 생활이 힘들어지기 전까지는 이런 반복되는 패턴을 알아차리지 못했다. 무의식을 들여다보는 수많은 질문 끝에, 희진 씨는 자신이 언제나 최고가 되어야 하고 인정받고 싶은 욕구가 유난히 컸음을 알게 되었다. 애인을 통해 상대적 우월함을 느끼고 인정욕구를 채워온 것이다.

결혼 전에 이 욕구를 의식화할 수 있었다면 자신이 반복하고 있는 패턴을 개선하기 위해 노력했을 것이다. 이 사람과 결혼하고자 하는 진짜 마음은 무엇이며 무엇을 충족하려는 것인지, 꼭 이 사람을 통해서만 충족할 수 있는 마음인지, 자신은 이 사람에게 어떤 사랑을 주고 있는지 고민할 수 있었을 것이다. 연애의 대상은 바뀌는데 같은 문제가 반복된다면 자신의 무의식을 들여다볼 때다. 당신 곁의 그 사람은 당신의 어떤 무의식을 채워주고 있는가?

있는 그대로의 나를 꺼내
마주하는 용기

우리가 아무리 애쓴들 무의식을 모두 알아차리기란 불가능하다. 하지만 내 삶에서 이해하기 힘들거나 과하다 싶은 일이 반복해서 일어나고 있다면 무의식이 뭔가 할 말 있다고 불러 세우는 것이니 멈출 필요가 있다. 일상에서 무의식이 어떤 일을 하고 있는지 찬찬히 들여다보고, 의식할 수 있는 만큼 알아차리면 된다.

심리적 증상은
무의식이 보내는 구조 신호

무의식이 하는 대표적인 일은 방어기제defense mechanism를 발동하는 것이다. 방어기제는 의식적으로 수용할 수 없는 불안이나 갈등으로부터 자신을 보호하는 방법을 의미한다. 실패가 몹시 두려운 사람은 평가 상황에서 불안이 훅 올라올 텐데, 그 불안을 온전히 감당하기가 버거워서 지레 방어 태세를 갖춘다. 실체를 모르는 상태에서 방어하다 보니 때론 엉뚱한 곳에 요새를 만들기도 하고 사소한 위협에 과도한 무기를 사용하기도 한다. 이 모든 과정은 무의식적으로 일어난다. 어떤 상황에서 무슨 방어기제를 쓸지 의식이 아닌 무의식이 선택한다.

방어기제는 매우 다양하다. 단순하지만 불안을 회피하는 직접적인 방법은 억압이다. 무의식 속에서 아예 올라오지 못하게 하면 당장은 자신을 괴롭히는 무언가와 마주하지 않아도 된다. 자주 깜빡깜빡하는 사람은 억압을 주로 사용하는 사람일지도 모른다. 만나기 껄끄러운(무의식을 건드린다는 의미이기도 하다) 사람과의 약속은 유난히 잘 잊어버린다. 중요한 시험 날짜를 잊어버리기도 한다. 트라우마가 된 어린 시절 경험을 잘 떠올리지 못하는 것도 억압의 일종일 수 있다. 큰일을 겪었으나 그 일을 감당할 만한 심리적 자원이 없을 때는 차라리 잊는 편이 생존에는 도움이 된다. 하지만 억압된 욕구와 충동, 기억들은 무의식 속에 영원히 갇혀 있지 않는다. 때로는 꿈으로, 때로는 말실수로 나타나기도 한다.

부정否定도 많이 쓰는 방어기제 중 하나다. 어떤 일이나 생각, 감정을 고스란히 받아들이기 어려워서 왜곡하여 받아들이거나 혼자만의 공상을 가미하는 것이다. 때로 학대의 피해자들이 "나쁜 사람은 아니야. 나를 아끼고 사랑하니까 화도 내는 거야"라며 진심으로 가해자를 이해하는 듯한 말을 한다. 특히 당장 피해자에게서 벗어날 수 없는 어린아이 같은 경우, 현실을 왜곡해서라도 상황을 받아들이려 애쓰는 경향을 보이곤 한다. 가해자가 나를 사랑해서 그러는 거라고 믿는 게 그나마 버틸 만하기 때문이다.

자기 안에 있는 마음이지만 도저히 받아들일 수 없을 때, 타인이나 환경의 특성으로 돌려버리는 투사投射도 있다. 다이어트 중인 사람이 "네가 먹고 싶어 할 것 같아서 샀어"라며 케이크를 건네는 것, 실제로는 내가 화났는데 상대방이 나에게 화를 낸다고 생각하는 것이 대표적인 예다. 별 상관도 없는 남의 불륜 소식에 격노하는 사람도 투사를 쓰는 중일 수 있다.

좋아하는 여자애의 고무줄을 끊고 가는 반동형성도 많이 쓰는 방어기제다. 좋아하면 그냥 좋아하면 되는데 괜히 그와는 반대되는 생각과 행동을 한다. 속으로 무시하는 상사에게 더 공손하게 말하거나 싫어하는 사람에게 더 잘해주는 것도 반동형성의 모습이다. 전치轉置라는 방어기제도 있다. 종로에서 뺨 맞고 한강 가서 눈 흘기는 격인데, 부모님한테 꾸중 들은 아이가 괜히 동생을 혼내는 것, 뜻대로 안 풀릴 때 자신보다 약한 대상에게 분풀이하는 것이 전치의 대표적 사례다.

그럴듯한 이유를 찾아서 자기가 상처받는 것을 방지하는 합리화도 대표적인 방어기제 중 하나다. 동생이 태어날 때 젖병을 다시 찾거나 이불에 오줌을 싸는 등 갑자기 아기로 돌아간 듯 행동하는 퇴행도 있다. 물론 아이에게서만 나타나는 것은 아니고 난처할 때 애교를 떨거나 어린 애 같은 표정을 짓는 어른도 있다. 어떤 사람은 자신의 공격적 본능이나 성적 충동, 이별의 깊은 슬픔을 예술 작품으로 표현하기도 한다. 사회적으로 허용되지 않는 충동을 허용되는 행위로 전환하는 승화는 고차원적인 방어기제로 여겨진다.

모든 사람은 일상에서 방어기제를 쓰고 있다. 방어기제 자체가 부정적인 것은 아니다. 자신을 보호하는 매우 자연스러운 무의식의 작동이다. 하지만 하나의 방어기제를 너무 반복적으로 또는 과도하게 쓰고 있다면 문제로 이어질 수 있다. 그 대표적인 형태가 신체화다. 가볍게는 시험 보기 전 갑자기 배가 아프거나 중요한 일을 앞두고 머리가 아픈 정도로 나타난다. 명절을 앞두고 말 그대로 입이 돌아가 병원을 찾은 여성이 있었다. 전환장애라고도 하는데, 시가에 가기가 너무 싫고 괴로운데 그 마음을 속 시원히 꺼내놓을 수 없으니 몸이 반응한 것이다.

신체화보다 더 극적인 사례도 있다. 흔히 다중인격으로 알고 있는 해리성정체감장애다. 한 사람 안에 다양한 인격이 존재하는 현상인데, 정신분석적 관점에서는 억압되었던 욕구와 충동이 다른 인격의 형태로 나타난 것으로 본다. 억압의 극단적 형태라고 할 수 있다.

누군가는 연기하는 것 아니냐, 그렇게까지 반응하는 이유가 무엇이냐 비난할 수도 있다. 하지만 어떤 형태든 우리가 보이는 심리적 증상은 심리적 고통이 보내는 신호다. 의식하기 괴로운 무의식과 싸우고 있다는 구조 신호다. 당신의 마음이 이런 신호를 보내고 있다면 우선은 보듬을 필요가 있다. 그리고 자신을 보호하기 위해 발동했던 방어 수단들이 오히려 삶을 힘들게 만들고 있다면 의식화를 통해 조절할 수 있다. 걱정되고 불안할 때 나 지금 많이 걱정하고 있구나 알아주기만 하면 된다.

무의식을
의식화하고 싶다면

프로이트로 시작한 무의식 이야기이니 프로이트로 다시 돌아가 보자. 프로이트는 무의식을 의식화하는 것이 치료의 핵심이라고 했다. 무의식 자체는 나쁘거나 위험하지 않다. 하지만 무의식을 의식하기를 거부하면 위험해질 수 있다.

한때 예능 프로그램 단골 게임이었던 눈 가리고 사물 맞히기를 기억하는가? 투명한 유리 상자 안에 있는 물건을 다른 사람들은 볼 수 있지만 안대를 한 사람은 전혀 알 수 없다. 손을 집어넣는 것부터 망설이기도 하고 손끝에 무언가 닿았을 때 흠칫 놀라 소리를 지르기도 한다. 하지만 그 안에 별것 아닌 물건이 들어 있음을 이미 아는 사람들은 그 모습이 마냥 재밌다.

무의식을 알아가는 과정이 그렇다. 그 안에 무엇이 들어 있는지 모르니 망설여지고 겁이 난다. 손끝에 이상한 감촉이 느껴지면 그냥 도망가는 편이 낫다 싶다. 하지만 손끝으로 더듬더듬 물건의 실체를 파악하는 과정에서 어느새 표정이 바뀐다. 아, 별것 아니었잖아 하는 안도의 미소. 애초에 손도 넣어보지 않았다면 느낄 수 없었을 감정이다.

손끝으로 더듬더듬 물건을 파악하듯 우리의 무의식을 그려내는 방법이 있다. 자유연상과 꿈 분석이다. 자유연상은 아무런 거리낌 없이, 의식적인 방해물 없이 흘러가는 대로 생각을 따라가 보는 것이다.

비가 내리는 날 유난히 짜증이 느는 사람이 있었다. 그날은 비가 많이 왔고 그만큼 짜증도 솟구쳤다. 어차피 하루를 망친 것 같으니 자유연상을 시도해보기로 했다. 그냥 생각의 꼬리를 물고 따라가는 것이다. '비' 하면 뭐가 떠오르는가? 우산. 학교 앞에 우글우글 모여 있는 우산. 마중 나온 엄마와 뛰어나오는 아이들. 뛰어들 우산이 없어 더 빨리 뛰어간 나. 집에 가도 없는 엄마. 혼자 차려 먹는 밥…. 그 사람에게는 비가 미처 채워지지 못한 따뜻한 온기, 애정을 상징했다.

억압된 무의식은 꿈에 등장하곤 한다. 만약 반복해서 꾸는 꿈이 있다면 그 내용을 찬찬히 따라가 보자. 꿈 분석은 섬세하고 전문적인 영역이므로 만약 원한다면 전문가를 찾아가 보는 편을 추천한다. 이런 노력을 통해 무의식을 의식의 영역으로 끌어올릴 수 있다.

그러나 다 알지 못한다, 그래도 괜찮다

무의식을 다룰 때 꼭 기억할 점이 있다. 내가 의식화한 것이 무의식의 전부는 아니라는 점이다. 나의 수많은 무의식 중 한 가닥에 불과할 수도 있고, 끝까지 따라갔다고 생각했지만 그 아래 더 큰 무의식의 세계가 있을 수도 있다. 무의식은 우리가 감당할 수 있을 만큼만 모습을 드러내는지도 모르겠다.

어린 시절 경험한 트라우마를 잊고 살다가 불현듯 떠오르는 사람들이 있다. 자신이 정말 이런 경험을 했는지, 아니라면 왜 이런 이미지가 떠올랐는지, 맞다면 이 경험을 어떻게 이해해야 하는지, 감당할 수 없는 감정의 폭풍을 맞이한다. 하지만 상담자들은 이런 사람들에게 말한다. 이제 마주할 힘이 생긴 것 같다고. 이전의 나는 무의식에 묻어두는 편이 더 안전하고 버틸 만했다면, 지금의 나는 꺼내서 보고 제대로 소화할 수 있게 된 것 같다고. 불쑥 모습을 드러내는 무의식은 반갑게, 아직 정체를 드러내고 싶어 하지 않는 무의식은 조금 천천히, 자신만의 속도로 알아가면 된다.

무의식을 다 알고 통제할 수 있으리란 기대는 환상에 가깝다. 하지만 의식의 영역으로 들어온 무의식 한 가닥이 삶을 바꿔놓을 수도 있다. 의식하게 된 무의식에 대해 책임지는 것도 중요하다. 내면의 욕구와 불안, 충동을 알았다면 적극적으로 해소할 수 있는 방법도 찾아야 한다.

무의식은 나 자신을 이해하는 중요한 통로다. 나도 모르게 반복하는 생각이나 행동이 있다면 아마도 무의식이 보내는 신호일 것이다. 조금 두렵고 낯설겠지만 무의식으로 여행을 떠나보면 어떨까? 그리고 그 속에서 마주할 또 다른 당신을 힘껏 안아주길.

나도 모르게 무의식에
좌지우지되지 않는 법

1. 반복되는 경험을 가만히 들여다보자

어떤 생각이나 행동이 반복된다면 무의식이 여기 좀 보라고 신호를 보내고 있는 셈이다. 내가 왜 이러지? 뭐가 떠오르지? 이 경험은 어떤 일과 관련이 있지? 이런 질문을 자유롭게 하다 보면 당신의 무의식을 만나게 될 것이다.

2. 바로 반응하지 않고 속으로 열을 세어보자

감정이 훅 올라오거나 나도 모르는 무의식에 휩싸일 것 같은 순간이 오면 우선 멈춘다. 그리고 열을 센다. 그 후에 선택하고 반응해도 괜찮다.

3. 나는 어떤 방어기제를 쓰고 있는지 파악해보자

다음 페이지 목록을 참고하여 어떤 방어기제를 어떤 상황에서 얼마나 자주 쓰고 있는지 관찰해보자. 투사와 왜곡, 수동 공격 등이 부적응적 방어기제에 속한다면 유머, 승화, 이타심 등은 적응적 방어기제에 속한다. 언제나 그러기는 어렵겠지만 가끔은 적응적 방어기제를 써보면 어떨까? 한번 웃고 넘어가거나 건설적인 봉사를 하는 식으로 말이다.

방어기제 목록

☐ 허세: 겉으로 과시하는 행동이나 태도

☐ 반동형성: 용납할 수 없는 충동을 억압하고 그와 반대로 표현하는 감정이나 행동

☐ 동일시: 남의 행동을 모방하고 따라 하는 것

☐ 수동 공격: 타인에 대한 공격적 감정을 수동적 저항으로 표현하는 것(실수, 꾸물거리는 행동, 묵묵부답 등)

☐ 투사: 인정하고 싶지 않은 감정, 소망, 태도, 성격 등을 자신이 아니라 타인에게 속한다고 지각하는 것

☐ 전치: 어떤 대상에게 느끼는 감정을 덜 위협적인 다른 대상으로 돌리는 것

☐ 부정: 고통스러운 현실을 인정하지 않고 회피하는 것

☐ 통제: 주변 사람이나 사건을 조종하고 이용하는 것

☐ 예견: 미래의 내적 불편함을 예견하고 계획을 세우거나 대안을 탐색해보는 것

☐ 합리화: 용납하기 어려운 신념, 태도, 행동을 정당화하기 위해 설명하는 것

☐ 해리: 감정적 고통을 피하기 위해 일어나는 극단적인 의식의 변형

- [ ] 신체화: 심리적 갈등이 신체적 증상으로 나타나는 것
- [ ] 승화: 원초적이고 용납하기 어려운 충동을 사회적으로 용납 가능한 방향으로 방출하는 것
- [ ] 행동화: 미래를 내다보지 않고 무의식적 욕구나 소망을 즉각적으로 표현하는 것
- [ ] 이타심: 타인을 도우면서 대리 만족하는 것
- [ ] 퇴행: 현재보다 어린 시기로 돌아가서 그때의 방법으로 갈등과 좌절을 해결하는 것
- [ ] 유머: 유머러스한 말과 행동으로 대처하는 것

QR코드를 인식하면
〈알편심〉 20회 방송을 들을 수 있습니다.
https://youtu.be/KWS6BNzD4BQ

6

지금 내 모습이 최선일까요?
이대로 살아도 괜찮을까요?

상우 씨 부부는 요즘 들어 싸움이 잦다. 아이가 자라서 학교에 간 이후에 더 자주 부딪힌다. 매번 싸움은 "제발 그렇게 간섭 좀 하지 마"로 시작된다.

상우 씨는 원래 꼼꼼하고 절약 정신이 몸에 밴, 성실한 가장이었다. 그의 아내도 그런 면을 좋아했다. 하지만 아이가 자라면서 갈등이 시작됐다. 아이에게 무언가 사주거나 학습지라도 하나 시키려고 하면 사사건건 상우 씨에게 확인받아야 했고 새로운 것을 시작했으면 반드시 그럴듯한 결과가 있어야만 했다.

아내는 상우 씨에게 익숙해지기도 했고 그의 방식에 동의하는 부분도 있었지만 아이는 달랐다. 학교에서 얼마나 잘하고 있는지, 새로 시작한 학습지 진도는 빨리 나가고 있는지, 방 정리는 깨끗하게 되어 있는지 매일 확인하는 통에 아이는 아빠를 무서워하고 평소에도 불안해하기 시작했다. 그런 아이를 보며 화가 난 아내는 급기야 숨이 막힌다고 말했다.

아내는 제발 적당히 만족하는 법을 배우라고 말한다. 하지만 상우 씨는 조금만 더 노력하면 더 잘할 수 있을 텐데, 왜 그래야 하는지 모르겠다. 적당한 선에서 만족하면 지금 누리고 있는 삶이 무너질까 봐 두려운 마음이 드는 상우 씨다.

상우 씨는 그저 열심히 산다고 말하지만 완벽주의의 전형적인 모습을 보인다. 항상 높은 기준을 정하고 거기에 도달하지 못하는 자신을 부족하다고 느낀다. 완벽하지 않아도 괜찮다는 인식이나 삶의 태도가 유행처럼 퍼지면서 완벽주의에 부정적인 면이 있다는 데 많이 공감하는 듯하다. 하지만 여전히 완벽을 추구하는 것이 더 나은 삶을 위한 필수 조건이라 생각하거나, 완벽주의를 버리고 싶어도 버려지지 않아 고민하는 사람들도 있다. 무엇보다 자신이 완벽주의자인지 모른 채 불만족한 채 살아가는 사람이 많다.

완벽주의자는 스스로 완벽주의자인 줄 모른다

완벽주의는 뭔가를 이루기를 원하면서 끊임없이 노력해 완벽한 상태에 도달해야 한다고 '믿는' 마음을 의미한다. 하지만 애초에 완벽은 존재하지 않는다. 완벽完璧은 완전무결함을 뜻하는데 원래는 고리 모양의 보옥

寶玉을 끝까지 무사히 지킨다는 뜻이라고 한다. 몸을 치장할 때 쓰는 보옥을 흠집 하나 없이 깨끗하게 지킨다니, 아무리 애지중지한들 손때라도 묻을 테니 애초에 불가능한 일이다.

현실에서도 마찬가지다. 당신은 완벽함에 도달해본 적이 있는가? 엄청난 시간과 노력을 투자한 보고서도 상사 눈에는 오타가 보이고 허점이 있다. 더할 나위 없다 생각한 작품도 비평가들의 비평을 받는다. 아예 존재하지 않는 완벽에 다다르려니 삶이 고단할 수밖에.

완벽주의는 학술적으로 다양하게 정의된다. 완벽주의 척도를 개발한 연구자 데이비드 번스David Burns는 완벽주의자를 "도달할 수 없는 높은 기준을 설정하고, 그 기준을 달성하도록 스스로를 강박적으로 밀어붙이며, 자신의 가치를 전적으로 생산성과 성취에 바탕을 두고 평가하는 사람"이라고 표현했다. 해야만 한다고 믿는 당위성에 의해 움직이는 사람, 상황이 요구하는 이상의 높은 수행을 요구하는 사람, 지나치게 높은 목표를 설정하고 자신을 가혹하게 비판하는 사람 등 완벽주의자의 정의에 공통으로 나타나는 특징이 높은 기준을 설정한다는 점이다.

이런 사람이라면 매사에 성실히 최선을 다할 것 같지만 꼭 그렇지만도 않다. 완벽주의는 다양한 모습으로 나타난다. 높은 기준을 정하고 도달하고 싶어 하지만 그것이 언제나 가능하지는 않으므로, 때론 열심히 하는 모습으로 때론 잘해야 한다는 압박감 때문에 좌절하고 포기한 모습으로 나타나기도 한다. 완벽하지 못할 것 같은 두려움에 시작도 하기 전에 포기해버리고, 안 하고 도망가도 될 만한 핑계를 찾는다. 그래서 꾸물거림의 하위 유형 중 하나로 완벽주의가 나오는 것이다.

완벽주의자의 문제는 완벽에 도달하지 못하는 자신을 가혹하게 평가하고 부정적인 감정을 경험한다는 것이다. 이들은 모든 문제에 완벽한 해결책이 있으리라 믿고 그것을 찾아야만 한다고 생각한다. 만족스럽지 않은 결과는 자신이 그 해결책을 찾지 못했거나 제대로 수행하지 못했기 때문이라 여긴다. 그래서 남들이 보면 충분히 잘했는데도 스스로는 늘 불만족스럽다. 이 정도면 훌륭하다고 말하는 사람에게 위로와 인정을 얻는 것이 아니라, 최선이 뭔지 모르는 사람들의 비겁한 자기만족이라 치부한다.

나에게도 완벽주의 성향이 있는지 궁금한 독자들을 위해 이 책에서는 그 특성을 담은 중요한 질문 몇 가지를 추려서 소개한다(다음 페이지 참고). 문항 하나하나가 완벽주의자의 모습을 담고 있으니 쭉 읽어보기만 해도 완벽주의를 생생히 이해할 수 있을 것이다. 각 문항에 그렇다고 응답한 숫자가 많을수록 완벽주의 성향도 강하다고 생각할 수 있다.

이 테스트를 해보며 대박사도 완벽주의자처럼 보이지 않는 완벽주의자라는 것을 발견했다. 스스로는 어리숙하고 덤벙거린다고 생각하는데, 학기말 강의평가를 보면 철두철미하다, 꼼꼼하다, 계획적으로 수업을 진행한다 등의 말이 등장한다. 이처럼 완벽주의자들은 자신이 완벽주의자임을 인정하지 못하는 경우가 많다. 이 테스트를 본인이 해보는 것도 좋지만 자신을 잘 알 만한 누군가에게 부탁한 후 결과를 비교해봐도 좋겠다.

☐ 주변 사람들은 대체로 나를 계획적이고 자기 관리를 철저히 하는 사람으로 본다.

☐ 내가 한 일은 대개 내 기준을 만족시키지 못한다.

☐ 내가 업무에서 실수한 것을 발견하면 과제 전체를 실패한 느낌이다.

☐ 늘 남모를 압박감 때문에 여유가 없다.

☐ 공부나 일 등 어떤 과업을 할 때 지나치게 긴장하거나 예민해진다.

☐ 남들에 비해 기준이 높다.

☐ 나 자신을 심하게 몰아붙이는 편이다.

☐ 다른 사람이 하는 일은 성에 잘 차지 않는다.

☐ 실수(실패)나 타인의 지적을 오래도록 곱씹는 편이다.

☐ 세부 사항이 맞는지 확실히 하기 위해 여러 차례 확인한다.

☐ 물건이 깔끔하게 정돈된 상태가 좋다.

☐ 사람들은 내가 완벽하기를 기대한다.

☐ 나에게 중요한 사람들에 대한 기준이 높다.

☐ 잘 미루거나 무기력해진다.

☐ 여러 가지 일을 동시에 처리해야 하는 상황에 극도로 취약하다.

☐ 이분법적인 생각을 할 때가 많다.(할 거면 확실하게 끝장을 보고 제대로 못 할 바엔 아예 안 하는 게 나아.)

☐ 뚜렷한 이유 없이 몸이 쉽게 피곤해지거나 아픈 편이다.

☐ 걱정이 지나치게 많은 편이다.

☐ 모험을 최대한 피하고 되도록 익숙한 상황에 머물러 있으려 한다.

☐ 여러 활동이 완수해야 할 의무로만 느껴져 과정을 즐기지 못한다.

끊임없이 불안하고
자기 비하를 일삼는다면 의심해보자

완벽주의자들은 사회적 관계에서도 독특한 특성을 보인다. 스스로의 기준이 높으니 남들도 자신을 그렇게 평가할 거라고 생각한다. 다른 사람들은 항상 비판적이라고 생각하며 사회적 관계를 위협적인 것으로 지각하기 쉽다. 사실은 자기가 잘하고 싶은 것인데 남들이 자기에게 완벽을 기대한다 생각하며 부담스러워한다. 자신이 완벽한 사람이 아님을 알면 세상이 자신을 거부하리라는 두려움을 느끼기도 한다. 이 때문에 타인의 인정을 지나치게 추구하거나 사회적으로 거리를 두고 살아간다.

완벽주의자들은 하나의 영역에서만 완벽을 추구하기보단 삶 전반에서 완벽을 추구한다. 자신의 수행, 외모, 대인 관계, 주변 사람들의 수행에 이르기까지 모든 것이 완벽을 향하길 바란다. 그리하여 앞서 소개한 상우 씨처럼 가족이나 친구, 동료들에게 높은 기준을 강요하거나 자신처럼 살지 않는 사람을 은근히 무시한다.

또한 완벽주의 성향일수록 섭식장애나 우울증, 불안장애, 강박증 등에 빠질 가능성도 높다. 객관적인 성취를 떠나 늘 부족하다고 느끼고 작은 실수도 오랫동안 곱씹는 탓에 자기 비하에 빠지곤 한다.

선미 씨는 늘씬한 몸매에 눈에 띄는 외모를 가졌지만 하루에 한 끼도 잘 먹지 않는다. 사과 하나, 비스킷 한 조각으로 하루를 버틴다. 주변에서 네가 왜 다이어트를 하냐고 아무리 말려도 소용이 없다. 몸매뿐만이 아니다. 학교에서도 최상위 성적을 받아왔지만 여전히 자신은 능력이 없다고 생각한다. 공부한 시간에 비하면 성적이 좋지 않다거나 교수님이 자신을 불쌍해서 좋은 점수를 줬다고 말한다. 선미 씨처럼 완벽주의 성향이 높은 사람들은 성공 경험 혹은 성취를 평가 절하하고 실패에만 주의를 기울인다. 끊임없이 자기를 점검하고 실패할까 노심초사하다 보니 늘 불안하고 우울해진다.

잘해야지, 완벽해야지 걱정하느라 항상 피곤한 사람들

완벽해야 한다고 생각하는 이유가 무엇인지, 완벽해져야 한다는 생각 때문에 어떤 일을 하는지 등에 따라 완벽주의자는 다양한 모습으로 나타난다. 완벽주의라고 하면 스스로 애쓰는 사람을 떠올리는데, 남이 완벽하길 기대하거나 남들 때문에 완벽해져야 한다고 믿는 사람들도 있다.

휴잇Hewitt과 플렛Flett은 누가 완벽해지길 바라는지와 누가 완벽해지라고 요구했는지에 따라 완벽주의를 세 차원으로 구분했다. 우리가 흔히 알고 있는 완벽주의는 개인 부과 완벽주의 혹은 자신에 대한 완벽주의Self-Oriented Perfectionism라고 할 수 있다. 자기 자신에게 매우 엄격하기 때문에 스스로가 가장 괴롭다.

배우자나 자녀, 주변 사람들이 완벽해야 한다고 생각하는 완벽주의도 있다. 타인에게 높은 기준을 적용하고 엄격하게 평가하는 타인 부과 완벽주의 혹은 타인에 대한 완벽주의Other-Oriented Perfectionism다. 마지막으로 사회적으로 기준이 부여되었다고 믿는 완벽주의도 있다. 사회 부과 완벽주의 혹은 사회적으로 부과된 완벽주의Socially Prescribed Perfectionism라고 부르는데 이들은 '남들이 내가 완벽해지길 바란다, 이 사회는 완벽한 사람만 인정한다, 남들에게 인정받고 사회에 소속되려면 완벽해야 한다'라고 믿는다.

완벽해야 한다는 믿음 후에 따르는 행동도 중요하다. 완벽주의를 정상적인 완벽주의와 신경증적인 완벽주의로 구분하기도 하는데, 정상적인 완벽주의자는 노력하는 과정에서 얻는 기쁨의 가치를 중시하고 완벽하지 않더라도 그 상황과 결과를 수용할 수 있다. 이들은 타인에게 인정받고 싶은 마음보다 스스로 더 나아지고 싶은 마음 때문에 움직인다. 반면 신경증적인 완벽주의자는 웬만해서는 만족을 느끼지 못하고 새로운 도전 앞에 불안과 혼란을 경험한다. 이들은 실패가 두려운 마음 때문에 움직인다. 간단히 말하면, 완벽주의 성향이지만 그래도 적응적인 삶을 살아가는 사람들은 노력하되 결과를 수용한다. 하지만 신경증적인 완벽주의자들은 결과에 집착한다.

내 안의 완벽주의 성향이 건강한 노력과 발전으로 이어지길 원한다면 진인사대천명盡人事待天命을 기억하자. 진인사대천명의 방점은 대천명(하늘의 뜻을 기다린다)이 아닌 진인사(할 수 있는 일을 다 한다)에 있다. 스스로 완벽주의라 하는 사람들을 가만히 들여다보면 그저 걱정이 많은 사람인 경우가 많다. 걱정하는 것과 노력하는 것은 다르다. 계획을 세우고 지킬 수 있을까, 해낼 수 있을까 염려하느라 에너지를 많이 쓰니 만성피로를 달고 산다. 하지만 걱정에 에너지를 썼을 뿐, 실제로 노력한 것은 아니다. 쏟아야 할 곳에 에너지를 쓰고 대천명을 겸허히 기다리는 당신이 되길.

지나친 기대와 통제가 나와 타인을 모두 괴롭힐 수 있다

완벽주의 성향이 오랫동안 내면화되어 성격 특성으로 자리 잡으면 강박성 성격이 나타날 수 있다. 강박성 성격은 순서, 완벽, 통제에 너무 몰입되어 융통성이 없고 비합리적으로 높은 기준을 자신과 타인에게 부과하는 것을 말한다. 앞서 등장한 상우 씨도 병원에 가면 강박성인격장애로 진단받을 가능성이 높다. 이런 사람들은 의무감이 강하고 인색하며 성취에 집착하고 감정 표현을 억제하며 돈에 민감하다. 무엇이든 쉽게 버리지 못하고 삶의 작은 변화도 꺼린다.

강박성 성격은 엄격한 가정교육에 기인한 경우가 많다. 상우 씨 역시 엄한 아버지 아래서 자랐다. 식사 시간에 말을 하거나 불필요한 전등을 켜놓는 것이 절대 허용되지 않았다. 어린 상우 씨는 그 삶을 답답해했지만 어느새 자신도 그런 삶을 자녀에게 강요하고 있었다.

정신분석 이론에서는 강박성 성격이 엄격한 초자아와 관련 있다고 본다. 인간의 자아는 현실의 원리를 따르는 자아ego, 쾌락의 원리를 따르는 원초아id, 도덕적 원리를 따르는 초자아superego로 구분할 수 있다. 지금 당장 먹고 마시고 자고 즐기길 원하는 것이 원초아라면 어떻게 그럴 수 있냐, 참고 견뎌야 한다고 말하는 것이 초자아다. 원초아와 초자아 사이를 적절히 중재하며 현실에서 수용될 만한 방법으로 행동하는 것이 자아의 역할이다.

원초아와 초자아, 자아가 적절한 균형을 이루어야 건강한 삶을 살아갈 수 있는데 초자아가 너무 강하면 강박적인 성격이 된다. 보통은 자녀에게 많은 것을 기대하고 엄하게 통제하는 부모 밑에서 자란 경우 엄격한 초자아를 갖게 된다.

물론, 부모님이 엄하다고 해서 모두가 완벽주의 성향, 강박적 성격을 갖게 되지는 않는다. 완벽주의 성향이 강한 부모에게서는 크게 세 가지 패턴의 자녀 유형이 나타난다. 상우 씨처럼 어떻게든 기준을 맞추려고 애쓰는 강박적 성격, 어떻게 해도 기준에 도달하지 못할 것 같으니 애초에 시도하지 않는 회피적 성격, 언제나 기준에 못 미치는 자신은 부족하고 무기력한 존재이니 좀 도와달라며 의지하는 의존적 성격이다.

자신의 성향 때문에 자녀나 배우자, 주변의 소중한 사람이 고통받기를 원치는 않을 것이다. 자신의 성향이 고스란히 대물림되기를 바라지도 않을 것이다. '이 정도는'이라는 말로 완벽을 강요하고 있지는 않은지, 자신에 대한 엄격함이 타인에 대한 엄격함으로 확장되고 있지는 않은지 찬찬히 살펴보길 바란다.

실수해도 괜찮고
조금 돌아가도 괜찮다

완벽을 추구한다고 해서 완벽해지는 것이 아니고, 설사 완벽에 가까워
진다 한들 더 행복해지는 것도 아니다. 완벽을 바랄수록 현실과의 간극
을 느껴 자괴감만 커질 수도 있다. 완벽주의에서 벗어나 조금은 더 자유
롭게, 일상에서 만족을 느끼며 살 수 있는 방법은 무엇일까?

겸허하게 인정하자,
이 세상에 완벽은 없다

마거가 차를 새로 샀을 때 일이다. 안타깝게도 차를 산 지 일주일 만에
사고가 나서 수리를 받았다. 수리가 끝난 차를 타고 돌아오는데 핸들 뒤

쪽에 미세하게 작은 구멍이 만져졌다. 핸들링을 할 때마다 손가락 끝에 느껴지는 구멍의 촉감이 자꾸 거슬렸다. 고민 끝에 수리 센터에 다시 가서 말했다. 직원도 정말 구멍이 있다며, 고쳐주겠다고 했다. 며칠 후 차를 찾으러 갔을 때 직원이 멋쩍게 웃으며 말했다. 새 핸들에도 똑같은 구멍이 있더라는 것이다. 직원도 신차라 잘 몰랐는데 원래 이 구멍이 있는 거란다.

정말 재미있는 것은 그 후로 손에 거슬리던 구멍의 촉감이 전혀 신경 쓰이지 않았다는 것이다. 결함이라고 생각하면 온통 신경이 집중되고 거슬리는데, 결함이 아니라 원래 있는 거라고 생각하니 아무렇지 않았다. 마거가 완벽주의에 대한 큰 깨달음을 얻은 계기였다.

세상에 완벽함이 없음을 받아들이면 완벽하지 않아도 괜찮은데, 완벽해야 한다고 생각하면 아주 작은 부족함이 자꾸 눈에 보인다. 나 자신이나 타인이 완벽할 수 있다는 막연한 생각을 품고 있기에 기대하게 된다. 누군가에게서 구멍이 보이면 채우고 싶고 바꾸고 싶다. 하지만 원래 모든 사람에겐 구멍이 있지, 누구나 다 저런 면이 있지라고 생각하면 구멍을 발견해도 원래 그런 거니까 괜찮다 싶다. 완벽이 애초에 존재하지 않음을 인정하는 것만으로도 완벽주의에서 벗어날 수 있다.

'나는 완벽을 추구하는 것은 아니야'라고 생각했다면 잠깐 멈춰보자. 당신이 '기본'이라 생각하는 그 지점이 누군가에게는 절대 도달할 수 없는 '완벽'일 수도 있다.

특히 경험을 통해 완벽이 없음을 온전히 받아들이는 것이 중요하다.

대박사는 육아를 통해 완벽이 없음을 뼈저리게 느낀 다음, 예전에 비해 한결 여유로워졌다. 아이를 키우기 전에는 노력하면 노력한 만큼 뭔가를 이루는 삶을 살았던 것 같다. 그래서 항상 조금만 더를 외치게 되었다.

하지만 육아는 달랐다. 아무리 애써도 아이가 아픈 것을 막을 수 없었다. 온갖 정성을 쏟아 이유식을 만들면 무엇하리. 단 한 번 입을 벌려주지 않으면 모든 것이 허사였다. 아이가 잠들면 미뤄둔 일을 해야겠다 생각하고 온갖 수단을 동원해도 말똥말똥 엄마 얼굴만 보고 있는 애를 억지로 재울 수는 없었다. 노력해도 되지 않는 일이 있음을 몸소 경험하고 나니 자신에 대한 기준도, 타인에 대한 기준도 조금은 느슨해졌다.

지금으로서는 상상하기 어렵지만, 어린 시절 마거는 혼자서 노트 필기를 정리할 때도 글씨 하나가 틀리면 연습장을 찢어버리고 다시 쓰는 아이였다. 누구에게 보여주는 것도 아닌데 자신이 하는 일에는 한 치의 오차도 없어야 한다고 믿는 꼬마 완벽주의자였다. 그런데 살면서 다양한 도전을 하고 이런저런 실수와 실패를 겪으면서 세상에 완벽이 없음을 받아들이다 보니 점점 자유로워졌다. 조절하는 방법을 습득하며 적응적 완벽주의자로 변해가고 있는 것이다.

잘하지 않아도
당신은 이미 사랑스러운 존재

완벽을 추구하는 이유는 뭘까? 완벽하고자 하는 마음의 끝에는 완벽해야 인정받는다, 사랑받는다는 생각이 있는 듯하다. 당신이 완벽주의 성향이 강하다면 믿기 어렵겠지만, 완벽하지 않아도 사랑받을 수 있다. 완벽해야만 인정받는 것도 아니다.

다시 상우 씨 이야기로 돌아가 보자. 상우 씨가 어렸을 때 부모님은 뭘 해도 기뻐하지 않았다. 좀 더 노력하면 더 잘할 수 있지 않겠느냐는 반응이었다. 더 노력해서 더 잘해도 그런 기대는 끝이 없었다. 그래서 '더 잘해야 하는구나, 여전히 부족해서 부모님이 날 인정하지 않는구나' 생각했다. 완벽해야만 사랑받는다는 굳건한 믿음이 싹튼 것이다.

초등학교에 입학한 아이가 처음으로 수학 시험을 쳤다. 한 단원을 배운 후 얼마나 이해했는지 확인하는 쪽지 시험이었다. 집에 온 아이가 "엄마, 나 수학 80점 맞았어" 하고 웃는다. "80점? 뭘 틀린 거야?" 자연스럽게 부족함에 먼저 관심이 갔다면 자기도 모르게 완벽주의 성향을 드러낸 셈이다. 아이는 80점을 받아서 꽤 기뻤는데 "뭘 틀린 거야? 왜 몰랐어? 어떻게 풀었길래? 다른 애들은 몇 점인데?" 하는 엄마의 질문 폭격에 '아, 80점이면 못한 거구나. 엄마 표정이 안 좋은 걸 보니 내가 뭘 잘못했나 봐' 하고 생각하게 된다.

당신의 삶에서 실수해도 괜찮은 경험이 쌓여가길 기대한다. 부족함보다는 이미 가지고 있는 것에 만족할 수 있길 바란다. 자신의 불완전함을 당당하고 솔직하게 이야기하자. 잘 해내지 못해도 여전히 당신은 사랑스럽다.

완벽에 대한 부담이 오히려 당신을 게으르게 만들 수 있음을 기억하라. 지금은 세계적인 기업이 된 에어비앤비의 공동 창업자 조 게비아Joe Gebbia는 컨설팅을 통해 자신이 완벽주의자임을 알게 되었다. 그는 늘 스스로 역량이 부족하다 생각해서 기업을 잘 이끌어갈 수 있을지 불안해했다.

하지만 직원들이 평가한 게비아의 모습은 그의 생각과는 딴판이었다. 너무 철두철미하다. 계획대로만 하려고 한다. 완벽주의자다. 타인의 피드백을 통해 자신의 모습을 인지한 게비아는 완벽을 추구하는 자신의 성향이 회사와 직원들의 성장을 방해하고 있음을 깨달았다. 그가 했던 다양한 시도들 중에 효과가 있었던 세 가지 방법을 정리했다.

· 제품이 완벽하지 않더라도 문밖으로 나갈 수 있다.
· 빠른 의사 결정은 늦은 결정보다 나을 수 있다.
· 80퍼센트면 족하다.

그를 움직인 세 가지 모토였다. 완벽한 결과를 내놓으려고 고민만 하기보다는 우선 시도하고 경험하며 보완해나가도 충분하다. 잘하는 것보다 우선 시작하는 것이 중요하다.

완벽해지기보다는
스스로 만족스러운 삶을 사는 법

1. 내가 전지전능한 신이 아님을 기억하자

부족한 것 같고 더 해야만 할 것 같고 이런 생각 때문에 괴롭다면 다음의 세 문장을 되뇌자.

'완벽은 없다.'

'완벽하지 않아도 괜찮다.'

'나나 너나, 우리는 모두 인간이기에 실수할 수 있다.'

괴테가 이렇게 말했다. "신만이 완벽할 뿐이다. 인간은 완벽을 소망할 뿐이다." 여전히 완벽을 추구하고 있는가? 당신이 인간임을 잊지 말자.

2. 잘한 것부터 말하자

완벽주의 성향이 강할수록 본능적으로 부족함을 발견하고 실수에 집중한다. 아무리 멋진 일을 해내도 그 속의 작은 흠을 찾아내고야 만다. 잘한 일을 말하는 동안 흠집은 옅어질 것이다.

3. 걱정이 아닌 노력에 집중하자

뭔가를 하고 나서 결과는 하늘에 맡긴다. '진인사대천명'을 기억하자. 걱정이 시작됐는가? 이제 움직일 때라는 신호다. '걱정되면 움직인다'와 같이 단순한 삶의 공식을 만들어두면 도움이 된다.

QR코드를 인식하면
〈알편심〉 35회 방송을 들을 수 있습니다.
https://youtu.be/TWUpEYfFaEA

7

나보다 잘난 사람들을 보면
자꾸만 주눅이 들어요

1년 전 새로운 회사로 이직한 범진 씨는 직장 동료 강우 씨가 늘 신경 쓰인다. 강우 씨는 어떤 상황에서든 자기주장을 거리낌 없이 내세우고 자기를 잘 포장한다. 게다가 스펙과 인맥도 화려한 듯하고, 사회생활도 잘해서 상사들에게도 인정받는다. 범진 씨는 강우 씨 앞에서 점점 작아지는 자신을 발견한다.

　그런데 범진 씨는 어느 날부터 강우 씨가 불편해졌다. 강우 씨와 함께 작업하는 보고서를 검토하면서 강우 씨가 작업한 부분의 오류를 발견했다. 혹시라도 자신이 잘못 이해한 건가 해서 관련 내용을 다시 검토하고 확인한 다음, 조심스럽게 강우 씨에게 질문했다. "강우 님, 이 부분 수치를 이렇게 산출하는 게 맞나요? 제가 알기로는 A 방식으로 산출해야 하는데 B 방식을 적용하셨더라고요."

범진 씨의 말에 자료를 검토한 강우 씨는 얼굴을 붉히면서 언성을 높였다. "범진 님이 이전에 어떻게 일하셨는지 모르겠지만 여기서는 이렇게 하는 게 맞아요. 요즘 최신 트렌드는 B 방식을 쓰는 건데 아무래도 범진 님이 일하셨던 곳이 오래된 제조업 회사라 업데이트가 안 되셨나 보네요. 그냥 제가 한 대로 두시면 됩니다."

이 이야기를 들은 범진 씨는 머쓱해졌다. 자신의 경력을 깎아내리는 듯한 말로 무안을 주는 듯해 기분이 나빠졌다. 하지만 너무나 자신 있게 반박하는 강우 씨 말에 범진 씨는 자신이 뭔가 잘못 알고 있나 하는 의구심과 불안 때문에 더 이상 주장을 하지 못했다.

황당하고 어이없는 일이 발생한 것은 며칠 뒤였다. 완성된 보고서를 보니 범진 씨가 지적한 부분이 A 방식을 적용한 결과로 바뀌어 있었다. 그사이 강우 씨가 보고서를 수정했던 것이다. 범진 씨는 자신이 틀리지 않아서 안심이 되는 한편으로 그 부분에 대해 일언반구도 없이 팀장에게 보고하는 강우 씨를 보며 화나고 괘씸하기까지 했다.

하도 답답해서 범진 씨는 친한 친구에게 이 일을 이야기하며 자존감이 높은 강우 씨 앞에서 주눅이 든다고 말했다. 그러자 친구가 말했다. "그 사람은 자존감이 높은 게 아니라 자존심만 센 사람 같은데…." '자존감이 높은 게 아니라 자존심이 세다고?' 범진 씨는 그게 무슨 차이인지 아리송해졌다.

자존감은 낮고
자존심만 강한 사람들의 비극

범진 씨처럼 많은 사람들이 자존감과 자존심을 헷갈려 하고 혼용해서 쓴다. 그러나 둘은 다른 개념이다. 비슷해 보이지만 상당히 다른 두 개념을 이해하고 나면 진정한 자존감을 갖는 방법에 한 발 더 가까이 다가갈 수 있을 것이다.

국어사전의 정의에 따르면 '자존심'은 남에게 굽히지 아니하고 자신의 품위를 스스로 지키는 마음이다. 반면 '자존감'은 스스로 품위를 지키고 자기를 존중하는 마음이다. 이 둘의 차이를 사전의 정의에서 엿볼 수 있는데 핵심은 '남에게'와 '스스로'에 있다. 자존심이 타인이 나를 존중해주고 받들어주기를 바라는 감정이라면, 자존감은 내가 나 자신을 존중하고 사랑하는 마음이다. 즉 나를 평가하는 기준이 남에게 있는가 자기 자신에게 있는가가 가장 큰 차이다.

한국인의 자존심을 다룬 한 연구에서도 비슷한 맥락으로 자존심을 설명하고 있다. 연구에 따르면 한국 문화에서 자존심은 평소에 별로 인식하지 않다가 어떤 사건이나 계기를 통해 '상했을 때' 비로소 인지되는 특성이다. 그런데 그 자존심이 상하는 계기는 타인과의 관계처럼 외부 사건인 경우가 많다. 반면 '자존감이 상한다'라는 표현은 잘 쓰지 않고 듣기에도 어색하다. 자존감은 타인이나 사건에 좌우되는 것이 아니라 평소 일관되게 인식하고 있는 자신에 대한 느낌과 생각이다.

자존심은 타인과의 끊임없는 경쟁과 비교에서 자신이 우위에 있어야 유지되는 감정, 타인이 나를 좋게 평가하고 대접해주어야 살아나는 감정이다. 그렇지 않으면 자존심이 상한다. 문제는 이런 상황은 내가 통제할 수 없는 영역이라는 점이다. 내 통제 범위 밖에 있는 외부 상황에 따라 자존심이 왔다 갔다 할 수밖에 없으니, 자존심이 강한 사람은 항상 타인의 반응에 민감하다.

물론 자존심 자체를 너무 부정적으로 보기만 해서는 안 된다. '남에게 굽히지 않고 자신의 품위를 스스로 지키는 것'이라는 사전적 정의처럼 비굴하게 굴지 않고 품위를 지키는 노력을 한다면 긍정적인 경험일 수도 있다. '자존심을 지킨다'와 같은 표현을 사용할 때가 그런 예다. 그런 면에서 자존심은 자신을 지키는 최소한의 마지노선이자 인간으로서 존엄을 지키는 최후의 보루라고 할 수 있다. 결국 우리가 고려해야 할 것은 자존심'만' 내세우느냐, 자존감을 유지하면서 자존심을 지키느냐의 선택이다.

그렇다면 자존감을 유지하며 자존심을 지키는 것과 자존감이 결여된 채로 자존심만 내세우는 것은 어떤 차이가 있을까? 후자처럼 자존심만 과도한 사람들은 겉으로는 자존감도 높아 보일 수 있다. 세 보이고 큰소리치고 당당하며 자기감정을 솔직하게 내뱉으니 자기애가 강하다고 오해할 수 있다. 게다가 자존감이 낮은 범진 씨 같은 사람들은 강우 씨 같은 사람들 앞에서 위축되고 소심해지기도 한다.

그러나 자존심이 지나치게 센 강우 씨 같은 사람들의 내면을 살펴보면 낮은 자존감과 열등의식이 자리하고 있는 경우가 많다. 그래서 적반하장으로 타인을 깔아 내리기도 하고 과시하거나 허세를 부리기도 한다. 공공장소에서 "내가 누군 줄 알아"라며 꼰대 육하원칙을 내세우는 사람들이 딱 그런 사례다. 남들이 묻지도 않았는데 화려한 이력이나 인맥을 자랑하는 경우도 마찬가지다. 자존감이 낮은 사람들은 자기의 존재가치를 스스로 믿지 못하기에 자신의 존재가치를 알아주는 누군가가 늘 필요하다. 따라서 인정과 존중을 받지 못할까 봐 불안해서 자기를 과시하거나 더 나아가 진상을 부리기도 한다.

자존감이 낮고 자존심만 강한 사람의 경우 비판에 대해 과도하게 방어하거나 지나치게 감정적으로 대응하기도 한다. 더 나아가 자존심이 무너질 것 같은 상황에서는 비리나 거짓도 서슴없이 행할 수 있다. 자신의 가치에 대한 평가가 내면에 있지 않고 전적으로 타인이나 세상에 달려 있기 때문에 벌어질 수 있는 비극이다. 이런 사람들을 마주하면 주눅들지 말고 그 속의 가여운 영혼을 바라보려고 노력하자.

그렇다면 자존감이 건강한 사람들은 특징이 무엇일까? 자존감은 스스로 자신의 존재가치를 믿는 것이다. 자존감 연구의 대표자이자《자존감의 여섯 기둥》의 저자인 너새니얼 브랜든Nathaniel Branden은 자존감을 구성하는 요소로 두 가지를 꼽는다. 첫 번째는 자신이 행복을 누릴 만한 가치가 있는 사람이라고 느끼는 자기 존중의 감정이고, 두 번째는 삶의 어려움에 직면했을 때 그에 대처할 수 있다는 자기에 대한 믿음이다. 다른 말로 자기효능감이라고도 한다.

다시 말해 자존감이 높은 사람은 스스로 충분히 행복할 만한 가치가 있다고 믿고 어려움이 닥쳤을 때 헤쳐나갈 자신감이 있다. 그래서 타인의 인정이나 반응에 따라 자기를 존중하는 마음이 크게 휘둘리지 않을 수 있다.

그렇다고 자존감이 높은 사람들이 다른 사람의 말이나 행동에 상처받지 않는다는 것은 아니다. 살다 보면 그럴 때도 있지만 상대의 반응이 합당한지 아닌지를 가늠해서 받아들이거나 그냥 넘기거나 할 수 있다. 한순간 속상했다가도 그로 인해 자신에 대한 가치와 믿음이 훼손되지는 않는다. 만약 누군가가 비판을 했을 때, 그것이 적절하다면 있는 그대로 수용하되 자신의 가치에 대한 평가와 분리해낼 수 있다. 즉 어떤 상황이나 일부 특성에 대한 의견이지 나라는 사람을 전부 부정하는 행위가 아님을 인식한다.

강우 씨는 실수를 지적받았을 때, 발끈하고 합리화하며 방어하는 모습을 보였다. 자존감이 낮기 때문에 보고서 실수에 대한 지적을 곧 자기 가치에 대한 공격으로 받아들인 것이다.

| 열등감이라는
| 스스로 판 무덤

앞서 언급했듯이 자존감이 결여된 채로 자존심만 세우는 경우 내면에

열등감이 자리 잡고 있을 가능성이 높다. 그리고 낮은 자존감은 열등감을 더 증폭하기도 한다. 이렇듯 자존감과 열등감은 떼려야 뗄 수 없는 관계다.

한때 인터넷에서 '열폭'이란 말이 유행했다. '열등감 폭발'이란 뜻의 신조어인데 사전을 찾아보니 '상대방에 대한 열등감으로 인하여 사소한 일에도 지나치게 흥분하는 것'을 가리키는 말이라고 한다. 우스개처럼 쓰는 말이지만, 열등감을 잘 다루지 못하면 사소한 일에도 과잉 반응하게 된다는 폐해가 고스란히 담겨 있다. 우리는 흔히 열등감을 가진 사람이 따로 있다고 생각하지만 사실 열등감은 누구나 갖고 있다. 누가 봐도 멋지고 잘난 사람도 알고 보면 자기만의 열등감에 괴로워한다.

열등감 하면 알프레트 아들러Alfred Adler라는 심리학자가 떠오른다. 《미움받을 용기》라는 책으로 우리나라에서 한층 유명해진 인물이다. 현재 통용되는 맥락으로 열등감이라는 말을 처음 사용한 사람이 아들러라고 알려져 있는데, 그는 열등감을 독일어로 minderwertigkeitsgefühl이라고 언급했다. wert가 '가치'란 뜻이고 minder는 '더 적은', gefühl은 '느낌'이란 뜻이니 열등감이란 '가치가 더 적은 느낌'을 가리킨다.

따라서 열등감이란 자신에 대한 스스로의 가치판단과 관련된 말이다. 즉 우리를 괴롭히는 열등감이란 사실 객관적 사실이 아니라 주관적 해석 또는 가치 부여에 따라 생기는 것이다. 똑같은 조건이나 상황이라 해도 누군가에게는 아무렇지 않은 것이 다른 누군가에게는 너무나 수치스럽고 숨기고 싶은 것이 될 수도 있다. 예를 들어 누군가는 한국 사람이 외국어인 영어를 못하는 게 당연하다 생각하고 거리낌 없이 손짓, 발짓을 써가면서 의사소통을 시도한다. 반면 누군가는 영어를 못하는 것을 수치로 여기고 실력이 들통날까 봐 두려워 영어를 해야 하는 상황 자체를 피한다.

열등감의 문제는 열등감에 빠진 사람이 스스로를 무능하고 무가치한 존재로 여긴다는 것이다. 그러다 보면 의식적이든 무의식적이든 자기를 부정하게 되고, 열등감이 유발될 만한 상황에서 불안을 느껴 부적절하고 과잉된 반응을 보이기도 한다. 열등감이 심해지면 다른 사람들이 뒤에서 자기 이야기를 하지 않을까 염려하기도 하고 심지어 피해의식까지 생긴다. 그래서 실제로는 상대가 공격하거나 비하할 의도가 없었는데도 지레짐작해서 발끈하거나 자신을 무시한다고 생각하며 끙끙 앓다가 관계를 단절해버리는 경우도 있다.

잘 쓰면 약이 되고
못 쓰면 병이 되는 열등감

아들러는 인간이라는 존재는 필연적으로 열등감을 느낄 수밖에 없다고 강조한다. 거대한 자연 앞에서 인간은 너무나 작고 연약한 미물이기 때문에 태생부터 환경에 대한 열등감을 느낄 수밖에 없다. 그런데 이 열등감은 인간에게 축복으로 작용했다. 열등감을 강하게 느꼈기에 생존하기 위해 환경을 극복하고 뛰어넘어야겠다는 욕구가 생겼으며, 이를 실현하는 과정에서 인간의 잠재 능력을 발달시켜왔다. 아들러는 이런 인간의 특성을 '우월성의 추구'라고 불렀다.

그렇다면 우리를 좀먹는 열등감은 무엇일까? 누군가는 열등감을 건강하게 극복해서 성장하고, 누군가는 열등감 때문에 고통을 겪는다. 이 차이는 어디에서 오는 걸까?

이 차이를 이해하기 위해 살펴볼 개념이 있다. 바로 '열등콤플렉스'라는 것이다. '열등감이 콤플렉스 아닌가? 열등콤플렉스는 또 뭐지?'라고 의아해할 수 있겠다. 일상에서는 열등감과 콤플렉스를 같은 의미로 쓴다. 하지만 심리학적 개념으로서의 콤플렉스란 어떤 대상에 대한 감정의 복합체, 쉽게 말해 대상에게 느끼는 과도한 감정이다. 따라서 열등감이 그 자체로서 문제가 되는 것이 아니라 열등콤플렉스에 빠져 스스로의 마음과 행동에 제약을 가하기 때문에 고통스러운 것이다.

《미움받을 용기》의 저자 기시미 이치로岸見一郎는 열등콤플렉스를 자신의 열등감을 변명거리로 삼기 시작한 상태라고 표현했다. 예를 들어 학력이나 학벌에 열등감을 느끼는 사람이 있다면 그 자체로 큰 문제는 아니다. '내가 남들보다 가방끈이 짧지', '내가 학창 시절 공부는 좀 못했지'라고 받아들이고 다른 영역에서 성취를 추구할 수 있다. 또는 '나는 어린 시절 집안이 어려워서 대학을 가지 못했어. 그러니 지금이라도 만학도의 꿈을 불태우자'라며 뒤늦게 공부를 해서 만회할 수도 있다. 모두 열등감을 동력으로 성장하고 발전할 수 있는 시도다. 이런 경우 열등콤플렉스로 발전하지 않는다. 반면 학력 때문에 위축되고 도전해야 하는 상황에서 늘 회피하고 자기를 비하하는 사람이 있다. '이놈의 학력 때문에 늘 발목 잡혀 살지', '이 학교 나와서 무슨 성공을 할 수 있겠어'라고 푸념하고 한탄하고만 있다면 '학력 콤플렉스'의 덫에서 허우적대고 있는 셈이다.

열등감을 느끼는 영역은 수없이 많다. 외모나 체격, 지능, 성격, 가족, 경제적 수준, 소속 집단 등 열등감의 종류도 개인의 수만큼이나 많을 것이다. 사실 아들러도 신체가 왜소했다. 어렸을 때부터 구루병을 앓고 사고를 당해서 신체장애를 경험했고 그 일을 계기로 의사가 되었다. 자신의 신체에 대한 열등감을 바탕으로 인간에게 보편적으로 열등감이 존재한다고 생각하게 되었고 열등감에 대한 학문적 기초를 마련했다. 즉 자신의 열등감을 학문적 호기심으로 승화시켰던 것이다.

신체에 대한 열등감 하면 빼놓을 수 없는 사람이 축구선수 박지성이다. 그는 평발이라는, 축구선수에게는 너무나 불리한 신체 조건을 타고났지만 이 열등감을 극복하기 위해 남들보다 더 열심히 연습하고 노력했다. 만약 박지성 선수가 '평발 때문에 난 축구 선수가 될 수 없어'라고 포기했다면 우리는 '두 개의 심장' 박지성 선수의 멋진 경기를 만나지 못했을 것이다.

열등콤플렉스에 사로잡히면 심리적으로 위축되는 것은 물론이고 더나아가서는 비행이나 반항, 퇴행, 공격, 회피 등 심리적 방어기제가 나타난다. 또 다른 큰 부작용으로는 자존감 저하가 있는데, 자존감 저하와 열등콤플렉스는 서로 악순환의 고리가 되어 우리를 우울하게 만들기도 불안하게 만들기도 한다.

열등감과 자존감의 관계를 잘 보여준 영화로 〈아이 필 프리티〉가 떠오른다. 외모콤플렉스로 항상 위축되어 있던 주인공 르네는 우연한 사고로 뇌에 충격을 받은 다음 스스로 엄청나게 예쁘다고 생각하게 된다. 실제로 외형은 그대로인데 거울 속에 비친 자신을 아름답게 보게 되니 자신감이 생기고 태도와 행동도 달라진다. 그 결과 주인공에 대한 주변 사람들의 반응도 달라진다. 주인공의 자신감에 매료되고 외모도 매력적으로 보게 된다. 자신감이 주는 효과다.

마지막에 르네는 다시 뇌에 충격을 받아 원래 상태로 돌아오고, 있는 그대로 자신의 모습을 보게 된다. 결국 자신이 얼마나 겉모습에 갇혀 있었는지 깨닫고 외모 때문에 사랑받지 못했던 것이 아님을 알게 된다. 즉 객관적 상태나 조건보다는 주관적으로 자신을 어떻게 바라보는가가 더 중요한 것이다.

한편 열등콤플렉스만큼이나 '우월 콤플렉스'도 문제가 된다. 우월 콤플렉스에 빠진 사람은 내면이 불안하고 스스로 충만감이 부족하며 비교가 습관화되어 있다. 그러다 보니 자신이 다른 사람보다 훌륭하거나 우위에 있음을 남들이 알아줬으면 한다. 그래서 뜬금없이 과도하게 자랑을 늘어놓고, 남들이 알고 싶어 하지도 않는 자신에 대한 정보를 떠벌리며, 때로는 권력자나 유명인과의 친분을 강조하기도 한다. 자신이 무시당할까, 인정받지 못할까, 무가치한 존재임이 드러날까 두려워서 감추려 하는, 일종의 왜곡된 보상 노력이다. 열등감을 극복하기 위해 거짓 우월감을 발동하는 셈이다.

이런 사람들을 보면 앞서 언급한 자존감이 결여된 채 자존심만 강한 이들이 떠오른다. 강우 씨도 어쩌면 열등감을 감추기 위해 과도하게 거짓 우월감을 드러낸 것이 아닐까? 진정으로 자신을 존중하고 가치 있게 여기는 사람은 굳이 자신을 포장하거나 자랑할 필요를 느끼지 못한다. 자신의 진정한 가치는 남이 알아주고 아니고와 무관하기 때문이다. 타인에게 의존하는 자존심은 오락가락하지만 자존감은 타인의 평가에 좌지우지되지 않고 일관되게 유지되는 감정이다. 범진 씨가 이런 정보를 이해하고 나면 강우 씨 앞에서 더 이상 위축되지 않을지도 모른다.

나를 가장 잘 알고 인정해줄 수 있는 존재는 나뿐이다

비슷해 보이지만 확연히 다른 자존심과 자존감, 그리고 건강한 자존감을 키우기 위해 극복해야 할 열등감의 속성에 대해 이야기했다. 그럼 열등감을 극복하고 자존감을 채우기 위해서 우리는 어떻게 해야 할까?

나 자신을 있는 그대로 받아들이자

열등콤플렉스로부터 빠져나와 자존감을 채우기 위한 첫 번째 방법은 자기 자신을 있는 그대로 바라보는 것이다. 무엇이 열등감을 유발하는지 꺼내놓고 들여다보면 실제로 그렇게까지 두려운 것이 아닐 수 있다. 감추고 집착하면 두려움이 괴물처럼 점점 커져 자신뿐 아니라 관계까지도 덮쳐버린다.

은행 지점장으로 은퇴를 앞둔 기철 씨. 어려운 형편에 상업고등학교를 졸업하고 은행에 입사했다. 당시에는 엘리트 코스였다. 그러나 기철 씨는 늘 대학을 나오지 못했다는 열등감이 있었다. 그래서 주경야독으로 방송통신대를 졸업하고 이후에 석사학위까지 받았다. 열등감이 원동력이 되어 발전과 성장으로 이끈 것이다.

그러나 불행하게도 그의 열등감은 가시지 않았다. 여전히 그는 고졸이라는 정체성을 벗어던지지 못했다. 조직에서 그에 대한 평가는 '쪼잔하다', '리더십이 부족하다' 등이었다. 그도 그럴 것이 부하 직원들에게 칭찬에 인색했고 누군가가 인정받으면 출신 학교 때문이라고 해석했다.

기철 씨가 자신을 있는 그대로 인정했다면 어땠을까? 그래서 그때 상황이 어쩔 수 없어 최선의 선택을 했고 그만큼 노력해왔고 최대한 부족한 점을 보완하려고 했던 자신의 모습을 인정해주고 높이 샀다면, 학력 콤플렉스에 빠져 자기 자신과 관계를 해치지 않았을 것이다. 이건 다른 누가 해줄 수 없는 일이다.

열등감에 빠져 자존감을 해치는 경우를 살펴보면 자신이 생각하는 이상적인 모습과 현재의 모습을 끊임없이 비교하는 경우가 많다. 현재의 모습을 인정하고 수용하지 않은 채 먼 곳만 응시하면 계속 스스로에게 불만이 쌓인다. 현재 자리에서 자신의 장점도 단점도 있는 그대로 바라보고 수용한다면 그렇게 자신이 무가치하거나 열등한 존재로만 보이지 않을 것이다.

나의 가치는
내가 스스로 정하는 것

낮은 자존감으로 자존심만 내세우고 열등감으로 괴로워하는 사람들은 대체로 타인의 평가를 신경 쓰는 경우가 많다. 나라는 사람의 가치평가를 타인의 손에 쥐여주는 것이다. 자존감이 흔들릴 수밖에 없는 이유다.

인간은 모두 다 주관적이다. 선호도 다르다. 게다가 타인의 내면에서 일어나는 생각이나 감정, 노력을 속속들이 알 수도 없다. 따라서 타인에 대한 평가는 주관이 개입되어 있고 정확하지도 않다. 이렇듯 불완전한 평가에 자신에 대한 감정과 가치판단을 맡겨둔다면 이 얼마나 비합리적인 선택인가?

주의해야 할 점이 있다. 지금 이야기하는 내용은 인간으로서 마땅히 존중받아야 할 '가치'에 대한 것이다. 자존감에 대한 관심이 높아지면서 오해도 난무하는 듯하다. 자존감이 낮아질 수 있다는 이유로 학교에서 시험을 폐지하자고 주장하는 것이 대표적인 사례다. 그 배경에는 1등이면 가치가 높고 꼴등이면 가치가 없다는 관점이 숨어 있다. 성과와 인간의 가치를 분리하지 못하고 동일시하는 것이다. 하지만 시험 점수나 성과로 사람의 가치를 평가하지 않는 것이 중요하지 시험을 보지 않는다고 자존감이 올라가는 것은 아니다.

자존감의 두 가지 요소 중 하나를 떠올려보자. '자신이 행복을 누릴 만한 가치가 있는 사람이라고 느끼는 것'이 자존감의 바탕이 된다. 그 가치에 대한 평가를 내가 통제할 수 없는 타인에게 넘겨주지 말자. 이는 어느 누구도 대신해줄 수 없는 일이다. 물론 사람이기에 때로는 타인의 평가와 시선이 신경 쓰이고 휘둘릴 때도 있다. 그러나 그럴 때마다 '남이 나를 얼마나 알겠어'라고 되새기며 나의 눈으로 자신을 있는 그대로 바라보는 연습을 하자.

근거 있는 자존감을 키우려면 도전하고 경험해야 한다

'근자감'이란 말이 있다. 근거 없는 자신감이라는 뜻이다. 자존감도 근거 없는 자존감이 있을 듯하다. 일종의 가짜 자존감이 그런 종류다. 때로 자존감을 높이는 방법으로 거울을 보며 '나는 나를 사랑해'라고 암시를 걸라고 하는 사람들도 있다. 일시적으로는 효과가 있겠지만, 스스로에게 최면을 걸고 암시를 준다고 해서 궁극적으로 자존감이 올라가고 심리적으로 건강해지지는 않는다.

자존감의 두 가지 요소 중 두 번째를 기억하는가? 삶의 어려움에 직면했을 때 그에 대처할 수 있다는 믿음, 즉 자기효능감 말이다. 이 자기효능감이란 그저 '난 할 수 있어'라고 세뇌한다고 해서 생기는 것은 아니다. 삶의 도전에 직면해 직접 경험해보고, 실패하면 실패에서 배우고, 성공하면 성공에서 자신감을 얻는 실행 과정이 필요하다. 그래야 '나는 충분히 괜찮은 사람이고 어려움이 생겼을 때 힘들겠지만 대처할 수 있는 사람이야'라는 믿음이 생긴다. 그런 면에서 실행이 중요하다.

열등감을 극복하고 건강한 자존감을 갖고자 한다면 우선 자신이 무엇을 원하는지 알아야 한다. 그래서 고민해야 한다. 자신의 삶에서 무엇이 중요하고, 무엇을 원하고, 어떤 삶을 살지를 결정하기 위한 고민은 쓸모 있는 고민이다. 그래서 적어도 무엇을 하고 싶은지 알았다면 도전하고 노력해야 한다. 내가 원하는 바를 위해 노력하며 실행하는 삶을 살다 보면 나 자신을 사랑하지 않으려야 않을 수가 없다. 그리고 스스로 꽤 괜찮은 사람이라는 자부심도 뒤따라온다. 이때 주의해야 할 것이 있다. 무언가를 잘해서 나를 사랑하고 뿌듯해하는 것이 아니라 무언가를 해나가는 과정에서 그런 감정이 샘솟는다는 점을 기억하면 좋겠다.

열등감을 극복하고 건강한 자존감으로 나를 채우는 방법은 이 밖에도 여러 가지가 있다. 어떤 방법이든 결국은 나로서 당당하게 살아가고, 삶을 편안하고 충만하게 살아가는 방법과 맞닿아 있음을 느낄 수 있을 것이다.

열등감을 극복하고
자존감을 가지고 살아가는 법

1. 열등감을 꺼내어 객관화해보자

무엇보다 열등감을 외면하지 않고 드러내는 것이 중요하다. 일단 내가 가진 열등감이 무엇인지 꺼내놓고 바라보자. 그리고 정말 두렵고 수치스러워할 만한지 객관화해보자.

2. 열등감을 누군가에게 털어놓자

안전한 환경에서 내가 꺼내놓을 수 있는 수준으로 열등감을 누군가에게 이야기해보자. 예를 들면 "내가 키가 좀 작잖아", "내가 학창 시절에 공부를 좀 못했잖아", "어렸을 때 우리 집이 좀 가난했어"처럼 말이다. 이렇게 고백했을 때 그 사람과 관계가 달라지는지 살펴보자. 대부분은 크게 달라지지 않을 것이며 오히려 타인과 연결되는 느낌을 경험할 수 있다.

3. 열등감을 극복하기 위한 목표를 세우고 실행하자

실제로 열등감을 극복하기 위해 노력하는 과정도 매우 중요하다. 이에 앞서 자존감을 구성하는 두 가지 요소를 떠올려보자. 첫째, 나 자신을 가치 있게 여기고 존중하기. 남들의 시선이나 평가에 휘둘리는 순간, 이 명제를 기억하자. 둘째, 자기효능감. 자기효능감을 가지려면 실행 경험이 중요하다. 내가 원하는 무언가가 있다면 작은 것이라도 일단 실행해보자.

QR코드를 인식하면 〈알편심〉 36회 방송을 들을 수 있습니다. 47회 방송도 함께 들어보세요.

https://youtu.be/ecpB3ncGpes

8

실패할까 봐, 낙오할까 봐
무서워서 도전하기가 힘들어요

30대 직장인 재형 씨는 자신을 누구보다 열심히 살아온 사람이라고 소개했다. 그는 첫 직장에서 동기들 가운데 가장 먼저 승진했고, 지금 다니는 회사에 좋은 조건으로 스카우트 제안을 받아 이직했다. 능력을 제대로 인정받았다는 생각에 고무된 재형 씨는 더 힘껏 노력한 결과 성과 평가에서 꾸준히 가장 높은 등급을 받을 수 있었다.

　그런 재형 씨가 최근 슬럼프에 빠졌다. 이번 평가에서 B등급을 받았기 때문이다. 누구보다 열심히 했는데, 예전보다 더 노력했는데 왜 이런 평가를 받았는지 처음엔 회사에 화가 났지만 결국 비난의 화살은 재형 씨 자신에게 돌아왔다. 이 정도밖에 보여주지 못한 자신에 대한 실망감이 그를 괴롭혔다. 자신의 능력이 겨우 이거였나 하는 생각에 한없이 답답하고 걱정스러웠다.

지금까지 성공 가도만 달려온 그에게 B등급은 갑자기 등장한 인생의 쓴맛이었을 것이다. 하지만 평가 이후 불안에 시달리며 성과에 집착하는 모습을 볼 때, 그 이유가 전부는 아닌 듯하다. 재형 씨 마음속에서 오랫동안 쌓이고 다듬어진 성공과 실패에 대한 도식, 마음의 틀이 작용한 결과다.

사람들은 왜 성공에 집착하고 실패는 피하려고 할까

재형 씨뿐만 아니라 많은 사람들이 성공이 주는 달콤함을 위해 달리고 실패의 쓴맛을 피하기 위해 애쓴다. 이 마음이 일에서만 발동되는 것도 아니다. 대인 관계에서 상처받지 않고 좋은 사람으로 남고 싶은 마음, 새로운 무언가에 도전하고 싶지만 혹여 잘못될까 한 발 내딛지 못하는 마음, 이해되지 않는 일에 대해 묻고 싶지만 내가 모르는 걸 들킬까 봐 가만히 있는 마음, 이 모든 마음이 성공과 실패를 규정하는 틀 안에 있다.

인간은 사랑과 인정을 추구한다. 미움받기를, 무시당하기를 갈망하는 사람은 없다. 사랑과 인정이 생존에 필수이기 때문이다. 사랑스러운 존재가 되어야 보살핌을 받을 수 있고, 인정받는 존재가 되어야 무리에서 내쳐지지 않는다. 신생아들조차 싱긋, 배냇짓을 하며 부모의 마음을 사르르 녹인다. 인간의 본능이다.

가만히 있어도 사랑과 인정을 얻을 수 있다면 좋으련만. 우리가 살아가는 세상은 성공에만 긍정적인 메시지를 준다. 밥을 먹는 아이들만 해도 그렇다. 제자리에 앉아서 한 그릇 비운 아이에겐 "아이고, 우리 딸 착하다. 반찬 투정도 안 하고 이렇게 밥을 잘 먹네" 하고 칭찬 세례가 이어진다. 사소한 행동 하나에도 잘했다 못했다, 착하다 나쁘다 평가가 이어진다.

이렇게 별생각 없이 전하는 말들이 도달해야 하는 기준이 된다. 이런 환경에서 자란 우리는 누군가의 기준에 부합해야만 한다는 생각을 하게 된다. 인본주의 심리학의 대가 칼 로저스Carl Rogers는 이것을 "조건화된 가치의 무조건적인 내면화"라고 말했다.

잘하고 싶고 성공하고 싶은 인간의 마음은 자연스러운 것이지만, 어떤 환경에서 양육되었는지에 따라 그 마음의 결은 달라질 수 있다. 매사에 무언가를 충족해야만, 누군가의 기준을 만족해야만 칭찬받을 수 있었던 아이는 그 기준들이 자신도 모르는 사이 마음속 깊이 자리 잡아 무언가를 해내야만 한다는 생각에 사로잡힐 가능성이 높다.

성공에 집착하고 실패는 어떻게든 피하고 싶은 마음 이면에는 자기 불일치에 대한 불편감이 자리 잡고 있다. 심리학자 토리 히긴스Tory Higgins는 개인이 가진 자기에 대한 표상은 여러 가지라고 주장했다. 자신이 되고 싶은 모습이 담긴 이상적 자기ideal self, 현재 모습에 대한 평가와 정보를 담은 실제적 자기real self, 해야만 할 것 같은, 반드시 되어야 한다고 믿는 모습이 담긴 당위적 자기ought self가 그것이다. 이상적 자기와 당위적 자기가 저 높은 어딘가에 있을 때, 그러나 현실의 나는 거기 도달할 수 없을 것 같을 때 실패에 대한 좌절감과 성공에 대한 압박감이 커져간다. 연구에 따르면 자기 상들 사이의 차이가 클수록 우울과 불안을 강하게 경험한다. 이런 설명을 담은 히긴스의 이론을 자기 불일치 이론Self-discrepancy theory이라고 하는데, 자기 불일치를 경험하는 것 자체가 죄책감, 긴장감, 스트레스를 일으킨다고 한다.

자기 불일치가 너무 고통스럽고 괴로워서 우리는 이상적인, 당위적인 기준에 집착하곤 한다. 성공에 집착하며 나아가는 순간만큼은 불일치로 인한 괴로움을 피할 수 있을 테니까. 기어코 성공하려고 기를 쓰는 자기 자신이 답답한가? 어쩌면 당신은 더 큰 괴로움을 피하기 위해 본능적으로 그렇게 행동하고 있을지도 모른다.

'정말 잘하고 싶다'와 '정말 실패하기 싫다' 그 사이에서 갈팡질팡하다가

잘 해내고 싶은 마음은 노력의 원동력이 된다. 잘하고 싶은 만큼 시간과 열정을 쏟게 될 테니. 하지만 성공해야 한다는 열망이 지나치게 커지면 실패에 대한 두려움도 함께 자란다. 이 무거운 마음은 항상 우리의 발목을 잡는다. 그래서 정말 잘하고 싶은 일이 있어도 아예 시작조차 하지 않거나 온갖 그럴듯한 핑계를 대며 미루게 된다.

잘하고 싶은 마음이 만든 역설을 보여주는 흥미로운 연구가 있다. 연구자는 실험 참가자들에게 "소음 수준이 성취도에 미치는 영향을 알아보려고 합니다. 일반적으로 소음 수준이 높을수록 성취가 떨어지는 것으로 알려져 있습니다"라고 사전에 설명했다. 참가자들은 수학 시험을 치른 후 연구자에게서 점수를 들었다. 이때, 세 그룹으로 나뉜 참가자들 가운데 첫 번째 그룹은 실제 성적은 높은데 점수가 낮다는 피드백을 들었다. 두 번째 그룹은 실제 성적은 낮은데 점수가 높다는 피드백을 들었다. 세 번째 그룹은 실제 성적대로 객관적인 피드백을 받았다. 마지막 한 그룹을 제외하고는 가짜 피드백을 받은 셈이다.

자신의 수학 점수를 들은 참가자들에게 실험(소음 수준과 성취도의 관계 확인)을 위해 시험을 치를 방을 직접 선택하도록 했다. 아주 조용하게 집중할 수 있는 방부터 매우 시끄러운 방까지, 다양한 선택지가 있었다. 그 결과, 실제 점수와는 다른 피드백을 받았던 학생들은 시끄러운 방을 선택했다. 그러면 시험을 망치리라는 걸 알면서도 말이다.

이런 선택을 '자기 구실 만들기 전략'이라고 한다. 어떤 일을 하기 전에 실패하리라고 예상되면 미리 핑계나 구실을 만드는 것이다. 시험을 코앞에 둔 학생이 갑자기 방 청소를 하는 것도 자기 구실 만들기로 설명할 수 있다. 스스로 실패할 수밖에 없는 상황을 만들어둔다니, 자기를 보호하고자 하는 인간의 열망이 얼마나 강렬한지 알 수 있다.

실험 참가자들은 처음 문제를 풀 때부터, 아니 그 전부터 자신의 수학 실력을 알고 있었을 것이다. 잘 못한다는 걸 알고 있는데 "매우 우수하다. 높은 점수를 받았다"라는 결과를 들으면 마음이 어떨까? 이 시험 하나로 끝이라면 생각보다 내가 잘하는구나 하고 만족할 수 있다. 하지만 본 게임이 남았다.

　이제 참가자들은 불안해진다. '다음 시험에서 실력이 들통나면 어떡하지….' 실패에 대한 불안감이 스멀스멀 생겨나면 자신을 보호하려는 본능이 발동된다. 시끄러운 방으로 간다. 시험을 못 치는 게 당연한, 혹여 잘 치면 기분이 더 좋을 방으로. 자신이 잘한다고 생각했는데 못한다는 평가를 받은 학생들도 마찬가지다. 혹시라도 실력이 정말 보잘것없을까 봐 선뜻 자신의 능력을 제대로 검증할 수 있는 환경을 선택하지 못한다. 잘하고 싶지만 잘할 수 없는 환경을 선택하는 것이다.

실패를 유연하게 받아넘기는
힘을 기르자

너무 과도하게 성공에만 집착하면 시작도 못 하거나 지나치게 안전한 길만 선택해서 잠재력을 발휘할 기회조차 갖지 못한다. 실패하면 어떡하나 하는 걱정이 불안과 강박으로 나타날 수도 있다. 삶의 어느 순간에 마주할지 모르는 실패를 더 편안하고 유연하게 받아들이면서 도전하는 삶을 살려면 무엇이 필요할까?

나는 고정 마인드셋일까
성장 마인드셋일까

성공과 실패에 집착하지 않고 자신의 삶을 온전히 살아갈 수 있는 비결은 '마인드셋mindset'에서 찾을 수 있다. TED 강연과 책으로 유명한 사회심리학자 캐럴 드웩Carol Dweck은 사람들이 자신의 능력, 지능에 대해 어떤 신념을 가지고 있는지에 따라 마인드셋을 구분했다.

첫 번째 마인드셋은 고정 마인드셋fixed mindset이다. 고정 마인드셋을 가진 사람은 자신의 능력은 이미 결정되어 있다고 생각한다. 눈동자 색깔을 바꿀 수 없듯 능력도 타고나는 것이기에 지금 내가 잘하느냐 못하느냐가 매우 중요하다. 실패하면 내 능력이 그것밖에 안 된다는 걸 증명하는 셈이기 때문에 내가 할 수 있는 일, 해낼 만한 일에 머무른다.

두 번째 마인드셋은 성장 마인드셋growth mindset이다. 근육을 키우듯 능력도 자랄 수 있다고 믿는 사람들이다. 이들에게는 지금 당장의 성공과 실패가 중요하지 않다. 어떤 결과든 그 과정을 통해 뭔가 배우고 달라졌으면 만족한다. 이들에게는 지금 당장 자신의 능력을 '증명'하는 것이 중요하지 않고 '도전'하고 배워서 성장하는 것이 중요한 가치다.

성장 마인드셋을 가진 아이들은 질문을 많이 한다. 모르는 것은 부끄러운 게 아니고 질문해야 배울 수 있다고 믿기 때문이다. 낯설고 어려운 과제 앞에서도 신이 난다. 뭔가 새로운 것을 배울 수 있으니 한번 해보자며 가볍게 시작할 수 있다.

물론 특정 마인드셋이 무조건 좋다 혹은 나쁘다로 단정 짓기는 어렵다. 고정 마인드셋을 가진 사람 중에서는 실제로 능력이 뛰어난 사람이 많다. 예를 들어 어릴 때부터 똑똑한 아이는 잘한다는 피드백을 받으며 자랄 것이다. 그러면 잘하는 것이 당연하고 잘해야 한다고 믿는 사람이

고정 마인드셋 vs. 성장 마인드셋

	고정 마인드셋	성장 마인드셋
기본 전제	지능은 정해져 있다	지능은 성장할 수 있다
욕구	남들에게 똑똑해 보이고 싶다	더 많이 배우고 싶다

따라서

	고정 마인드셋	성장 마인드셋
도전 앞에서	도전을 피한다	도전을 받아들인다
역경 앞에서	쉽게 포기한다	맞서 싸운다
노력에 대해	하찮게 여긴다	완성을 위한 도구로 여긴다
비판에 대해	옳더라도 무시한다	비판으로부터 배운다
남의 성공에 대해	위협을 느낀다	교훈과 영감을 얻는다

↓

	고정 마인드셋	성장 마인드셋
결과	현재 수준에 정체되고 잠재력을 발휘하지 못한다	잠재력을 발휘해 최고의 성과를 낸다

• 캐럴 드웩,《마인드셋》(스몰빅라이프)

될 수 있다. 늘 성공할 수 있다면 고정 마인드셋이 별문제가 되지 않을 텐데, 언젠가는 실패를 경험하고 능력을 넘어서는 도전을 해야 하는 순간이 반드시 온다. 이때 고정 마인드셋은 큰 걸림돌이 된다.

덧붙여 고정 마인드셋과 성장 마인드셋이 완전히 독립적이라고 할 수는 없다. 한 사람이 100퍼센트 고정 마인드셋만 가지거나 언제나 성장 마인드셋을 발휘하는 것은 아니다. 지금 현재 내 마음의 틀이 어느 한쪽에 기울어져 있다 해도 괜찮다. 다행히 마인드셋은 변할 수 있다. 마인드셋 이론을 정립한 캐럴 드웩 역시 연구를 하면서 자신이 얼마나 고정 마인드셋에 함몰되어 있었는지 확인하고 조금씩 성장 마인드셋으로 변화해나갔다고 한다.

대박사 역시 고정 마인드셋을 가진 사람이었다. 별달리 도전하지 않아도 그럭저럭 만족스러운 삶을 살았기 때문에(어쩌면 그럴 만한 일들만 해왔기 때문에) 마음속 깊은 곳에 실패에 대한 두려움이 있음을 인식하지도 못했다. 그런데 그동안 해오던 노력 그 이상을 쏟아야 할 때, 예상할 수 없는 상황에 자신을 던져야 할 때, 고정 마인드셋이 발목을 잡았다.

대학원을 다닐 때, 공부를 업으로 삼은 대박사는 유학이란 큰 도전을 앞두고 있었다. 그때만 해도 공부가 직업이 되길 바라는 사람에게 유학은 필수 코스처럼 여겨졌다. 그런 분위기에 휩쓸려 유학 준비를 슬쩍 해보았지만 결국 국내 박사의 길을 선택했다. 자신의 한계에 직면했다가 결국은 우물 안 개구리였구나 느끼게 될까 봐 지레 겁을 먹었다. 가끔 그때 자신이 고정 마인드셋의 한계에 갇혀 있었음을, 성공에만 익숙해져 실패를 너무 두려운 대상으로 생각했음을, 실패하면 내가 모자란 사람이 되어버리는 듯한 두려움에 빠져 있었음을 알았다면, 다른 선택을 했으리란 후회가 들었다.

마인드셋 척도

	문항	전혀 아니다	아니다	보통이다	그렇다	매우 그렇다
1	나는 열심히 노력하면 능력을 얼마든지 바꿀 수 있다고 생각한다.	1	2	3	4	5
2	나는 능력이 낮은 사람이라도 열심히 노력하면 능력을 바꿀 수 있다고 생각한다.	1	2	3	4	5
3	나는 열심히 노력하면 능력이 훨씬 높아질 것이라고 생각한다.	1	2	3	4	5
4	나는 새로운 것을 배우고 공부하면 능력이 많이 좋아질 것이라고 생각한다.	1	2	3	4	5
5	나는 능력은 타고나는 것이라서 아무리 노력해도 바꿀 수 없다고 생각한다.	1	2	3	4	5
6	나는 새로운 것을 배우고 공부하더라도 능력을 많이 바꿀 수 없다고 생각한다.	1	2	3	4	5
7	나는 능력은 이미 결정되어 있어 노력해도 바꾸기 어렵다고 생각한다.	1	2	3	4	5
8	나는 열심히 노력해도 능력은 쉽게 바꿀 수 없다고 생각한다.	1	2	3	4	5

▶ 1번부터 4번까지는 성장 마인드셋을, 5번부터 8번까지는 고정 마인드셋을 측정한다. 1~4번까지의 점수와 5~8번까지의 점수를 합산해보면 자신이 어떤 마인드셋을 얼마나 강하게 가지고 있는지 알 수 있다.

마인드셋의 중요성을 알게 된 당신, 아마 지금 현재 내 마음의 틀은 어느 쪽인지 궁금할 것이다. 간단한 척도로 당신이 고정 마인드셋인지, 성장 마인드셋인지 알아볼 수 있다. 되고 싶은, 되어야 할 것 같은 내 모습에 대한 부담을 내려놓고 솔직하게 답해보자. 169쪽 척도에서 각 문항이 자신의 현재 모습과 얼마나 일치하는지 표시해보자. 너무 오래 고민하지 않고 바로바로 응답하는 것이 좋다.

한 번의 포기보다 열 번의 실패가 인생에 도움이 된다

① 실패의 가치를 인정하기

성장 마인드셋을 가지려면 실패해도 괜찮은 환경이 필요하다. 성공이라는 결과에만 박수를 보내는 분위기가 바뀌어야 한다.

대박사는 실리콘밸리에서 에인절투자가를 인터뷰할 기회가 있었다. 투자의 기준이 뭔지 물었더니 의외의 대답을 들었다. "실패한 경험이 있는 사람에게 투자합니다." 실패의 가치를 인정해주는 것이다. 이런 투자가의 투자를 받는다면 혁신적인 도전이 얼마든지 가능할 것 같다. 실패가 패배가 아닌 배움의 기회로 인정받는 환경에서 성공이 싹틀 수 있다.

중국 최대의 전자 상거래 기업 알리바바 창업자 마윈馬雲의 삶도 우리에게 영감을 준다. 그는 학창 시절 영어를 제외한 과목에서 모두 낙제했고 대학도 삼수 끝에 겨우 들어갔다. 그는 정원 미달로 운 좋게 들어간 사범학교를 졸업하고 영어를 가르쳤는데 영어를 좋아하고 잘했던 덕분에 스타 강사가 되었다. 그러고 나서 실리콘밸리에서 IT를 접하고 창업의 길에 뛰어들었다. 창업도 처음부터 성공하지는 못했다. 그를 중국 최고의 부호로 이끈 알리바바 역시 여러 번의 창업 실패를 겪은 뒤에 끊임없이 도전해서 성공한 회사였다.

학창 시절 실패만 거듭하는 마윈을 보고 중국 최대 기업의 창업자를 떠올릴 사람이 과연 있었을까? 지능이나 능력이 고정되어 있다고 믿는 사람이라면 그를 그저 낙제생으로 바라보았을 것이다. 그러나 마윈 자신만은 스스로를 낙제생과 취업 실패자로 가둬두지 않았다. 연이은 실패에도 자기 한계를 긋지 않고 도전한 마윈이야말로 성장 마인드셋의 전형이 아닐까?

실패해도 괜찮다는 메시지는 가까운 누군가가 전할 수도, 이 사회가 전할 수도 있다. 도전하는 과정을 함께해줄 사람이 곁에 있다면 잘 활용해보면 좋겠다. 또한 우리 자신이 누군가에게 안전망이 되어줄 수도 있다. "잘되지 않았어도 괜찮아. 지금 뭔가 해본 것으로 충분해." 따뜻한 위로를 건네면서….

가장 중요한 것은 스스로 실패의 가치를 진심으로 믿고 자기 자신에게 따뜻한 위로를 건네는 태도다. 실패와 성취는 동전의 양면 같다. 성취를 위해서는 실패의 순간도 필요함을 기억해야 한다. 기대한 만큼 해내지 못해도 다시 해볼 기회를 주고 실패가 뼈아파 잠깐 쉬고 싶을 때는 그럴 수 있는 시간과 공간을 내준다면 결과에 연연하지 않고 도전하는 인생을 살 수 있다.

② 실행을 통해 두려워하는 실패의 실체를 파악하기

배움의 즐거움을 느끼고 당장의 성공이 아닌 잠재력의 발휘를 꿈꾼다면 실패를 경험해보길 권한다. 작은 실패를 경험하며 내성을 키워야 한다. 실패하면 엄청난 타격을 입으리라고 상상하지만, 정작 실패를 겪어본 사람들은 '그래도 삶은 계속된다'라는 것을 깨닫는다.

내가 두려워하는 실패, 도대체 그게 무엇이기에 그렇게 피하려고 애썼는지 그 실체를 가만히 들여다보자. 종이에 적어봐도 좋다. 스스로 질문해보고 그 결과가 어떨지 그려보는 것만으로도 불안이 완화될 수 있다. 막연하게 생각하는 것과 '그게 그렇게 큰일일까?' 생각하면서 적어 내려가는 것은 완전히 다르다.

더 나아가 생각만 하지 않고 작게나마 시도해보자. 만약 실패한다면 뭔가 배울 수 있는 좋은 기회로 삼으면 된다. 만약 성취한다면 덤으로 얻은 즐거움이 될 것이다. 역설적이게도 두려움을 뛰어넘기 위해서는 두려움을 마주해야 한다.

팟캐스트 〈알편심〉을 통해 마거와 대박사 역시 작은 실패를 경험하며 성장했다. 물론 중간중간 소소한 성취를 이루었고 이렇게 책까지 쓰게 되었지만 〈알편심〉이 처음부터 순항한 것은 아니었다. 심지어 첫 번째 방송은 세 번이나 녹음한 후에 올렸다.

기억나는 가장 낯부끄러운 실패는 처음에 스튜디오를 빌려서 녹음했을 때다. 스튜디오 실장님이 기계를 조작하면서 녹음 과정을 다 지켜보았다. 그리고 마지막에 녹음 파일을 건네주면서 쓰라린 피드백도 함께 주었다. "음…. 제가 이 일 하면서 여러 팟캐스트를 접했거든요. 솔직히 말씀드리면, 지금처럼 방송하시면 쉽지 않을 거예요."

그때 쥐구멍에라도 들어가고 싶은 심정이었다. 그럼에도 불구하고 그 비판은 쓰디쓴 약이 되어 〈알편심〉의 방향을 잡아나가는 데 커다란 도움이 되었다. 그 뒤로 첫 번째 에피소드를 두어 번 다시 녹음한 뒤 비판과 부끄러움을 감수하고 일단 올렸다. 모자람을 들킬까 두려워서 업로드를 계속 미뤘다면 마거와 대박사는 지금 이 책을 쓸 기회조차 없지 않았을까?

③ 결과보다는 과정에 집중하기

고정 마인드셋의 한계를 경험한 대박사는 마인드셋에 민감하다. 그런데 엄마를 쏙 빼닮은 딸도 고정 마인드셋이다. 아이는 잘할 수 있을 것 같은 일에는 이렇게까지 열심히 할 수 있나 싶을 정도로 열정적이다. 하지만 어렵다 싶으면 머리가 아파서, 배가 아파서 등등 그럴듯한 말들로 쏙쏙 피해 간다. 잘해서 칭찬만 듣고 싶은 마음은 너무 이해가 되지만, 이 아이가 살아갈 날들엔 더 많은 도전이 있을 것이기에 조금만 더 유연해지길 바라게 된다.

그런 아이가 스스로 노력의 힘을 알게 된 계기가 있었다. 아이가 유치

원에서 홀라후프 대회에 나가게 되었다. 스무 개를 해야 상장을 받을 수 있는데 홀라후프를 처음 해보는 아이는 하나도 못 하고 툭 떨어뜨리고 말았다. 몇 번 연습해보더니 자기는 안 하겠단다. 자기 배가 말랑말랑해서 너무 아프단다. 성장 마인드셋을 배울 수 있는 좋은 기회였다. "괜찮아. 하나만 해도 괜찮아." 실패할 게 뻔히 보여서 도망가고 싶은 멋진 목표가 아니라 아주 작은 목표를 주는 것으로 시작해보았다. 잘 안 되는 순간에 "그럴 수 있지. 이렇게 해볼까?" 하며 같이 노력하는 과정도 거쳤다. 일주일 정도 했을까? 아이는 결국 홀라후프 200개를 해냈다.

사실 대회에서 상장을 받았다는 건 중요하지 않다. 노력하면 된다는 것을 배운 게 더 중요하다. 그날 이후로는 새로운 도전 앞에서 "힘들지만 노력하면 되는 거지? 잘하는 것보다 열심히 하는 게 중요하지?"라고 스스로 말한다. 이듬해에 줄넘기 대회를 나갈 때는 "못해도 괜찮아"를 말해줄 필요도 없이, 차근차근 하나부터 연습하더니 줄넘기를 좋아하게 되었다.

과정과 노력에 가치를 두기 위해서는 자신이 어디로 향하고 있는지를 생각해야 한다. 앞서 소개한 재형 씨를 기억하는가? 재형 씨가 그토록 열심히 일하는 목적이 무엇일까? 성과 평가에서 B가 아니라 A를 받는 것일까? 그가 정말 원하는 것은 좋은 등급이 아니라 능력을 발휘하면서 즐겁게 살아가는 삶일 것이다. 당장의 결과를 성공과 실패로만 규정 짓지 말고, 자신이 추구하는 삶을 만들어가는 과정의 일부로 본다면 길고 고된 인생에도 소소한 즐거움이 깃들 수 있다.

수백 번을 쓰러져도
오뚝이처럼 다시 일어나는 법

1. 내 마인드셋을 점검하자

본문에 나온 척도를 활용해 마인드셋을 점검해보자. 현재 자신이 어떤 마인드셋을 가졌든, 마인드셋도 바뀔 수 있음을 잊지 말자.

2. 지금 당장 시작하자

만약 고정 마인드셋이라면(성장 마인드셋이라도 주저하고 있는 일이 있다면) 그동안 실패가 두려워서 하지 못했던 일의 목록을 작성해보자. 이 중에서 지금 시도할 수 있는 것 하나를 골라 시작해보자. 잘 해내는 것이 아니라 시작해보는 데 의미를 두고, 지금 시작하는 것이 중요하다.

3. 실패하더라도 현재의 나는 과거의 내가 아님을 기억하자

성공하면 좋겠지만 실패할 수도 있다. 실패를 통해서 배운 것은 무엇인지, 무엇이 달라졌는지 찾아보자. 성공과 실패 사이에는 수많은 과정이 촘촘하게 존재한다. 그 일을 하는 순간의 감정과 생각 하나하나를 의식적으로 떠올려보면 무언가는 달라졌음을 발견할 것이다.

4. 나에게 무한한 가능성이 있음을 기억하자

운명처럼 이끌리는 열정, 타고난 재능과 특별한 능력이 성공에 필수라고 믿고 있는 것은 아닌지 점검해보자. 이런 기대가 큰 사람들은 어려움에 부딪히면 이 일은 나에게 딱 맞는 일이 아니었다며 쉽게 포기하곤 한다. 열정이든, 능력이든, 대인 관계든 삶의 다양한 영역에서 우리는 언제나 성장하고 변해갈 수 있음을 기억하자.

QR코드를 인식하면
〈알편심〉 1회 방송을 들을 수 있습니다.
https://youtu.be/usAKHPbJHig

3부

'내가 원하는 것'을
잘 표현하는
방법을 배우자

9

다른 사람들의 시선이
항상 신경 쓰여요

수희 씨는 취업을 준비하고 있는 20대 여성이다. 겉으로 보기에는 수줍음이 많고 낯가림이 있는 사람 정도로 보이지만, 내면에는 사람들의 시선에 대한 두려움이 자리 잡고 있다. 길을 다닐 때도 혹시라도 사람들이 자신을 쳐다보면서 외모를 흉볼까 두렵다. 그게 걱정되어 밖에 잘 나가지 못한 적도 있었다. 어릴 때 따돌림을 당한 적이 있고 비만으로 남자들에게 놀림받은 적이 있어 또래 남자들을 마주하면 몸이 굳기까지 한다. 최근에 살을 빼고 이런저런 노력 끝에 집 밖으로 나올 수 있게 되었다.

　여전히 사람들을 만나는 것이 두렵지만 얼마 전부터 용기를 내어 플로리스트 학원에 다니고 있다. 실습하는 날에는 작품을 다 만들고 강사에게 확인을 받아야 하는데 그저 손을 드는 것조차 어려워 강사와 눈이 마주치기만 기다리고 있었던 적도 있다. 이런 상태라면 플로리스트 과정을 수료하고 취업을 한다 해도 사람들을 대면하며 일을 할 수 있을지 걱정이 된다.

생활과 수행에 곤란을 겪는 수희 씨 같은 정도는 아니더라도 다른 사람들의 시선이나 평가를 신경 쓰느라 삶이 피곤해지는 경우가 많다. 옷차림이 어떻게 보일지 과도하게 신경 쓰느라 외출 준비에 몇 시간이 걸린다든지 작은 실수 하나에 하루 종일 괴로워하면서 진이 다 빠지기도 한다.

인간이 타인의 시선에
연연할 수밖에 없는 이유

남들의 시선을 신경 쓰느라 불편과 고통을 겪는 사람들에게 희소식이 있다. 타인의 시선을 의식하는 것이 나만의 독특한 문제는 아니라는 점이다. 사실 타인의 시선을 신경 쓰는 것은 인간이라면 누구나 가지고 있는 본능이다.

위험한 짐승이나 천재지변을 피하기 위해, 수렵과 채집을 통해 더 많은 식량을 확보하기 위해 인간은 원시시대부터 무리를 지어 살았다. 게다가 소속욕구는 인간의 기본 욕구 중 하나다. 배척되지 않고 무리에게 수용되기 위해 타인의 눈에 자신이 어떻게 비칠지 신경 쓸 수밖에 없었을 것이고, 함께하고 싶은 사람, 좋은 사람으로 비치기 위해 항상 자신의 모습을 점검했을 것이다. 즉 타인의 시선을 신경 쓰는 것은 진화론적으로 세상과 사회에 적응하는 방식이었던 셈이다.

인간의 자아가 어떻게 형성되는지에 관한 여러 이론이 있다. 그중 사회심리학자 찰스 호턴 쿨리Charles Horton Cooley는 '거울 자아상' 또는 '거울에 비친 자기looking glass self' 개념을 소개하며, 타인의 눈에 비친 자신의 모습에 대한 인식이 자아 형성에 영향을 미친다고 설명했다.

우리는 사회적 관계 속에서 타인과 상호 작용하며 남들이 자신을 어떻게 보고 있는지 또는 어떻게 평가하고 있는지, 어떤 기대를 갖고 있는지 자연스럽게 보고 듣고 느끼며 알게 된다. 그런 과정을 통해 내가 어떠한 사람인지 인식하고, 남들이 나를 어떻게 볼지를 떠올리며 그 기대에 부합하는 방식으로 행동한다. 이렇게 타인의 눈에 비친 자기를 마치 거울 보듯이 보며 자아를 인식하고 형성해나간다고 해서 '거울에 비친 자기'라고 이름을 붙였다. 그만큼 내가 누구인지를 알아가는 데 핵심 정보가 되기 때문에 타인의 시선에 민감할 수밖에 없다.

세상이 나를 중심으로 돌아간다는 착각

타인의 시선을 신경 쓰는 또 다른 이유는 인간의 자기중심적 편향ego-centric bias 때문이다. 이 세상의 중심은 나 자신이고 모든 것을 나의 관점에서 바라본다. 우리는 무언가 판단할 때, 자신이 가진 정보를 활용한다.

자기 내면의 생각이나 감정, 직접 경험한 상황은 속속들이 알고 있지만 타인의 감정이나 경험에 대한 정보는 부족하다. 그러다 보니 특정 현상을 판단할 때 자기중심적인 입장에서 고려하게 되고 그 결과 수많은 인지적 오류가 일어난다.

그중 하나가 스스로 또렷하게 인식되는 자신의 모습이나 행동이 타인의 눈에도 두드러지게 보일 거라고 착각하는 현상이다. 우주가 자신을 중심으로 돌아간다고 생각하는 것이다. 그 결과 자신의 소소한 성취에 크게 자부심을 느끼는 만큼 또는 자잘한 실수에 당황스러워하는 만큼, 타인도 그것들을 알아차릴 것이라고 생각한다. 그런데 역설적으로 이 자기중심적 편향 덕분에 우리는 자기 자신에게 초점을 맞추느라 다른 사람이 잘한 것과 못한 것에 크게 관심을 두지 않는다.

흔히 일어나는 예를 들어보자. 가끔 머리를 자르거나 파마를 할 때가 있는데, 자신의 헤어스타일 변화는 자기 자신에게나 특별하지 타인들에게는 그다지 대수로운 일이 아니다. 특히 앞머리를 살짝 다듬는다든지 원래 스타일 그대로 파마를 다시 한다든지 하면 아주 가까운 사람도 쉽게 인식하지 못할 수 있다. 그러니 배우자나 애인이나 친구가 몰라본다고 서운해하지 말자. 오히려 사소한 변화를 알아봐 준 사람에게 놀랍도록 고마워할 일이다. 그 사람은 자기중심적 편향을 이기고 나에게 관심을 보여준 사람이니 말이다.

내가 나를 소중히 여기지 않으면
누가 나를 인정해줄까

타인의 시선을 신경 쓰는 것은 인간의 자연스러운 본성이고 적응적인 행동이다. 타인의 시선을 신경 쓰고 있다면 당신만 그런 게 아니라는 것을 기억하면 좋겠다. 그럼에도 불구하고 세상일이 다 그렇듯 정도가 지나치면 문제가 된다. 타인의 시선에서 조금이나마 자유로워지려면 어떻게 해야 할까?

화려한 조명은 사실
나를 감싸고 있지 않다

앞서 언급한 대로 인간은 자기중심적 편향을 가지고 있기 때문에 자기 눈에나 뚜렷해 보이는 자신의 행동이 남들 눈에도 그러리라 믿는 경향이 있다. 유명한 사회심리학자 토머스 길로비치Thomas Gilovich는 이러한 현상에 조명효과spotlight effect라는 이름을 붙였다. 마치 무대 위 조명이 주인공을 비추듯 사람들은 사회적 조명이 자신만을 밝게 비춘다고 느낀다.

길로비치는 이 이론을 바탕으로 한 기발하고 흥미로운 실험들을 통해 우리가 두려워하는 만큼 사람들이 우리를 주목하고 있지 않음을 실증적으로 알려준다. 그리고 어떻게 하면 타인을 조금이라도 덜 의식할 수 있을지 유용한 실마리를 제시한다.

'다른 사람들은 당신이 생각하는 만큼 당신에게 관심이 없다.' 평범한 진리이고 누구나 머리로는 아는 이야기지만 타인의 시선이 신경 쓰일 때는 정말 그럴까 싶다. 그런 사람들에게 정말 그렇다는 사실을 보여주는 것이 길로비치의 티셔츠 실험이다.

연구자들은 기억력 테스트를 한다는 명목으로 대학생 참가자들을 모집했다. 세션마다 대여섯 명에게는 관찰자 역할을 주고 나머지 한 명에게는 실험 대상 역할을 주었다. 물론 참가자들은 자신이 어떤 역할인지 전혀 알지 못했다. 관찰자들은 실험실에 미리 모여 앉아 있었고, 실험 대상은 연구자가 건넨 티셔츠로 갈아입은 다음에 실험실에 들어갔다.

이 티셔츠 정면에는 배리 매닐로Barry Manilow라는 1970년대 가수의 얼굴이 새겨져 있었다. 이 실험이 실시된 것이 1990년대 말 즈음이니 그 당시 대학생에게는 그런 옷을 입는 것이 창피했을지도 모른다. 어쨌든 실험 대상은 그 옷을 입었고 관찰자들이 있는 방으로 안내되었다. 노크를 하고 들어갔기 때문에 방에 있던 관찰자들이 실험 대상을 볼 수 있었고, 그 방에 잠깐 머무르다가 자리가 없어서 밖에서 대기해야 한다는 연구자의 말에 따라 다시 밖으로 나왔다.

이후 실험 대상 역할을 한 사람에게 방에 있는 사람 중 몇 명이 티셔츠에 그려진 사람을 알아보고 기억할지 추측해보라고 요청했다. 그리고 관찰자 역할을 한 사람들 각각에게도 방에 들어왔던 사람의 티셔츠에 그려져 있던 사람을 기억하는지 물었다.

결과는 놀라웠다. 실험 대상은 자기를 본 사람의 약 50퍼센트가 티셔츠에 그려진 얼굴을 기억하리라 예상했지만, 관찰자들 중에 그 얼굴을 기억한 사람은 20퍼센트 정도에 불과했다. 즉 티셔츠를 입은 사람은 다른 사람들이 자신의 특이한 모습을 주목하고 기억하리라고 '착각'했다. 그러나 실제로는 그렇지 않았다.

이 실험에서 알 수 있듯이, 우리는 어떤 독특한 행동을 하거나 튀는 복장을 하면 남들이 나를 주목하고 이상하게 생각할 것이라 걱정하는데 생각만큼 사람들은 남에게 관심이 없다. 조명은 내 머릿속에서만 나를 밝게 비추고 있을 뿐 남들 눈에는 그렇게 보이지 않는다.

남들이 나를 이상하게 보면 어떻게 하지라는 걱정이 드는 순간, 이 티셔츠 실험을 떠올리자. 의식적으로 '그래, 남들은 나한테 관심이 없어'라고 스스로에게 되뇌면 의외로 도움이 될 것이다.

실수를 파고들지 말고
시야를 넓혀보자

실수를 하거나 뭔가 잘못한 경우, 혹은 상황에 맞지 않는 엉뚱한 행동을 한 경우에 남들이 나를 어떻게 볼까 특히 신경이 쓰인다. 그 순간 남들의 평가가 걱정되고 본능적으로 자신의 실수와 부족한 점에만 집중하는 것이다. 일종의 초점 착각focusing illusion에서 비롯된 경향성이다.

초점 착각이란 어떤 특정한 사건이나 경험이 미래에 미칠 영향을 추측할 때 이 특정 요소에 과도하게 초점을 두어 그 영향을 과대 추정하는 경향성이다. 실제로 미래에 영향을 미치는 것은 다른 무수한 요인들의 조합일 텐데 말이다. 마찬가지로 남들 앞에서 뭔가를 잘 못하거나 실수할 때, 우리는 그 부족한 행동만 보고 타인이 평가를 하리라는 과도한 초점 착각에 빠진다. 그래서 더욱더 타인의 시선에 민감해지고 걱정되는 것이다.

초점 착각에서 벗어나는 법을 알고 싶다면 다음의 실험에 주목하자. 연구자들은 실험에 참여한 대학생들에게 퀴즈 게임을 한다고 말하고 무작위로 '질문자', '참가자', '관찰자' 역할을 부여했다. 질문자에게는 상식을 측정할 문제를 열 개만 내달라고 요청했다. 다만 이 문제는 너무 쉬워서는 안 되고 어렵지만 답이 있는 문제여야 한다고 지시했다. 실제 출제된 문제는 열 개 중 하나만 맞힐 정도로 어려웠다. 참가자는 문제마다 답을 하고 틀렸을 때는 질문자가 정답을 말해주었다. 관찰자들은 텔레비전 퀴즈 쇼를 보듯이 전 과정을 지켜봤다.

퀴즈 쇼가 끝나고 연구자는 실험에 참여한 대학생들을 각각 독립된 방으로 안내하여 설문에 답하도록 했다. 참가자에게는 질문자와 관찰자가 자신의 지적 능력을 어떻게 평가할 것인지를 추측해보라고 했다. 그리고 질문자와 관찰자에게도 참가자의 지적 능력을 평가해보라고 했다.

앞선 티셔츠 실험을 읽은 독자들은 이 실험의 결과를 눈치챘을 것이다. 참가자가 추측한 결과는 질문자와 관찰자가 평가한 점수보다 훨씬 더 낮았다. 참가자는 문제를 많이 틀렸으니 남들이 자신을 굉장히 무식하다고 평가하리라 추측했지만, 실제로 질문자와 관찰자는 참가자의 지적 능력을 가혹하게 평가하지 않았다. 이처럼 남들은 내가 걱정하는 만큼 내 실수나 단점에 냉정하게 반응하지 않는다.

이 실험이 보여주는 보석 같은 시사점이 하나 더 있다. 퀴즈 쇼 참가자 역할을 한 사람들을 무작위로 두 집단으로 나누었다. 첫 번째 집단에게는 아무 절차도 없이 질문자와 관찰자 등 다른 사람이 자신의 지적 능력을 어떻게 평가할지 추측해보라고 했다. 두 번째 집단에게는 먼저 다른 사람들이 자신의 지적 능력을 평가하는 데 고려할 수 있는 여러 요소를 적어보도록 한 후에 다른 사람이 자신의 지적 능력을 어떻게 평가할지 추측하라고 했다. 일종의 '디포커싱defocusing' 과정이다.

이는 우리말로 하면 '초점 분산화' 혹은 '초점에서 벗어나기' 전략이라고 할 수 있다. 퀴즈를 잘 못 맞힌 상황이라 그 결과에만 초점을 두기 쉬운데, 거기서 벗어나 다양한 상황과 요인을 떠올려보라고 하는 것이다. 예를 들면 문제의 난이도, 정답과 근접한 대답을 했는지 여부, 말할 때의 태도나 눈빛 등이 포함된다. 그 결과, 첫 번째 집단은 자신이 부정적인 평가를 받을 것이라 예상했지만 디포커싱 과정을 거친 두 번째 집단은 그에 비해 부정적인 평가를 받으리라는 예상이 덜했다. 즉 퀴즈 쇼 외에 지적 능력을 평가할 수 있는 다른 요인을 떠올리면 타인이 자신을 부정적으로 평가할 것이라며 걱정하는 정도가 줄어들었다.

직장인 지수 씨는 평소에도 타인의 시선과 평가를 심하게 염려하는 사람이었다. 어느 날 회사에서 자신의 실수로 문제가 생겼다. 팀장이 화를 내며 질책했고 스스로도 죄책감과 창피함에 고통스러웠다. 다행히 큰일이 아니었기에 문제는 곧 해결되었고 그 뒤로 아무도 그 사건을 거론하지 않았다. 그런데도 지수 씨는 팀장이 자신을 무능하게 볼까 신경을 쓰며 눈치를 살폈다.

상담자는 지수 씨에게 '디포커싱'을 하기 위한 질문을 던졌다. 첫 번째로 이제까지 일을 어떻게 해왔는지 물었다. 지수 씨는 그 전에는 자기 나름대로 성실히 일을 해왔고 익숙한 일은 실수 없이 잘해왔다고 대답했다. 이번 일은 아직 익숙하지 않아서 그랬던 것 같다고 했다.

두 번째로 이 팀장의 특성이 어떤지를 물었다. 지수 씨의 실수에만 유독 화를 낸 것인지 평소 행동은 어떤지를 말이다. 이 팀장은 다혈질이라 평소에도 불같이 욱하는 일이 많다고 했다. 그러나 두고두고 나무라고 화를 내는 성격은 아니라고 했다.

세 번째로 지수 씨가 팀장이라면 어떨 것 같은지 물었다. 예를 들면 그 실수 하나로 직원을 무능하게 볼 것 같은지 등의 질문이 이어졌다. 그러자 자신이 팀장이라면 그렇게 판단하지는 않을 것 같다고 했다. 게다가 곰곰이 생각해보니 일 잘하는 옆자리 과장도 가끔 실수하고 팀장에게 질책을 받지만 능력을 인정받고 있다고 말했다. 너무 자신의 실수에만 초점을 두는 바람에 터널 시야가 되었음을 깨닫는 순간이었다.

보통의 경우, 디포커싱 전략은 타인의 평가나 시선에서 자유로워질 수 있는 효과적인 방법이다. 하지만 어떤 상황에서 느껴지는 감정을 무시하거나 억압한 채 바로 디포커싱을 하라고 권유하고 싶지는 않다. '내가 무엇 때문에 그렇게 괴로워하나', '괴로워하는 내 마음속에는 뭐가 있나'를 스스로에게 질문하며 그 감정을 바라보는 과정도 필요하다. 그러다 보면 자신이 두려워하는 것이 수면 위로 올라오는데, 그것이 합리적인 두려움인지 혹은 과도하고 비합리적인 두려움인지 판별해야 한다. 이때 디포커싱을 해볼 수 있다. 자신의 잘못에만 집착하고 있지는 않은지, 그로 인해 발생할 수 있는 결과를 과하게 예상하고 있지는 않은지 같은 질문을 던지다 보면, 어느새 자연스럽고 합리적인 감정만 오롯이 느낄 수 있게 된다. 지수 씨의 경우에는 불편을 끼친 사람들에 대한 미안함과 순간적인 당혹스러움, 다음부터는 더 주의를 기울여야겠다는 마음 등이 그러할 것이다.

우리는 타인에게 늘 좋은 모습을 보일 수 없다. 열심히 하고 잘하려고 애써도 실수하게 마련이고 때로는 성과가 좋지 않을 수도 있다. 그럴 때 다른 사람이 자신을 어떻게 평가할지 신경 쓰이고 걱정된다면 디포커싱 전략을 기억하고 사용해보길 권한다. 당혹감과 창피함에 터널 시야에 빠져 있는 초점을 넓혀본다면 실수와 부족함의 기억 속에서 허우적대느라 낭비하고 있는 감정과 에너지를 건져 올릴 수 있을 것이다.

누구나 타인에 대한
연민을 품고 살아간다

길로비치의 또 다른 흥미로운 실험에서 도움이 되는 힌트를 한 가지 더 얻을 수 있다. 타인이 나를 공감해줄 거라고 인지하면 조명효과를 줄여주어 타인의 평가에 덜 민감해진다는 사실을 보여주는 연구다.

한 세트의 실험은 실험 참가자 세 명으로 구성되었다. 이 중 한 사람에게 입안 가득 풍선껌을 씹으며 노래를 부르라고 했다(노래를 잘못 부르게 하기 위한 설계였다). 나머지 두 명은 관찰자 역할인데, 한 명은 노래 부르는 사람과 같은 방에 들어가고(내부 관찰자) 다른 한 명은 노래 부르는 사람을 볼 수 없는 칸막이방에서 노래를 들었다(외부 관찰자).

노래가 끝나고 각각의 참가자에게 평가를 부탁했다. 노래를 불렀던 사람에게는 내부 관찰자와 외부 관찰자가 어떻게 평가할지 점수를 예상해보라고 했다. 그리고 내부 관찰자와 외부 관찰자에게는 노래 부르는 사람의 실력에 점수를 매겨보라고 했다.

실험 결과는 어땠을까? 우선 이전에 언급한 연구들과 마찬가지로 노래 부르는 사람이 관찰자들에게서 받을 거라고 예측한 점수는 관찰자들이 평가한 점수보다 낮았다. 그만큼 타인이 나의 안 좋은 성과를 부정적으로 평가할 것이라고 걱정하는 현상은 일관되게 나타난다.

두 번째, 관찰자들이 노래 부르는 사람에게 준 점수는 내부 관찰자와 외부 관찰자가 달랐다. 내부 관찰자는 입안에 풍선껌을 가득 넣고 노래를 불러야 하는 상황을 다 알고 있으니, 그것을 감안해서 점수를 높게 주었다. 반면 이 상황을 모르는 외부 관찰자는 노래 부르는 사람이 왜 저리 음정과 발음이 부정확하냐며 낮은 점수를 주었다.

세 번째가 이 연구의 진짜 시사점이다. 노래를 부른 사람은 외부 관찰자에 비해 내부 관찰자가 자신에게 덜 가혹한 점수를 줄 거라고 예측했다. 같은 방에 있는 사람은 입에 풍선껌을 넣고 있는 상황을 아니까 동정의 눈으로 바라봐 줄 것이고, 반대로 칸막이방에 있는 사람은 상황을 모르니까 단순히 음치로 볼 것이라고 생각했다. 다시 말해 내 상황을 아는 사람이 나를 이해하고 공감해주리라 인식하면, 타인의 시선이나 평가를 염려하는 정도가 줄어든다는 사실을 보여주는 연구 결과다.

뭔가 실수하거나 우스꽝스러운 행동을 하고 나서 창피하거나 불안할 때, 다른 사람들이 내 곤경을 이해해줄 것이라고 믿어보자. 생각해보면 누구에게나 다 그런 경험이 있지 않은가. 누군가의 실책을 너그러이 덮어주고 넘어가 줬던 순간 말이다. 그러니 다른 사람에게도 그런 마음이 있음을 떠올리고 기억하면 좋겠다.

조금 더 나아가 생각해보면, 우리가 가장 신경 써야 할 사람은 나와 상호 작용해오며 누구보다 나를 알고 이해해주는 소중한 지인들이다. 반면 나를 잘 모르고 심지어 나를 주목할지도 잘 모르는 불특정 다수의 반웅을 살피며 힘들어하기엔 우리의 시간과 삶이 아깝지 않은가?

심지어 이 불특정 다수 역시 대체로 타인에게 연민을 품고 있다. 실제로 상담을 하다 보면 세상을 무시무시한 정글로, 타인을 적대적으로 바라보는 사람일수록 타인의 시선을 더 신경 쓰는 경향이 있다. 그 증상의 원인은 저마다 다르겠지만, 타인의 시선에 힘들어하고 있다면 세상과 타인에 대한 믿음을 가져보기를 권한다.

타인이 아니라 내 안의 누군가가 나를 가두고 있다

어떤 특정 행동을 스스로 부정적으로 생각하고 있다면, 그 행동을 하게 될 때 타인의 시선을 더 신경 쓰고 두려워할 가능성이 크다. 그런 면에서 내 안에 어떤 선입견이 있는지 성찰해보고 실제로 그러한지 생각해보는 과정이 도움이 될 수도 있다.

요즘은 혼밥(혼자 밥 먹기)이 꽤 흔해졌지만 대박사는 여전히 혼밥이 어렵다. 혼밥 하는 사람들을 보면 대박사의 머릿속에는 자연스레 '왜 혼자 밥 먹지?', '외톨이인가?', '사연 있는 사람인가?' 등의 생각이 떠올랐다. 그러다 보니 혼자 밥 먹는 자신을 사람들이 어떻게 볼까 두려웠다.

반면 마거는 혼밥이 유행하기 전부터 고깃집에서 혼자 고기를 구워 먹으며 혼밥 만렙(기술이 최대치를 찍었다는 의미의 신조어)을 찍었다. 마거는 혼밥 하는 사람을 보면 단순히 배고파서 끼니를 때우는 사람이라고 중립적으로 판단하거나 먹고 싶은 음식을 자유롭게 먹는 사람이라고 긍정적인 시선으로 바라보았다. 그러다 보니 마거 자신의 혼밥도 개의치 않았다.

혼밥을 어려워했던 대박사가 문제에 직면할 수밖에 없었던 순간이 있다. 임신 중의 어느 날 순댓국이 너무 먹고 싶어서 가게 앞까지 갔다가 문을 열지 못하고 되돌아온 대박사. 순댓국집을 끼고 골목을 두어 번 돌며 끝까지 고민했지만(그만큼 간절히 먹고 싶었다) 결국 혼자 들어가지 못했다. 〈알편심〉 에피소드를 녹음하며 이런 대박사의 고백을 들은 마거가 제안했다. 이름하여 '순댓국 혼밥 미션!' 이에 힘입어 대박사는 결국 그 다음 주에 순댓국 혼밥 미션에 성공했다. 의외로 많은 사람이 혼자 순댓국을 먹고 있는 모습을 보며 용기를 얻었고 해보니 별거 아니라는 생각에 자신감도 생겼다.

이처럼 타인의 시선이 불편해서 못 한 것을 막상 해보면 별거 아니라는 사실을 알게 된다. 한번 하는 게 어렵지, 해보고 익숙해지면 타인의 시선에도 둔감해진다. 혼밥 만렙을 찍은 마거도 처음부터 혼밥이 쉽지는 않았다. 첫 직장이 외근이 잦아 혼밥을 할 수밖에 없었는데, 이왕 먹는 것 대충 때우기보다는 먹고 싶은 음식을 먹자는 생각에 다양한 메뉴로 지평을 넓혔다. 그러면서 어색함이 점차 사라지고 타인의 시선에도 둔감해졌다.

길로비치의 변형된 티셔츠 실험 역시 이러한 현상을 입증해준다. 앞선 티셔츠 실험에서는 참가자들에게 배리 매닐로가 그려진 티셔츠를 입고 바로 관찰자들이 있는 방으로 들어가라고 했다. 반면 변형된 실험에서는 그 티셔츠를 입고 15분 동안 혼자 대기한 후 관찰자들이 있는 방에 들어가라고 했다. 우스꽝스러운 옷에 익숙해지기 위한 설계였다. 그 결과 티셔츠를 15분 정도 입고 대기했던 사람들은 바로 방에 들어간 사람들보다 관찰자들이 티셔츠 그림을 주목하고 기억할 거라고 응답한 비율이 더 낮았다.

다시 말해 어색하고 불편한 상황에 오래 반복적으로 노출될수록 그 상황에 적응하고 익숙해진다. 그러면서 자기 마음속에서 자신을 비추고 있는 조명이 점점 희미해지거나 꺼진다. 그러니 일단 해보고 실제로는 어떤지 느껴보자. 여러 차례 반복하여 익숙해지면 타인의 시선도 더 이상 두렵지 않을 것이다.

마지막으로 알프레드 디 수자Alfred D. Souza가 인용해서 유명해진 아일랜드 속담을 여러분에게 건네고 싶다. 춤추라, 아무도 바라보고 있지 않은 것처럼.

실천해봅시다

타인의 시선에서 자유로워지는
신경 끄기의 기술

1. 계속해서 자기암시를 걸자

길로비치의 티셔츠 실험을 떠올리며 나 자신에게 말해보자. '사람들은 생각보다 나한테 관심이 없다.'

2. 겁이 나서 못 했던 행동을 시도해보자

해보고 싶었지만 타인의 시선이 걱정되어 하지 못했던 일을 일단 적어보자. 그 행동을 무조건 시도한 뒤 나와 상황을 관찰해보자. 실제로 사람들이 나를 주목하는가? 기분은 어떤가? 가능하다면 여러 번 반복해서 익숙해지는 과정을 경험해보자.

3. 디포커싱 전략을 쓰자

실수를 해서 당혹스러울 때는 일단 디포커싱 전략을 써보자. 나의 잘못에만 초점을 맞추면 터널 시야에 갇혀 더욱더 타인의 시선이 두려워진다. 상황적 요인, 나를 구성하는 다른 요인 등 다양한 평가 요소들을 되도록 많이 떠올려본다. 또 선입견이나 고정관념이 나를 가로막고 있는 것은 아닌지 성찰해보고 '이 순간 불편한 사람은 나뿐이야'라고 되뇌어보자.

4. 타인을 믿자

다른 사람의 이해와 공감 능력을 믿어보자. 우리 모두 누구나 비슷한 실수를 하고 곤경에 빠진다. 생각보다 사람들은 가혹하지 않다.

QR코드를 인식하면
〈알편심〉 3회 방송을 들을 수 있습니다.
https://youtu.be/lo67BFrj-9w

10

'싫어요', '아니요'라고 말하기가
너무 힘들어요

거절이 유독 어려운 사람들이 있다. 정민 씨도 거절을 못 하는 대표적인 사람이다. 길 가다가 나눠주는 전단지도 거절하지 못하고 친구들이 만나자고 하면 몸이 피곤해도 나간다. 이 정도는 그저 애교 수준이다. 받은 전단지는 쓰레기통에 버리면 그만이고, 일단 친구들을 만나면 재미있기 때문이다.

문제는 언젠가부터 늘 피곤하고 일에 허덕이는 느낌이 들기 시작했다는 것이다. 거절을 못 하니 부탁을 다 들어주느라 야근이 잦아졌다. 그러다 보니 체력이 떨어져 가까운 사람들에게 짜증이 부쩍 늘었다. 거절을 못 하는 만큼 부탁도 잘 못 하니 버거워도 혼자 꾸역꾸역 하는 것이 습관이 되었다.

주변 사람들에게 좋은 사람, 일 잘하는 사람으로 평가받는 것이 좋았다. 사람들이 어려울 때 자신을 찾아오면 누군가를 도와준다는 뿌듯함과 성취감도 느껴졌다. 그러나 언젠가부터 억울함이 밀려왔다. 이렇게 해도 누가 알아주는 것 같지도 않고 자신이 해주는 만큼 돌아오는 게 없다는 생각이 들자 '거절 못 하는 것도 병'이라고 진지하게 고민하기 시작했다.

거절을 하면
못된 사람이 되는 걸까

우리는 왜 이렇게 거절이 어려울까? 인간은 본능적으로 거절을 어려워한다. 사회적 동물인 우리는 집단에 소속감을 느끼고 관계에서 배제되지 않으려고 필사적으로 노력한다. 상호호혜의 원칙에 따라 상대의 부탁을 들어줘야 다음에 내 부탁도 수락될 수 있을 거라는 암묵적인 규칙이 작동한다.

사람들이 거절에 따르는 불편감을 얼마나 싫어하는지 보여주는 연구가 있다. 심리학자 바네사 본스Vanessa Bohns가 이끄는 연구진은 대학생 스물다섯 명에게 같은 대학의 낯선 사람들에게 도서관 책에 '피클'이란 글자를 적어달라고 부탁하게 했다. 놀랍게도 요청받은 학생들 가운데 절반가량이 책을 훼손하는 데 동의했다. 이처럼 인간은 비윤리적인 요청까지도 차마 물리치지 못할 정도로 거절을 어려워한다.

그런데 가만히 살펴보면 어떨 때는 거절을 잘 못하지만 어떨 때는 거절을 곧잘 한다. 그러니 몇 번 거절을 못 했다고 '나는 거절을 못 하는 사람이야'라고 단정하지 말자. 그 대신 '나는 이럴 때 거절이 불편하구나'라고 생각을 전환하면 좋겠다. 그래야 거절하지 못하는 불편감을 해소하고, 자신이 원하는 방식으로 부탁에 응하거나 거절하는 것을 좀 더 쉽게 할 수 있다. 그러지 않으면 자신을 늘 피해자처럼 인식하고, 부탁을 들어주면서도 속으로 구시렁거리고, 부탁하는 상대방을 탓하거나 '나는 왜 이렇게 거절을 못 해서 고생을 사서 하냐'라며 자책하고만 있을 수 있다.

이른바 '좋은 사람' 또는 '착한 사람' 콤플렉스가 발동해서 타인의 부탁을 거절하지 못하는 경우가 있다. 착한 사람 콤플렉스란 착한 사람 혹은 좋은 사람이라는 평가를 받기 위해 자신의 욕구를 반복적으로 억압하는 것을 뜻한다.

우리는 알게 모르게 좋은 사람이란 남의 부탁에 잘 응하고 잘 도와주는 사람이라는 생각을 학습해왔다. 돌이켜보면 내가 손해 보더라도 다른 사람의 요구에 민감하게 반응하면 칭찬받았다. 그래서 착하지 않으면 미움받을 것이라는 믿음이 마음속에 뙤리를 틀었을 수 있다. 착한 사람 콤플렉스를 지닌 사람들은 스스로 어디까지 할 수 있는가, 자신의 욕구는 무엇인가에 대한 고민 없이 타인의 기분이나 눈치를 살피며, 단순히 좋은 사람으로 평가받는 것에만 집중하는 경우가 많다.

앞서 나온 사례의 정민 씨도 좋은 사람으로 평가받고 싶은 욕구에 따라 타인의 요청을 잘 들어주고 타인에게 맞추면서 살아왔다. 그런데 '네가 어떤 사람인지 잘 모르겠다'라는 피드백을 듣고 정민 씨는 새삼스레 놀랐다. 상대방의 기분을 맞춰주는 게 좋다는 생각에 식당 메뉴조차도 늘 상대방이 원하는 음식으로 정하는 편이었다. 자신의 취향을 밝히지 않는 게 습관이 되다 보니 스스로 무엇을 원하는지 깊이 생각하지 않게 되었다. 좋은 사람으로 비치고 싶다는 욕구, 반대로 말하면 미움받을지도 모른다는 두려움에 상대에게 맞춰주다 보니 자신은 개성 없는 사람이 되었다.

정민 씨의 무의식을 탐색해보니 내면에 두려움이 자리 잡고 있었다. 정민 씨의 아버지는 가부장적인 사람이었다. 아버지 말을 거부하면 가정에 분란이 일어났다. 정민 씨가 아버지의 말에 "그건 싫어요", "그렇게 하고 싶지 않아요"라고 말하면 아버지가 격노하고 그로 인해 어머니에게 불똥이 튀고 부부 싸움으로 번지면서 갈등이 이어졌다. 그리하여 자신의 거절이나 반대가 갈등을 일으키는 불씨가 된다는 두려움이 내면 깊이 자리 잡게 되었다. 이런 두려움이 타인과의 관계에도 확장되어 거절이 어려워진 것이다.

자신의 마음속에 숨어 있던 착한 사람 콤플렉스를 발견한 정민 씨는 관계 속에서 자신을 객관화하여 볼 수 있게 되었다. 착한 사람이라는 평가를 받으려고 하니 항상 양보하고 포기하고 배려하는 게 습관이 되었다. 나만 애쓰는 것 같다는 생각에 억울하고 힘든 마음이 불쑥불쑥 올라온다. 그런데 알고 보니 상대방도 자신의 의견을 제시하지 않는 정민 씨에게 불만이 있었다. 식당에서 메뉴를 정하는 것부터 업무에 이르기까지 자기 의견이 없는 정민 씨가 답답했고 그러다 보니 관계 맺기도 어려워졌다. 역설적인 결과다. 좋은 관계, 갈등이 없는 관계를 맺고자 했던 정민 씨의 행동이 오히려 관계를 망치고 있었던 것이다.

인정받고 싶다는 욕심에 무리하고 만다

착한 사람 콤플렉스의 연장선으로 인정욕구 역시 거절 못 하는 원인이 될 수 있다. 부탁을 받았을 때 거절 못 하는 사람의 내면을 들여다보면, 뭔가를 못 해줬다는 느낌을 타인에게 주고 싶지 않아 할 뿐 아니라 스스로도 그런 느낌을 끔찍이 싫어한다. '죄송하지만 전 못 하겠습니다'라는 말이 '전 그걸 할 능력이 안 됩니다'로 들릴까 봐 걱정하는 것이다. 무엇이든 척척 해내서 능력을 입증하려 하는 사람의 경우 일이든 관계에서든 부탁을 거절하지 못하는 경우가 많다. 그러다 보면 많은 일을 다 끌어안고 만성피로에 시달리기 쉽다.

　과거의 마거가 그랬다. 일과 관련해 요청을 받으면 좀처럼 거절을 하지 않았다. 일을 거절하는 이유는 수만 가지일 텐데, '그 일을 할 능력이 없어서' 거절한다고 생각할까 봐 걱정했다. 그래서 이미 많은 일을 껴안고 있으면서도 일을 쳐내지 못하고 꾸역꾸역 다 했다.

대박사는 일을 거절하면 너무 불안했다. 대박사가 아닌 다른 누군가에게 그 일이 넘어가면 부탁한 사람과의 친밀감이 깨질지도 모른다는 걱정이 들었고, 그래서 내키지 않아도 그냥 수락했다. 그러다 보니 일이 많아지고 늘 피곤했다.

거부 민감성rejection sensitivity도 거절을 어렵게 만든다. 거부 민감성이란 거부당하는 것을 크게 두려워하고 그러다 보니 거부에 대해 예민하게 느끼는 경향을 말한다. 거부 민감성이 높은 사람은 자신의 요청을 상대방이 거절하면 '그 사람이 나를 싫어하는 것이다', '나를 거부한 것이다'라고 해석한다. 이 때문에 거절당할까 두려워 요청도 잘 하지 못한다. 거절은 그저 부탁이나 요청에 대한 거절일 뿐인데, 거절을 존재에 대한 거부로 받아들이며 쉽게 상처받는 사람들은 상대방의 부탁을 거절하는 것 역시 힘들어한다.

그런 점에서 과잉 공감을 거두어야 한다. 내가 거절하면 상대방이 '이만큼 아파할 거야' 또는 '속상해할 거야'라고 과잉 공감하며 추측하는데, 사실 상대방이 어떻게 느낄지 알 수 없는 일이다. 혹시 자신이 이런 마음으로 거절을 어려워하고 있다면 거부 민감성이 높은 사람은 아닌지 생각해보자. 어쩌면 다른 사람은 당신이 느끼는 것만큼 거절을 무겁게 받아들이거나 상처를 입지 않을 수도 있다.

자신이 무엇을 원하는지 잘 모르는 것도 거절을 어렵게 만드는 이유가 될 수 있다. 자신의 욕구 또는 자신이 중요시하는 가치나 삶의 우선순위가 불분명하니, 상대방이 뭔가 요청했을 때 큰 고민 없이 부탁을 들어주게 된다. 그러나 뒤따라오는 감정은 썩 유쾌한 것이 아닐 때가 많다. '이걸 왜 한다고 했을까?' 자신을 책망하거나 부탁한 사람을 원망하기도 한다.

　이런 사람들은 삶의 우선순위와 가치에 따른 원칙을 세울 필요가 있다. 가령 '주말은 가족과 보낸다'라는 원칙이 있다면 가족과 보내는 시간보다 덜 가치 있게 느껴지는 요청은 거절하기 쉬울 것이다. 물론 기계적으로 원칙을 따라야 하는 것은 아니고 그럴 수도 없다. 때로는 요청이 급박하거나 가치 있는 일이라면 원칙을 깨고 응할 수도 있다. 다만 내가 중요하게 생각하는 가치와 우선순위가 좀 더 명확하다면 그 기준에 기대어 쉽게 판단할 수 있고, 섣불리 요청에 응했다가 후회하는 일이 줄어들지 않을까?

YES는 나 자신의 선택,
NO는 상대를 위한 배려

아무리 거절을 손쉽게 잘하는 사람도 거절하고 나면 뒷맛이 개운치 않고 감정의 여운이 남게 마련이다. 오죽하면 앞서 소개한 도서관 책 실험에서 낯선 사람의 비윤리적 요청도 승낙했겠는가?

가볍게 거절하는 사람이 되고 싶다면, 가장 먼저 자신이 어떤 상황에서 어떤 욕구와 두려움 때문에 유독 거절이 어려운지 성찰해보기를 권한다. 혹시 그 두려움을 회피하고 욕구를 충족하기 위한 손쉬운 방법으로 타인의 요청에 늘 응하고 있지는 않은가? 그리고 후회나 불만족 속에서 허우적대고 있지는 않은가?

개인적인 이유를 파악했다 하더라도 단박에 거절하기는 어렵다. 그런 사람이라면 다음과 같은 거절의 핵심 기술을 기억하고 연습하면 좋겠다. '거절할 때는 반드시 두괄식으로 거절의 의사를 명확히 전달한다.' 예를 들어 내키지 않은 일을 요청받았다면 거절 의사부터 명확히 밝힌다. 상대방이 이유를 물어오면 이유를 간단히 설명하고 요청에 응하지 못하는 아쉬움을 전달하면 좋다.

가장 좋지 않은 것은 상대방에게 여지를 주는 것이다. 마음에도 없는 말로 상대에게 여지를 제공하면 오히려 상대방이 기대를 할 수 있다. 제안을 명확하게 거절하고 상대방이 빨리 대안을 찾아볼 수 있도록 하는 것이 오히려 배려라고 할 수 있다.

일뿐만 아니라 관계에서도 호감을 품고 다가온 상대와 관계를 진전시킬 의사가 없다면 그 뜻을 분명히 전달하면 좋겠다. 차일피일 미루면서 알아서 떨어져 나가주길 바라는 마음의 한구석에는 나쁜 사람으로 남고 싶지 않은 마음, 또는 그 관계를 보험으로 남겨두고 싶은 마음이 작용하는 것일 수 있다. 만약 이런 상황에서 거절이 너무 어려울 경우에는 내가 상대방 입장이라면 상대방이 어떻게 해주기를 바라는지 떠올려보자. 내가 그 사람이라면 '희망 고문'을 겪고 싶을까? 아마도 아닐 것이다. 일이든 관계든 거절이 어려운 순간 역지사지를 떠올려본다면, 거절이 나쁜 것이 아니라 궁극적으로는 상대를 위한 것이고 나를 위한 것임을 이해할 수 있다.

거절을 할 때 상대방이 나를 매정하다고 여길까, 그로 인해 관계가 안 좋아지지 않을까, 나를 부족하다고 여기지 않을까 걱정하곤 한다. 대체로는 우리가 걱정하는 만큼 상대방이 그렇게 받아들이는 경우는 드물다. 물론 여러 상황을 고려해 정중하게 거절했는데도 상대방이 실망하고 나를 부정적으로 생각하는 경우가 생길 수도 있다. 그럴 때 그 반응은 상대방의 몫임을 되새길 필요가 있다. 우리가 타인의 감정까지 다 책임질 수는 없다.

거절에서 선택으로, 관점을 바꿔보자

본질적으로 거절하기 어려운 순간 자신의 마음속에서 무엇이 작동하고 있는지 살펴보는 것이 핵심에 다다르는 방법 아닐까? 따라서 거절을 가볍게 하기 위한 방법으로 거절에 대한 관점 바꾸기를 제안한다.

첫 번째, 거절을 못 하는 것이 아니라 원하는 것을 내려놓지 못하는 것으로 관점을 전환해보자. 앞서 제시한 거절이 어려운 이유를 살펴보면 그것이 무엇이든 결국 그 안에 내 욕구가 숨어 있기 때문이다. 좋은 사람으로 비치고 싶은 욕구든, 인정과 사랑을 받고 싶은 욕구든, 타인에게 상처 주고 싶지 않은 욕구든, 더 나아가 타인에게 도움을 주고자 하는 욕구까지도…. 결국 거절을 못 하는 이유는 내가 원하는 것이 그 요청과 요청을 들어주는 것에 걸려 있기 때문이다.

대박사는 최근에 매력적인 제안을 받은 적이 있다. 대박사의 역량을 넘어서는 일이었고 관심도 없었지만 거절하기가 어려웠다. 그런데 가만히 살펴보니 그 안에 대박사의 욕심이 있음을 발견했다. 워낙 매력적인 제안이라 놓치고 싶지 않은 마음이 숨어 있었던 것이다. 거절을 못 하는 순간이 아니라 그 일로 얻을 이익을 내려놓지 못하는 순간이라는 것을 깨달았다. 만약 자신이 감당할 수 있는 수준과 원하는 것을 선명하게 알고 저울질할 수 있었다면 분명하게 거절의 표현을 할 수 있었을 것이다.

두 번째, 거절이 아니라 선택으로 관점을 전환하자. 거절이 어려운 순간은 자신의 욕구가 많이 걸려 있는 순간이다. 그 욕구가 무엇인지 선명하게 인식할 수 있다면 거절을 하고 못 하고의 이분법적 판단이 아니라 내가 원하는 바를 충족하기 위해 선택하는 것이라고 바라볼 수 있다. 그러면 내가 선택의 주체가 된 상황이니, 누구를 탓할 일도 책임을 전가할 일도 줄어든다.

거절의 말과 통제감의 관계에 대한 흥미로운 실험을 살펴보자. 조지아대학 바네사 패트릭Vanessa M. Patrick 교수와 그의 동료가 진행한 실험으로 거절할 때 "나는 안 해I don't"라고 말하는 것과 "나는 못 해I can't"라고 말하는 것만으로 행동의 차이가 발생한다는 내용이다. 다이어트에 관심 있는 실험 참가자들에게 정크푸드를 주면서 한 집단에게는 "나는 안 먹어요I don't eat X"라고 말하도록 시켰고 다른 집단에게는 "나는 못 먹어요I can't eat X"라고 거절하게 했다. 그리고 실험 세션 내내 반복해서 이 연습을 시켰다.

실험이 끝나고 참가자들에게 사례로 스낵을 하나씩 선택해서 가져가라고 했다. 하나의 바구니에는 고칼로리 초코바가 담겨 있었고 다른 바구니에는 건강한 그래놀라 바가 담겨 있었다. 연구 결과 "나는 안 먹어요"라고 말한 그룹은 그래놀라 바를 선택한 비율이 현저히 높은 반면 "나는 못 먹어요"라고 말한 그룹은 고칼로리 초코바를 선택하는 비율이 거의 두 배 높았다. 즉 "나는 무엇을 하지 않겠다"라는 말에는 자기 통제감이 가득 담겨 있지만 "나는 무엇을 할 수 없다"라는 말에는 외부 요인의 영향을 많이 받는다는 느낌이 담겨 있다.

놀라운 것은 그냥 말만 다르게 했을 뿐인데 "나는 하지 않는다"를 반복하고 나자 자기 통제감과 권한이 강화된 느낌이 들었고, 그 결과 자신의 목표와 일치하는 행동을 무의식적으로 더 많이 하게 되었다. 반면 "나는 하지 못한다"를 반복하고 나자 자기 무력감을 더 많이 경험하고, 막상 선택권이 주어졌을 때 자제력을 잃고 결국 목표에 부합하지 않는 부적절한 행동을 하게 되었다.

우리가 거절할 때 "죄송한데 못 하겠어요"라고 말하면 외부의 압력이나 요인에 의한 무력한 상황처럼 느껴진다. 그러니 거절이 어렵고 힘들어지고 피해야 할 무언가로 여겨질 수 있다. 반면 "죄송하지만 안 하겠습니다"라고 말하면 내가 통제하는 느낌이라서 당당해질 수 있다.

핵심은 거절을 바라보는 관점이다. 물론 "어렵겠습니다. 못 하겠습니다"라고 표현할 수는 있다. 중요한 것은 어쩔 수 없이 거절한다고 생각하지 말고 내가 통제감을 가지고 선택해서 거절한다는 관점을 갖는 것이다. 그래야 거절이 좀 더 가벼워지고 쉬워진다. 그리고 그 후의 행동과 책임도 내 것이라 여길 수 있고, 누군가를 탓하거나 자책하지 않게 된다.

반갑지 않은 식사 자리에 마지못해 나간 마거. 예상했던 대로 내내 불편하고 시간이 아까웠다. 그런데 가만히 생각해보니 모임 제안을 거절하고 싶다는 욕구뿐만 아니라 혹시 모르니 나가볼까 하는 욕구도 자신에게 있었음을 깨달았다. 재밌지 않을까, 좋은 경험이 될 수도 있지 않을까 하는 마음이 작용한 자발적인 선택이었던 것이다. 그 책임이 자신에게 있고 그로 인한 불편감도 자신이 감당할 몫이라고 생각하자, 거절하지 못했다는 부정적 감정이 사그라들었다. 그리고 어떤 기대가 있더라도 감당해야 할 불편감이 견디기 힘든 수준이라면 그런 모임에는 참여하지 말아야겠다고 확실히 결심하게 되었다.

물론 매번 선명하게 인식하고 세련되게 거절할 수는 없다. 바로 인식하고 바로 잘하지 못해도 괜찮다. 여러 번 경험하고 고민하면서 어떤 순간 거절이 어려운지, 어떤 욕구가 개입되어 있는지, 그래서 나는 어떤 선택을 할지, 자기를 이해하는 과정을 반복하다 보면 어떤 기준을 가지고 거절을 할지를 익혀나갈 수 있을 것이다.

사람이 늘 자신의 욕구에만 충실할 수는 없는 법이다. 어디 인생이 그런가? 때로는 상대방의 상태나 집단의 규범을 고려해야 하는 순간도 있다. 그럴 때 내 욕구에 어긋나고 힘든데도 불구하고 요청에 응했다면, 그것이 자신의 선택임을 기억하면 좋겠다. 그래야 누구를 탓하지 않고 산뜻한 마음으로 잘 해낼 수 있지 않을까?

결국 자기 자신을 잘 이해하고 그 이해를 바탕으로 자신만의 기준과 원칙을 세우는 것, 그리고 거절과 수락은 자신이 선택하고 책임지는 것. 그것이 거절을 좀 더 가볍고 쉽게 할 수 있는 기초가 될 것이다.

쉽지 않은 거절을
쉽게 하는 법

1. 거절의 순간에 걸려 있는 자신의 욕구를 바라보자

단순히 '거절이 어렵다'라고 바라보지 않고, 이면에 충족하고자 하는 욕구가 무엇인지 확인한다.

2. 거절과 수락은 나의 선택이라는 관점으로 전환하자

어쩔 수 없이 수락하거나 어쩔 수 없이 거절하는 것이 아니라 내 욕구와 원하는 바를 근거로 내가 선택하는 것으로 사고방식을 바꿔보자.

3. 평소에 거절하는 연습을 해보자

성교육을 할 때 아이들에게 시키는 연습이 있다. 성적으로 위험한 상황을 알려주고 그 상황에서 "안 돼요. 싫어요"라고 말하는 것을 시킨다. 이처럼 거절의 표현이 어려운 사람들은 평소에 "그건 어렵습니다", "안 되겠습니다" 등의 표현을 연습해보자. 반복 연습이 실전에서 효과를 발휘할 것이다.

4. 거절은 단호하게 하자

거절을 할 때는 두괄식으로 명확하고 간결하게 표현하자. 고민이 될 때는 물론 여지를 둘 수도 있겠지만, 분명한 의사가 있을 때는 상대방이 나를 설득할 여지를 제공하지 않는 편이 낫다. 분명한 거절은 상대방을 배려하는 행동이기도 하다는 것을 기억하자.

QR코드를 인식하면
〈알편심〉 21회 방송을 들을 수 있습니다.
https://youtu.be/XjecRnevTqY

11

툭 내뱉은 말 한마디로
또다시 상처를 주고 말았습니다

수진 씨와 성호 씨는 결혼 1년 차 부부다. 서로 사랑해서 결혼했고 현재도 그 사랑에는 의심이 없으나, 대화를 시작하면 엇나가기 시작하고 그 끝은 소모적인 싸움이 된다. 수진 씨는 성호 씨가 자신의 이야기를 귀담아듣지 않는다고 서운해하고 성호 씨는 수진 씨가 늘 자신을 비난한다고 느낀다. 대화를 하면 자꾸 싸움으로 번지니 이제는 대화를 시작하는 것조차 무섭고 피하게 된다.

민정 씨는 딸과의 관계가 힘들다. 중학생인 딸이 대화를 거부하고 입을 닫아버렸기 때문이다. 어릴 적에는 재잘재잘 말도 곧잘 하던 아이였는데, 사춘기가 되면서 사뭇 달라졌다. 얘기 좀 하자고 하면 아이는 엄마와는 대화가 되지 않는다며 더 이상 상처받고 싶지 않다고 한다. 엇나가는 딸이 걱정되기도 하고 엄마 때문에 상처받는다는 딸의 말에 속상하기도 한 민정 씨다. 무엇이 잘못된 걸까?

우리는 제대로 대화하는 법을 배워본 적이 없다

인간관계에서 상처를 받는다는 사람들 이야기를 들어보면 주로 가깝고 사랑하는 사람들에게서 상처를 받는 경우가 많다. 그렇다고 상처를 받기만 하는 것은 아니다. 소중하고 가까운 사람들에게 알게 모르게 내가 주는 상처 역시 어마어마할 것이다.

이유는 다양하겠지만 대개는 주고받는 말이 문제다. '무의식적으로' 상대를 판단하고 규정하고 강요하는 말을 퍼붓는 것이다. 자신의 말이 상대에게 어떻게 가 닿을지를 모른 채 수많은 말을 쏟아내고, 상처받은 마음이 부메랑처럼 되돌아와 우리의 폐부를 찌른다.

그렇다면 우리는 왜 이런 실수로 관계를 악화시킬까? 우리가 제대로 된 대화법을 배워본 적이 없기 때문이다. 관계 갈등으로 상담소를 찾아온 커플이나 가족들에게 건강한 대화법을 소개하고 훈련하면 입을 모아 하는 말이 있다. "왜 학교에서 이런 걸 안 가르쳐줬죠?"

그렇다. 우리는 정말 중요한 것을 배우지 못했다. 서로에게 상처 주지 않으면서 마음을 온전히 주고받고 결과적으로 서로에게 원하는 것을 효과적으로 얻을 수 있는 대화법 말이다.

비폭력 대화의 기술,
배우고 익히고 연습해야 는다

상처 주지 않고 온전히 마음을 주고받을 수 있는 대화법으로 유명한 것이 있다. 바로 '비폭력 대화'다. 말 그대로 폭력적이지 않은 대화법으로 마셜 B. 로젠버그Marshall B. Rosenberg라는 심리학자가 제안했다. 별칭으로 기린 대화법이라고도 불린다. 목이 길어서 주위를 살피며 배려한다는 기린의 모습을 떠올려볼 수도 있겠고, 육지 동물 중 심장이 가장 큰 기린처럼 넓은 마음으로 상대를 품으며 대화를 하라는 의미일 수도 있겠다.

비폭력 대화 방법을 소개하기에 앞서 비폭력 대화의 매력을 먼저 강조하고 싶다. 비폭력 대화는 대화의 '기술'만 알려주는 게 아니라 '본질'을 가르쳐준다는 점에서 매력적이다. '우리는 왜 대화를 하는가?', '대화를 통해 무엇을 얻으려 하는가?', '도대체 왜 공격적인 말로 상처를 주고받을까?', 그리고 더 나아가 '좋은 관계란 무엇인가?'까지, 비폭력 대화법을 배우면서 건강한 관계를 형성하는 대화의 본질을 깊이 생각해볼 수 있다.

상처를 주고받지 않고 온전히 마음을 주고받는 대화법

비폭력 대화는 네 단계로 구성되어 있다. '관찰', '느낌', '욕구', '요청'이 그것이다. 하나하나 단계별로 살펴보고 함께 연습해보자.

① 관찰

비폭력 대화의 첫 번째 단계인 관찰에서는 실제로 어떤 일이 벌어지는지를 있는 그대로 보고 표현한다. 즉 평가와 판단을 배제하고 상대의 행동을 있는 그대로 보고 표현하는 것이다.

예를 들어 아이가 늦게 일어났을 때 "너는 애가 왜 이렇게 게으르니?"라고 말한다면 온전한 관찰일까? 그렇지 않다. 늦게 일어난 아이를 보며 게으르다고 생각한 나의 판단과 평가가 오롯이 담겨 있다. 그렇다면 어떻게 표현해야 할까? "9시에 일어나기로 했는데 10시에 일어났네"와 같이 있는 그대로 바라보고 표현하는 것이 관찰의 핵심이다.

우리의 대화를 살펴보면 무심코 평가의 말을 무척 많이 하고 있음을 알 수 있다. 판단이나 평가의 말을 들은 상대방은 상처받거나 기분이 상할 수 있다. 게으르다는 말을 들은 아이는 비난받는 부정적 느낌이 들 것이다. 그래서 엄마의 말을 더 이상 듣고 싶지 않을 수 있다. 때로는 자신을 보호하기 위해 방어가 발동될 수도 있다. 평가의 말을 듣는 순간 건강한 대화가 오갈 여지가 애초에 막혀버리는 것이다.

평가와 관찰을 구별하고 분리하는 것이 핵심인데 이게 생각보다 쉽지는 않다. 우리는 기본적으로 자기 입장에서 상대를 바라보는 경향이 있기 때문에 마음속에서 평가를 완전히 배제할 수는 없다. 그러나 그런 평가의 마음이 드는 순간에도 상대에게 표현하는 순간만큼은 평가의 말을 분리하고 참아보자.

잘 안 된다면 그 순간 대화의 목적을 떠올리자. '이 대화를 하는 이유가 무엇인가? 평가와 판단을 전달해서 상대를 기분 나쁘게 하는 것인가? 아니면 상대에게 내가 원하는 바를 전달하고 소통하기 위한 것인가?' 후자라는 데 동의한다면 무엇이 더 나은 방법인지 쉽게 받아들일 수 있을 것이다. 평가의 말은 그저 순간의 감정을 해소하거나 우월성을 확인하기 위함일 뿐이지 상대방의 마음을 열어주지는 못한다. 오히려 평가의 말을 들은 상대방은 당신에게 마음의 빗장을 꼭꼭 잠가버릴 것이다.

관찰은 듣는 사람이나 말하는 사람 둘 다에게 필요한 단계다. 듣는 사람은 방어하지 않고 다음 말을 들을 준비를 할 수 있고, 말하는 사람 역시 그 후에 비판을 덧붙이지 않고 말을 이어나갈 준비를 할 수 있다.

관찰에 기반을 둔 표현을 할 때 주의할 점이 있다. 대화 중에 빈번하게 사용하는 말 가운데 '언제나', '항상', '매일', '결코', '한 번도' 등 강조를 위해 쓰는 말이 있다. 이런 말은 듣는 사람의 변명을 불러일으키기 쉽다.

예를 들어 늦게 귀가하는 배우자에게 "당신은 매일 이렇게 늦게 들어오더라" 하고 이야기하면 비난받는 기분이 드는 상대방은 "내가 언제 매일 늦게 들어왔어?"라고 변명으로 응수하게 된다. 그러면 다툼은 매일 늦게 귀가하는지 아닌지의 공방으로 이어지고 대화는 산으로 가기 마련이다. 따라서 있는 그대로 관찰하여 중립적인 언어로 표현하는 관찰의 단계야말로 비폭력 대화의 출발점이자 중요한 마음가짐이다.

② 느낌

두 번째 단계에서는 자신이 경험한 느낌을 표현하고 전달한다. 이때 주의할 점은 느낌과 생각을 구분해야 한다는 것이다. 느낌을 표현해보라고 하면 느낌이 아닌 해석이나 생각을 표현하는 경우가 많다. 대표적인 사례가 '무시당한 것 같다'라는 말이다. 얼핏 들어서는 느낌을 표현한 것 같지만 이 또한 다른 사람이 한 행동을 내가 어떻게 바라보는지 해석하고 표현한 것에 불과하다. 또한 '오해받는 것 같다', '내가 중요한 사람이 아닌 것 같다' 역시 해석을 나타내는 표현이다.

만약 '무시당한 것 같다'를 느낌으로 표현해본다면 어떻게 말할 수 있을까? '서운하다', '속상하다', '쓸쓸하다' 등 상황에 따라 여러 가지 감정으로 표현해볼 수 있을 것 같다. 이렇듯 생각 및 해석과 느낌을 헷갈리지 않으려면 내 감정을 잘 인지하는 훈련이 필요하다. 이를 위해 감정을 표현하는 어휘를 다양하게 익혀두면 도움이 된다.

느낌을 명확하고 구체적으로 자각하고 표현할 수 있게 되면 상대방과 공감으로 연결될 수 있다. 어떤 상황에서 자신이 느끼는 감정을 솔직하게 내보였을 때, 그 사람을 비난하거나 그 감정을 부정하는 사람은 없을 것이다. 해석과 판단에는 방어하거나 반박할 수 있는 여지가 있지만, 솔직한 내면의 감정은 오롯이 나의 것이기 때문에 그 누구도 반박하거나 부정할 수 없다.

③ 욕구

세 번째 단계에서는 우리의 욕구를 인식하고 표현한다. 우리가 느끼는 감정은 욕구와 긴밀하게 연결되어 있다. 욕구가 충족되면 긍정적인 감정을 느끼고, 좌절되면 부정적인 감정을 느낀다.

우리는 타인의 행동이나 반응이 어떤 감정의 원인이 된다고 오해하곤 한다. 그러나 사실 상대의 반응은 내 감정의 자극이나 촉진제일 뿐 근원적인 원인은 내 안에 숨어 있는 욕구다. 그러므로 내면의 욕구를 제대로 인식하는 것이 감정을 자각하고 조절하는 열쇠가 된다.

예를 들어 배우자가 늦게 들어와서 화가 나고 속상한 마음이 들 때, 표면적으로는 상대방이 늦게 들어와서 화가 났다고 말한다. 그러나 가만히 들여다보면 어떤 내면의 욕구가 좌절되었기 때문에 일어난 감정이다. 그 욕구가 무엇일까? 저녁 시간에 배우자와 함께 시간을 보내고 싶었을 수도 있고, 배우자가 일찍 들어와 아이들을 돌봐주길 바랐을 수도 있다.

욕구와 감정을 연결 지어 표현할 때는 '나는 ~을 바라기 때문에' 혹은 '~이 중요하기 때문에 어떤 감정을 느껴'라고 표현해보면 좋다. 배우자가 늦게 들어와서 화가 난 사람이라면 "나는 당신과 저녁 시간을 함께 보내고 싶었기 때문에 당신이 늦게 들어오면 서운하고 외로워"라고 말할 수 있다. 보통은 "당신 왜 이렇게 맨날 늦게 들어오고 그래. 우리 함께 사는 거 맞기는 해? 가정은 안중에도 없고 일밖에 모르지? 이럴 때 진짜 화가 나"라고 하기 쉬운데, 상대방이 공감하려면 어떻게 표현해야 할지 찬찬히 생각해보자.

타인의 행동이나 반응을 내 느낌과 연결 짓지 말고, 내 욕구와 느낌을 인식하고 표현하는 것을 기억하면 좋겠다. 그러면 그 느낌의 책임을 온전히 내 것으로 받아들이기 쉽다. 앞서 '관찰'과 '느낌' 단계에서도 언급했듯이 상대방의 행동 때문에 부정적 감정이 생긴다고 표현하면, 듣는 사람에게는 비난으로 들려서 기분이 상하고 방어적이 되기도 한다. 반면 욕구를 진솔하게 표현하면 그 대화는 생산적으로 흐를 여지가 생기고, 상대가 이해하고 공감하며 이야기에 집중할 수 있다.

대화의 목적이 상대를 굴복시키거나 상대의 잘못을 인정하게 만드는 것이 아니지 않은가? 사실은 상대방과 더 잘 지내고 싶고 이해받고 싶고 연결되고 소통하기 위함일 것이다. 그러나 우리는 순간의 감정과 자존심 때문에 관계를 망치는 말, 즉 판단하고 해석하고 평가하고 상대방의 탓으로 돌리는 말을 하고 결국은 관계를 악화시킨다. 대화가 건설적이 아니라 파괴적으로 흘러가는 이유다.

이 단계가 어려운 또 다른 이유는 내면의 욕구를 인식하고 표현하기가 쉽지 않기 때문이다. 일상생활에서 내 욕구가 무엇인지, 내가 무엇을 원하는지 곰곰이 생각해보는 경우가 많지 않다. 더 나아가 욕구를 알아차린다 해도 있는 그대로 드러내기가 부끄럽기도 하고 자존심이 상하기도 한다. 혹시라도 무시당하거나 충족되지 않으면 어떻게 하나 걱정이 앞서기도 한다. 그러다 보면 '내 마음을 읽어줘', '내 마음을 알아줘' 하면서 흔히 말하는 '답정너'('답은 정해져 있어. 너는 대답만 하면 돼'의 준말)가 된다.

사람들은 자신의 욕구를 솔직히 표현하는 것을 정말로 어려워한다. 표현하면 의존적인 사람, 약자의 입장이 되지는 않을까 걱정한다. 그러나 욕구를 제대로 자각하고 건강하게 표현할 수 있는 사람이야말로 독립적이고 강인한 사람이다. 그런 사람들은 자신의 욕구를 인식하고 표현하는 것은 자신의 몫이고, 그것을 듣고 어떻게 반응할지 결정하는 것은 오롯이 상대방의 몫이라는 점을 분명히 알고 있다.

④ 요청

마지막 단계는 원하는 것을 상대에게 부탁하는 단계다. 명확하게 인식한 나의 욕구를 상대방을 통해 충족하는 방법 중 하나다. 효과적으로 요청하려면 '긍정적인 행동 언어'를 사용해야 한다.

우리가 쉽게 저지르는 실수는 요청할 때 '~하지 마'라는 부정 언어 또는 금지 단어를 사용하는 것이다. 이런 부정 언어를 쓰면 그 순간 내가 싫어하는 행동을 멈추게 하는 데 그칠 뿐, 진정으로 내 욕구가 충족될 수 있는 상대방의 행동을 촉구하지는 못한다. 게다가 부정 언어는 상대방에게 순간적으로 부정적인 정서를 불러일으켜 방어 태세를 취하게 한다.

'~하지 마'라는 표현은 부모가 아이를 훈육할 때 부지불식간에 자주 쓰는 말이다. 물론 다급하게 위험 행동을 제지할 때는 금지 명령이 효과적일 수 있다. 하지만 아이에게 좋은 행동을 가르치고 건강하게 소통하고자 한다면 의식적으로 긍정 언어를 쓰려고 노력해보자. 예를 들어 밥 먹을 때 돌아다니는 아이에게 "밥 먹을 때 돌아다니지 마"라고 하기보다는 "우리 밥 먹을 때 한자리에 앉아서 먹자"라고 얘기해볼 수 있을 것이다.

또 다른 팁은 추상적이고 모호한 표현보다는 구체적인 표현을 사용하는 것이다. 직장에서 후배 직원이 좀 더 책임감 있게 일을 해주길 바랄 때, "책임감 있게 일해"라는 말은 효과가 떨어질 수 있다. 그 말을 들은 상대방은 이미 책임감을 가지고 있는데 무슨 소리냐고 항변할 수 있다. 책임감 있게 일 처리를 한다는 기준이 사람마다 다를 수 있고, 무엇보다 너무 추상적인 말이라 와닿지 않을 수 있다.

이럴 때는 책임감을 나타내는 구체적인 행동을 요청하면 효과적이다. 예를 들면 약속한 기한을 늘 맞추지 못하는 행동을 보고 책임감이 없다고 느꼈다면 "업무 보고는 우리가 정한 기한을 지켜서 해주면 좋겠어"라고 하는 편이 더 나을 것이다.

요청하는 사람이 모호한 표현을 할 때, 듣는 사람이 질문을 통해 요청을 명료화할 수도 있다. 예를 들어 여자 친구가 남자 친구에게 "나 좀 이해해줘"라고 요청했을 때, 남자 친구가 이렇게 물을 수도 있다. "내가 어떤 행동을 하면 네가 이해받는 기분이 들까?" 아마 여자 친구는 생각해보지 않은 질문에 환기가 되고 더 나아가 남자 친구에게 존중받는 느낌이 들 것이다. "내가 말을 하고 나면 나를 꼭 안아주면 좋겠어"라고 대답한다면, 구체적인 행동을 요청받은 남자 친구는 좀 더 쉽게 여자 친구의 요청에 반응할 수 있을 것이다. 그 결과 둘은 연민과 이해로 소통하는 경험을 하고 신뢰와 친밀함을 한층 더 쌓을 수 있다. 비폭력 대화는 이렇게 서로 함께 만들어가는 과정의 즐거움을 선사하기도 한다.

요청이 강요로 느껴지지 않도록 전달하는 것도 중요하다. 요청을 들어주지 않으면 비난받거나 불이익을 받을 것 같은 느낌을 상대방이 받는다면 그것은 강요다. 그렇다면 요청과 강요는 어떻게 구분할 수 있을까? 요청이 강요가 되지 않기 위해서는 '~해', '~해줘'와 같은 명령형보다는 '~해주면 좋을 거 같아', '~해줄 수 있겠니?'와 같은 청유형을 사용하는 편이 좋다.

아이가 스스로 방을 청소하기를 바라는 부모는 "방 청소 좀 해라"보다는 "네가 방 청소를 하면 좋을 것 같아"라고 해볼 수 있을 것이다. 명령조의 말을 들으면 아이든 어른이든 일종의 반항심 같은 것이 올라온다. 반면 청유형의 말을 들으면 듣는 사람이 존중받는 기분이 든다. 더 나아가 그 행동을 스스로 선택하는 기분이 들기 때문에 좀 더 협조적이 될 수 있다.

요청이 강요로 들리지 않기 위해 더 중요한 것은 상대방이 요청을 거절했을 때 나의 태도다. 비판이나 비난을 한다면 청유형의 부드러운 말투를 사용하더라도 강요가 된다. 남자 친구가 여자 친구에게 "오늘 저녁에 만나고 싶은데 시간 좀 낼 수 있어?"라고 제안했을 때, 여자 친구가 "오늘은 피곤해서 일찍 들어가 봐야 할 거 같아"라고 대답했다고 하자. 그때 남자 친구가 "나도 피곤하지만 그래도 너랑 만나려고 노력하는 거야. 넌 참 이기적이구나. 넌 날 그만큼 사랑하지 않는 거네"라고 말한다면 이건 강요다. 반면 "오늘은 많이 피곤하구나. 아쉽지만 오늘은 쉬고 다음에 보자"라고 말한다면 제안은 요청으로 남는다.

내 욕구에 근거해서 요청을 전달하는 것이 내 권한이자 자유라면, 상대방 역시 자신의 욕구나 상황에 따라 거절할 권한과 자유가 있다. 물론 이 글을 읽는 사람들 대부분이 모르지는 않을 것이다. 거절당했을 때 서운하거나 기분이 상하는 것도 자연스럽다. 다만 내 감정 때문에 상대방의 거절을 왜곡해서 비난하지 않겠다는 마음가짐과 태도를 갖는 것이 중요하다.

티끌 모아 태산이 되듯, 비폭력 대화 습관이 쌓여간다

비폭력 대화의 네 단계를 순서대로 짚어보았다. 읽는 독자들은 이 단계를 교과서처럼 순차적으로 적용해야 하는 걸까 의문이 들 수도 있겠다.

대화에서 네 가지 요소를 다 담아야 하는 것은 아니다. 상황에 따라 관찰은 제외하고 감정과 욕구, 요청만 전달할 수도 있고, 때로는 감정과 욕구만 전달할 수도 있다. 각자의 상황에 맞게 변형도 가능하다. 비폭력 대화를 적용하는 데 가장 중요한 것은 취지와 본질이다. 타인을 공격하거나 상처 주거나 이기려고 하는 것이 아니라 솔직하게 감정과 욕구를 잘 전달하고 소통하는 것이 대화의 목적과 본질임을 기억한다면 이미 비폭력 대화를 할 준비가 되어 있는 것이다.

비폭력 대화에 익숙해졌다 하더라도 순간순간 잊어버리고 원래의 말 습관이 불쑥 나올 때가 있다. 그래도 실망하거나 좌절하지 않았으면 한다. 비폭력 대화를 열심히 공부하고 제법 대화의 달인이 되었다고 자부하는 마거와 대박사도 자주 실수한다. 그럴 때마다 좌절하기보다는 '아, 또 내가 이랬구나'라고 멈춰서 되돌아보고 왜 그랬는지 찬찬히 복기해본다. '아까 그 말 할 때 내 느낌은 이거였고, 내가 바라던 것은 이거였는데…' '결국 그 감정과 욕구를 직면하고 싶지 않아서 엉뚱하게 질러버렸구나.' '이 감정의 책임은 상대가 아니라 나에게 있음을 명심하자.' '다음번에는 이런 상황에서 내 감정을 속이지 않고, 잘 전달하자.' '혹시 내가 원하는 바를 정확히 요청하지 못한 다른 이유가 있을까?' 이렇게 연습하다 보면 어느새 비폭력 대화가 내면화되어 습관으로 자리 잡을 수 있을 것이다.

우리는 인간이기에 실수할 수 있다는 것과 말도 습관이라는 것을 기억하자. 낡은 습관을 버리고 새로운 습관으로 대체하는 것은 쉬운 일이 아니다. 그러나 불가능한 일도 아니며, 건강한 습관으로 자리 잡으면 그 변화는 실로 엄청나다. 주변 사람들과의 관계가 달라질 뿐 아니라 스스로 나를 바라보는 관점이 달라진다. 이런 대화를 할 수 있다는 뿌듯함과 자부심 등 긍정적 정서를 느끼게 된다. 결과적으로 자신의 삶이 달라지는 것은 말할 필요도 없다.

"친구가 되는 제일 멋진 방법은 마음으로 들어주기"

> 진심으로 경청하는 태도는 우리가 다른 사람에게 보일 수 있는 최고의 찬사 가운데 하나다.
>
> —데일 카네기Dale Carnegie

비폭력 대화의 한 축이 내 감정과 욕구를 솔직하게 전달하고 요청하는 것이라면, 다른 축은 공감하며 듣기다. 누군가가 내 이야기를 진심으로 들어주고 있다고 느껴지면 안 하려고 했던 이야기가 술술 나오기도 하고 깊이 있는 이야기로 빠져들기도 한다. 그 과정에서 나도 몰랐던 감정과 생각을 발견하기도 한다.

최근 많은 뇌과학 연구에서도 이와 관련된 현상을 입증하고 있다. 일본 군마대학 히로아키 가와미치拓東川道와 동료들은 자신의 이야기에 상대방이 경청해주면 보상과 관련된 뇌의 영역이 활성화된다는 것을

fMRI를 통해 밝혀냈다. 뇌가 금전적 보상을 받거나 상을 받거나 칭찬을 듣는 등 긍정적 피드백을 받을 때와 동일한 경험을 한다는 것이다.

누군가가 진심으로 내 이야기를 들어주면 기쁨, 쾌락, 즐거움 등을 느낄 수 있다. 더 나아가 경청해주는 상대방을 긍정적으로 여기고 신뢰하게 되기도 한다.

그렇다면 경청을 잘할 수 있는 방법은 무엇일까? 여기 경청의 본질을 제대로 담아낸 동요가 있다. 제목은 〈친구 되는 멋진 방법〉(정수은 작사)이다. 가사를 한번 음미해보자.

첫 번째로 인사하기

친구 얘기 들어주긴 두 번째

세 번째엔 진심으로 맞장구치기 (그래그래)

그다음에 시작하는 나의 이야기는 네 번째

하고픈 말 빨리 하고 싶지만 조금만 기다려요

하하하하 눈빛 웃음 주고 그래그래 마음 깊이 이해하고

맞아 맞아 진심으로 나누다 보면

정말 정말 내 친구가 된 것 같은 느낌이 가득

친구가 되는 제일 멋진 방법은 마음으로 들어주기

랄랄랄라 한 걸음 랄라랄라 두 걸음

마음으로 들어주기가 제일이에요

너무 감동적이지 않은가. 이 노래 가사만 마음속에 새길 수 있다면 경청에 대한 설명은 더 이상 필요하지 않다. 귀로만 듣는 것이 아니라 온마음으로 들어주는 것! 이것이 바로 경청의 처음이자 끝이다.

이제 어떤 방식의 듣기가 경청을 방해하고 어떤 방식이 경청을 돕는지 구체적으로 알아보자. 경청을 방해하는 경우는 '주관적 듣기'로 초점을 자신에게 두고 듣는 것이다. 상대방의 말을 온전히 듣기보다는 '저 말이 나에게 어떤 의미가 있는가?', '나에게 어떻게 적용되는가?' 등을 생각하며 듣는 것이다. 물론 강연이나 상품 설명을 들을 때는 이런 태도가 필요하겠지만 친구나 고객이 이야기하는데 초점을 항상 나에게 둔다면 어떨까? 말하는 사람은 김이 빠져서 더 이상 자기 이야기를 하고 싶지 않을 것이다.

이런 사람들의 화법을 보면 "그 말 들으니 생각나는데…"라며 다른 이야기를 꺼낼 뿐 아니라 "그건 아무것도 아니야. 나한테는 이런 일도 있었어"라며 한술 더 뜨는 경우도 있다. 또는 "그럴 때는 이렇게 해보는 게 어때?"라며 조언하는 경우도 포함된다. 조언하기는 일면 상대에게 집중하는 행동으로 보이지만 결국 뭔가를 전달하고자 하는 자신의 욕구에 초점이 가 있는 경우가 많다.

반면 '상대 중심 듣기'를 하면 경청을 할 수 있다. 말하고 있는 상대방의 말에 온전히 집중하고 완벽한 거울이 되어주는 것이다. 상대방이 말하는 순간에 무엇을 느끼고 있는지, 어떤 말을 하고 있는지, 어떤 경험을 했을까 순수한 호기심을 품고 듣는 것이다. 그러다 보면 자연스럽게 맞장구도 칠 수 있고 질문도 이어나갈 수 있다.

무슨 이야기를 들으면 내 경험도 떠오르고 하고 싶은 말도 생길 수 있다. 그러나 이런 욕구를 잠시 내려놓고 상대방이 하고자 하는 말을 충분히 들어준다면 그는 신이 나서 이야기를 이어나갈 것이다. 소통하는 즐거움을 맛보면서 말이다. 그리고 그에 대한 보답으로 상대방 역시 내 이야기에 온전히 귀 기울여줄 가능성이 높아진다.

더 나아가 상대방의 언어적 메시지뿐 아니라 표정이나 목소리 톤, 제스처 등 비언어적 메시지와 표현되지 않은 감정까지 집중해서 듣고 반응할 수 있다. 이를 '온몸으로 듣기' 또는 '존재 전체로 듣기'라고 한다.

단, 주의해야 할 것이 있다. 상대가 표현하지 않은 마음에 반응할 때 자칫 주관적으로 판단할 위험도 있다. 그러므로 자신의 기준으로 상대방의 감정이나 욕구를 지레짐작하지 않도록 해야 한다. 잘못 추측하면 상대가 '그게 아닌데… 왜 저렇게 앞서 나가지?' 또는 '뭘 안다고 저렇게 말하지?' 하며 불편해할 수도 있다. 마음이 앞서 매 순간 상대방이 말하지 않은 것까지 듣고 반응해줘야겠다고 욕심부리기보다는 상대방을 존중하며 진심을 다해 듣는다는 경청의 본질에 집중하면 좋겠다.

수진 씨와 성호 씨 부부, 그리고 민정 씨와 민정 씨 딸은 누구보다 서로를 사랑하는 관계다. 그런데 잘못된 말 습관과 태도로 한순간 서로에게 상처를 주었고 그 순간이 켜켜이 쌓여서 감정의 골이 깊어졌다. 이들이 관계를 회복하고 사랑하는 마음을 잘 표현할 수 있을까?

충분히 가능하다. 아직 사랑하는 마음이 있다면 말이다. 그러나 세상에 그냥 되는 것은 없다. 노력과 연습이 필요하다. 이 챕터에서 소개한 비폭력 대화 및 경청의 본질과 기술을 숙지해서 연습해보길 바란다. 이 노력과 연습은 타인만을 위한 것도 그저 관계 개선만을 위한 것도 아니다. 궁극적으로는 건강한 사람이 되는 방법이기도 하다.(비폭력 대화를 더 자세히 알고 싶다면《비폭력 대화》(마셜 B. 로젠버그, 캐서린 한 옮김, 한국NVC센터, 2017)를 읽어보기를 권한다.)

건강한 대화를 통해
관계를 개선하는 법

1.비폭력 대화 방법을 익히자

비폭력 대화의 네 가지 단계(관찰-느낌-욕구-요청)를 숙지하고 상대에게 전달해보자. 연인, 부모, 직장 동료 등 어떤 관계에서든 가능하다. 단, 네 가지 단계를 모두 또는 순차적으로 적용할 필요는 없다. 상황과 조건에 따라 필요한 단계만 표현하고 전달해도 된다.

2. 경청하는 습관을 기르자

상대방이 이야기할 때, 그 이야기에 온전히 귀 기울여보자. 대화 중에 휴대전화를 치워두는 것도 방법이다. 그리고 주관적 평가나 판단이 개입되지 않도록 주의하자. 더불어 내 욕구가 앞서서 상대방이 이야기하는 흐름을 가로막지 않도록 주의한다.

QR코드를 인식하면 〈알편심〉 9회 방송을 들을 수 있습니다.
10회 방송도 함께 들어보세요.

https://youtu.be/Dfs181JskOY

12

소중한 사람이 떠나갈까 봐
무서워서 집착하게 돼요

민지 씨는 20대 후반 여성이다. 남자 친구와 사귄 지 1년이 되어가는데 요즘 들어 싸움이 잦아지면서 고민이 많다. 특히 남자 친구와 연락이 잘 안 될 때 불안이 심해진다. 남자 친구가 회식 중에 전화를 안 받거나 메신저를 읽지 않으면 그때부터 할 일도 못 하고 휴대전화만 잡고 있다. 심할 때는 부재중 전화를 몇 통이고 남기고 남자 친구가 볼 때까지 계속 메시지를 보낸다. 민지 씨도 자신의 모습이 비이성적이라 생각하고 안 좋게 보일 거라 걱정해서 자제하려고 하지만 주체가 되지 않는다. 그다음 날 남자 친구와 연락이 되거나 만나면 결국 이 일로 싸우고 만다.

연애 초기에는 남자 친구가 연락을 자주 했고, 자신이 연락에 민감하다고 말했기 때문에 남자 친구가 좀 더 신경을 썼던 것 같다. 그랬던 남자 친구가 요즘 들어 바빠지면서 예전만큼 연락을 자주 하지 않자 민지 씨는 남자 친구의 관심이나 애정이 떨어진 것은 아닌가 의심스럽다. 물론 남자 친구의 상황을 머리로는 이해하고, 막상 만나서 변함없이 잘해주면 안심이 된다. 그러나 자신이 필요할 때 남자 친구와 연락이 닿지 않으면 그 순간 불안과 의심이 불같이 커진다.

혼자라는 생각에 한없이 불안하고 속상해지는 이유

민지 씨처럼 사랑하는 사람과의 관계에서 불안을 경험하며 과도하게 집착하는 사람들이 있다. 따져보면 사랑받고 싶은 마음의 발현인데, 그로 인해 상대방도 괴롭히고 궁극적으로 스스로도 고통스러워진다. 결국 부정적인 관계 경험을 하고 타인을 믿지 못하게 된다. 정도의 차이는 있겠지만 이런 경험을 하는 사람들이 적지 않다. 그렇다면 왜 이런 문제가 생기는 걸까?

우선 관계란 근본적으로 불안을 수반한다는 점을 말해두고 싶다. 즉 인간이라면 태생적으로 관계에 대한 불안, 더 정확히는 분리에 대한 불안을 갖고 있다. 인간은 태어날 때부터 엄마와의 분리를 경험한다. 최초의 트라우마이고 불안을 야기하는 사건이며 단절감, 상실감, 고립감, 무력함을 느끼게 하는 경험이다. 본질적으로 타인과 분리되어 고립되는 것을 두려워하는 인간은 누군가와 관계를 맺고 연결되기를 열망할 수밖에 없다.

게다가 누군가를 사랑하면 행복이나 기쁨 같은 특별한 감정이 자연스레 따라온다. 빛과 그림자처럼 그 이면에는 그 찬란한 행복이 신기루처럼 사라질까 두려워하는 마음이 생길 수 있다. 그래서 바람직하지는 않지만 그 불안을 내면에 간직하지 못하고 상대를 의심하거나 집착하거나 구속하는 행동을 보이기도 한다.

여기서 강조하고 싶은 것은 관계에서의 불안은 누구나 경험하는 인간의 기본 조건이라는 점이다. 다만 그것을 어떻게 수용하고 조절하느냐에 따라 그 불안이 나를 괴롭히거나 관계를 망치지 않고 편안한 경험으로 이어지게끔 할 수 있다.

애착의 세 가지 유형
안정 애착, 회피 애착, 불안 애착

관계에서 유독 과도하게 불안을 경험하는 사람들은 불안 애착일 가능성이 높다. 애착은 심리학을 잘 모르는 사람들에게도 익숙한 용어다. 애착이란 어떤 대상에게 느끼는 강렬하고 끈끈한 정서적인 결합 경험이다. 생애 초기에 주 양육자와의 애착이 안정적으로 잘 형성된 사람도 있고 불안정하게 형성된 사람도 있다. 불안한 애착을 형성한 사람은 향후 타인과의 관계에서도 안정감을 느끼지 못하고 불안을 많이 경험할 수 있다는 것이 애착 이론의 설명이다.

애착 이론을 쉽게 이해하기 위해 우주선에 연결된 우주인의 이미지를 떠올려보자. 우주인은 어떤 행성을 탐사하기 위해 우주선 밖으로 나간다. 이때 우주인의 몸과 우주선을 연결한 끈이 튼튼하고 믿을 만하다면 우주인은 안심하고 마음껏 행성을 탐사할 것이다. 반면 끈이 너무 약하고 믿을 만하지 못하다면 언제 휙 날아갈까 불안해서 자유롭게 돌아다니지 못할 것이다.

여기서 우주선은 생애 초기 주 양육자를, 우주인은 아이를, 그리고 둘을 이어주는 끈은 애착을 의미한다. 어릴 적 주 양육자와 건강하고 튼튼한 애착을 형성한 아이는 자유롭고 안정적으로 세상을 탐험하고 타인과 관계를 맺는 데 거리낌이 없다. 반면 허약하고 불안정한 애착을 형성한 아이는 불안한 우주인처럼 세상을 탐험하는 데 어려움을 겪고 타인과 관계를 맺는 것을 불안해할 가능성이 높다. 그런 의미에서 애착을 안전기지라고 표현하는 학자들도 있다.

영유아를 대상으로 실시한 흥미로운 실험을 통해 애착 유형이 몇 가지 방식으로 나타나는 것을 발견할 수 있다. 이 실험은 발달심리학자이자 애착 이론가인 메리 애인스워스Mary Ainsworth가 수행한 연구로 일명 '낯선 상황 실험'이라고도 불린다. 실험실을 장난감이 있는 놀이방으로 꾸민 다음 아이와 엄마들을 초대했다. 처음 몇 분 동안 아이가 엄마와 함께 놀고 있는데 낯선 사람이 들어왔다. 몇 분 뒤 엄마가 아이를 두고 방을 나갔다. 그때 아이가 보이는 특정 반응을 관찰했다. 두 번째로는 방 안에 있는 낯선 사람이 아이에게 접근할 때 아이의 반응을 관찰했다. 마지막으로 엄마가 돌아왔을 때 아이가 어떤 반응을 보이는지를 관찰했다. 이 반응들을 종합적으로 관찰해보니 크게 세 가지 유형으로 나눌 수 있었다.

첫 번째가 안정 애착 유형이다. 이 유형의 아이들은 엄마와 있을 때 장난감을 가지고 신나게 놀다가 엄마가 떠나면 놀라기도 하고 불안해하기도 한다. 당연한 반응이다. 그렇지만 누군가(낯선 사람)가 달래주면 안정을 되찾고 잘 논다. 그리고 엄마가 돌아왔을 때 굉장히 반가워하거나, 잠깐 화를 냈다가 금세 엄마 품에 안겨 안정을 찾고 다시 즐겁게 논다. 이 아이들은 엄마가 눈에 보이지 않을 때도 엄마는 날 버리고 가지 않는다는 믿음을 갖고 있다.

두 번째는 회피 애착 유형이다. 이 유형의 아이들은 엄마가 있을 때도 시큰둥하고, 엄마가 나가도 시큰둥하고, 엄마가 돌아와도 별다른 큰 반응을 보이지 않는다. 표면적으로는 별로 스트레스를 받는 것 같지 않고 의연하고 독립적인 것처럼 보인다. 그래서 이런 아이들을 성숙한 아이, 안정적인 아이로 오해하기도 한다. 하지만 코르티솔이란 스트레스 관련 호르몬을 측정해보면 굉장히 높게 나온다. 평온해 보이는 겉모습과 달리 속으로는 굉장히 불안한데 표현하지 못하고 회피하는 것이다. 이 아이들은 주 양육자를 두려워한다고 볼 수 있다. 방치되거나 정서적으로 안정된 경험을 받지 못한 경우, 때로는 엄마가 항상 거부적인 태도로 양육을 한 경우, 이런 유형이 나타나기 쉽다.

마지막으로 불안 애착 유형이다. 이 아이들의 두드러진 특성은 두 가지 상반된 감정을 동시에 느끼는 양가감정이 지배적이라는 것이다. 엄마가 눈앞에서 사라지면 자지러지게 울거나 불안해하는데, 그렇다고 엄마가 돌아와 안아줘도 위로를 받지 못하고 몸을 뒤로 뺀다든가 계속 운다. 주 양육자와 불안정한 관계를 맺어왔기 때문에 주 양육자를 쉽게 믿지 못하는 경우다. 어떨 때는 따뜻하게 안아줬다가 어떨 때는 차갑게 외면하는 등 일관되지 않은 태도로 양육하면 이렇게 되기가 쉽다.

이런 애착 유형을 자세히 설명하는 이유는 어릴 때 주 양육자와 형성한 애착 관계가 성인이 되어서 맺는 인간관계에 지속적으로 영향을 미친다고 알려져 있기 때문이다. 특히 친밀한 관계인 연인 관계나 부부 관계에서 두드러지게 나타난다.

성인이 되어서도 얼마든지 안정 애착을 획득할 수 있다

영유아기에 주 양육자와의 관계에서 형성된 애착은 자신과 타인에 대한 표상으로 남는다. 마음속에 자신이 사랑받을 만한 가치가 있는 존재인지, 타인은 접근 가능한 신뢰할 만한 존재인지에 대한 이미지를 형성한다는 의미다. 애착 연구의 대가 존 볼비John Bowlby는 이를 '내적 작동 모델internal working model'이라 불렀다.

엄마를 비롯한 주 양육자에 대한 긍정적 혹은 부정적 이미지는 자라면서 점차 다른 사람, 친구나 애인 같은 중요한 타인들에 대한 이미지로

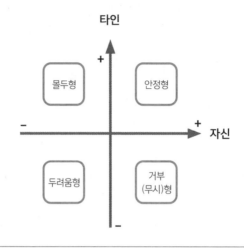

확장된다. 안정적인 애착을 제공한 양육자를 경험한 사람은 타인에 대해서도 내 욕구에 반응해줄 수 있는 신뢰할 만한 사람이라는 긍정적 표상을 갖지만, 거부적이거나 일관성 없는 양육자를 경험한 사람은 타인에 대해 부정적인 표상을 갖게 된다.

내적 작동 모델은 친밀한 관계에 지속적인 영향을 미친다. 자신과 타인에 대해 형성한 표상의 조합에 따라 크게 네 가지 유형의 대인 관계 패턴이 나타난다.(위 도표 참고)

자신과 타인에 대해 모두 긍정적 표상을 가지고 있는 사람은 '안정형'에 속한다. 이 유형은 자신과 상대방을 신뢰하고 있기 때문에 친밀하면서도 자율적인 관계를 맺을 수 있다. 함께 있지 않을 때도 불안해하지 않고 평온한 상태를 유지한다. 갈등 상황에서 당장의 불편함과 부정적 정서를 느끼고 표현할 수는 있지만, 감정 기복이 크지 않고 문제 해결에 집중한다. 내가 소중한 존재이듯 상대도 그러하다 생각하기에 존중하고 배려하는 모습을 보인다.

대인 관계를 고민하는 사람들은 '몰두형'에 해당하는 경우가 많다. 이 유형은 자신은 사랑받기에 충분하지 않다고 생각하면서 상대방은 대단한 존재라고 여긴다. 이렇게 부족한 나를 사랑하다니, 믿을 수 없고 불안하다. 몰두형을 집착형이라고 부르기도 하는데, 상대방이 자신을 사랑하고 있는지 늘 확인하려 하고 상대방과 완벽하게 융합하고 싶어 하기 때문이다. 상대방이 자신에게 조금이라도 소홀하다고 느끼면 버려질까 걱정한다. 이 유형의 또 다른 특징은 자신의 욕구를 솔직하게 표현하지 못한다는 것이다. 그리고 상대방에게 헌신하거나 매달리는 관계, 떠나지 못하도록 아이처럼 의존하는 관계를 맺는 경우가 많다.

자신과 타인 모두에 대해 부정적인 태도를 가지고 있는 사람들의 대인 관계는 어떨까? 뾰족뾰족 털이 서 있는 고슴도치 두 마리를 떠올리면 가장 이해하기 쉬울 것 같다. 추위에 서로 몸을 가까이하면 한결 나을 텐데 서로 찌를까 봐 다가가지 못하는 모습, 바로 '두려움형'의 모습이다. 이 유형은 상대방과 가까워지면 불편함을 느낀다. 가까워지며 자신을 개방했을 때 받을 상처가 두려워 무의식적으로 거리를 둔다. 또한 감정을 주고받는 데 익숙하지 않아서 진정한 감정 교류가 이뤄지기 어렵다.

이들은 다툼이나 갈등 상황에서 입을 다물거나 갑자기 연락을 끊어버리기도 한다.

마지막으로 대인 관계에 관심이 없어 보이는 사람들이 있다. 이들은 자신은 긍정적, 타인은 부정적이라는 표상을 갖고 있는데, 대인 관계를 거부하는 것처럼 보이기 때문에 '거부형' 혹은 '무시형'이라고 부른다. 나 혼자 있는 것이 어디로 튈지 모르는, 그다지 좋지도 않은 누군가와 함께하는 것보다 훨씬 낫다고 생각한다. 스스로 대인 관계에 대해 별로 고민하지 않지만 거부형인 사람과 친해지고 싶은 사람들은 늘 상처받는다. 주변에서 비난을 들을 때면 또다시 생각한다. 역시 사람들은 참 피곤한 존재야, 혼자인 게 차라리 나아.

애착이 영유아 때부터 형성된다고 하면, 내 의지와 상관없이 관계 패턴이 이미 만들어져 있다고 하면, 대체 어쩌란 말인가? 내가 회피 애착이거나 불안 애착이라면 불안정한 연애나 부부 관계를 맺을 수밖에 없나 하며 실망하거나 좌절할지도 모르겠다. 부모들은 자녀를 떠올리며 어떻게든 도울 방법이 없는지 고민하기도 한다.

여기 희망적인 이야기가 있다. 바로 '획득된 안정 애착'이다. 어릴 때 불안정한 애착을 형성한 경우에도 커가는 과정에서 혹은 성인이 되어서도 안정 애착을 획득할 수 있다는 이론이다. 즉 애착 유형도 바뀔 수 있다는 것이다.

예를 들면 좋은 선생님, 좋은 친구, 좋은 연인, 좋은 배우자 등을 만나서 건강한 인간관계를 경험하면 이전에 형성되었던 자신과 타인에 대한 표상이 긍정적으로 바뀔 수 있다. 좋은 연인이나 배우자를 만나서 조건 없이 사랑받고 수용받는 경험을 하고 나서 안정감을 얻고 타인에 대한 신뢰가 높아졌다는 사람들이 종종 있다. 일상 속 대인 관계에서 이런 경험을 하면 좋겠지만 때론 심리상담에서의 경험도 안정 애착으로 변화하는 방법이 될 수 있다. 신뢰할 만하고 반응적인 관계를 맛볼 수 있기 때문이다.

우리는 지금 이대로 충분히
사랑받을 가치가 있다

지금 사랑을 하고 있다면 누구나 행복하고 건강한 관계를 맺고 싶을 것이다. 온갖 연애 상담 프로그램에서 들려주는 기술과 팁에 귀를 쫑긋하게 되는 이유다. 그러나 궁극적으로 나 자신이 우선 건강한 사람이 되지 않으면 좋은 사람을 만난다 해도 관계에서 실패할 가능성이 높다.

물론 관계는 상호적이기 때문에 내가 건강한 사람이 된다 해도 운 나쁘게 건강하지 않은 사람을 만날 수도 있다. 하지만 적어도 자신에게 상처를 주는 사람과 관계를 끊을 수 있는 안목과 용기를 갖게 될 것이며 심지어 자신의 건강함으로 상대를 변화시키게 될지도 모른다. 그러므로 건강한 연애, 건강한 결혼 생활을 하기 위한 선행조건은 내가 먼저 건강한 사람이 되는 것이다.

타인은 나의 외로움과 공허함을
해결해주는 마법사가 아니다

사랑을 할 때 불안이나 집착이 과도하다면 자신이 관계를 맺는 이유를 점검해볼 필요가 있다. 이와 관련된 이론이 관계 지향 모델Belongingness Orientation Model, BOM이다. 이 모델에서는 관계를 맺는 욕구나 동기를 두 가지로 나누었는데 하나가 성장 지향 욕구growth orientation이고 또 다른 하나는 결핍 감소 지향 욕구deficit-reduction orientation다.

성장 지향 욕구가 높은 사람은 관계를 통해 성장하고 발전하는 데 집중한다. 반면 결핍 감소 지향 욕구가 높은 사람은 관계를 통해 내 안의 부족함과 결핍감을 채우는 데 집중한다. 물론 관계를 맺는 이유가 하나

성장 지향 욕구 vs. 결핍 감소 지향 욕구

내가 관계를 맺는 이유는…

성장 지향	결핍 감소 지향
다양한 이야기를 함께하며 얻는 즐거움과 배움	내가 누군가에게 수용되는 느낌
상대에 대한 호감	혼자 있고 싶지 않은 욕구
상대에 대한 진정한 관심	의사 결정 시 의견을 줄 사람의 필요
관계를 통해 나와 상대를 알아가는 즐거움과 배움	내 삶의 공허함을 채우려는 욕심

만 있지는 않겠지만 타인을 통해 공허함을 채우려는 데 치우치다 보면 불안과 의존이 높아질 수 있다.

실제로 연구 결과에서도 결핍 감소 지향 욕구를 가진 사람들은 관계 불안, 외로움, 낮은 자존감 등 부적응적 심리 요소를 가지는 것으로 나타났다. 결핍 감소 지향 욕구를 가진 사람들이 관계를 맺는 이유가 수용받기 위해서, 외로움을 채우기 위해서인데, 이러한 성향 때문에 자신이 원하는 사람과 멀어진다니 아이러니하다. 반면 성장 지향 욕구가 높은 사람들은 관계에서 안정감과 심리적 만족감을 느끼는 것으로 밝혀졌다. 다른 사람에 대한 진정한 관심과 배려, 그리고 함께함으로써 배우고 성장하고 싶다는 동기에서 비롯된 관계를 맺으면 충족감을 더 많이 느끼게 된다.

물론 이 연구는 인과관계가 아닌 상관관계 연구이기 때문에 심리적으로 안정적이고 관계 만족도가 높은 사람들이 성장 지향 욕구가 높다고 해석할 수도 있다. 그러나 관계에서 불안을 느끼는 사람들이 왜 그리 상대에게 집착하는지 점검해보고 건강한 관계로 나아가려면 어떻게 해야 하는지 힌트를 얻는 계기는 될 것이다. 자신의 공허함과 결핍감을 채우기 위해 관계를 맺는 것은 망망대해에서 마실 물이 없어 바닷물을 퍼 마시는 것과 같다. 그 순간에는 갈증이 해소되는 것 같지만 이내 더 큰 갈증에 시달리지 않는가? 관계도 비슷할 수 있다.

나는 충분히 사랑받을 만한 가치가 있는 사람이다

결핍을 채우는 관점으로 관계를 맺으려는 사람들의 경우 기저에 낮은 자존감이 자리 잡고 있을 수 있다. 자존감이 낮으면, 즉 자신을 존중하는 마음이 부족하고 자신을 있는 그대로 즐기지 못하면 스스로 충족되는 느낌이 부족하다. 그러다 보니 자신의 결핍감과 공허감을 타인에게서 채우려는 경향이 높을 수 있다. 그런 면에서 건강한 사랑의 기초를 다지기 위해 자신의 자존감을 점검해보고 건강한 자존감을 갖기 위해 노력해야 한다.

철학에 기반을 두어 독창적으로 사랑 이야기를 풀어내는 알랭 드 보통의 소설《왜 나는 너를 사랑하는가》에 사랑과 자존감에 대해 서술한 구절이 있다.

> 우리는 타락한 우리 자신으로부터 벗어나 이상적인 사람과 함께 있고 싶어서 사랑을 한다. 그런데 그런 존재가 어느 날 마음을 바꾸어 나를 사랑한다면 어떻게 될까? 나는 충격을 받을 수밖에 없다. (중략) 우리는 묻게 된다. "그/그녀가 정말로 그렇게 멋진 사람이라면, 어떻게 나 같은 사람을 사랑할 수 있을까?"

자신이 부족하다고 느끼는 사람은 누군가가 자신을 사랑하면 동경해 마지않던 그 상대도 의심하기 시작한다. '별 볼 일 없는 나를 사랑하는 걸 보니 저 사람은 내가 생각하던 멋진 사람이 아닐 거야'라고. 그리고 그 관계를 늘 확인하려고 한다. 저렇게 괜찮은 사람이 나를 왜 좋아할까? 진짜 좋아하는 게 맞을까? 혹시 내 못난 모습을 보면 떠나가는 거 아닐까? 관계를 맺는 내내 이런 불안에 시달리며 자신과 상대방을 괴롭힌다면 자신의 자존감을 살펴보는 것이 우선이다.

다시 말해 좋은 관계를 맺고 싶다면 상대방이 좋은 사람이기만을 기대하기보다는 먼저 내가 나 자신을 좋게 보고 사랑받을 만한 가치가 있다고 느끼고 있는지 물어야 한다. 그래야 나를 사랑해주는 사람이 나타났을 때 그것을 사랑이라고 느낄 수 있고 의심을 내려놓고 건강한 관계를 맺을 수 있다.

나 자신과 관계를 모두 망치는 악순환의 고리를 끊어내자

연인이나 배우자에게 집착하고 그 관계에서 불안을 느끼고 있다면, 다른 관계나 다른 역할로 주의를 분산해보자. 이와 관련하여 자기개념 복잡성self complexity이라는 것을 소개하고 싶다. 자신에 대한 주관적인 평가와 인식 또는 달리 말해 자신의 정체성에 대한 인식을 자기개념이라고 하는데, 이 자기개념이 다양할수록 자기개념 복잡성이 높다고 할 수 있다.

우리는 하나의 역할이나 하나의 관계만으로 살아갈 수 없다. 예를 들면 회사에서는 직장인이자 어느 부서의 대리일 수도 있고, 가족에서는 막내딸, 누군가의 여자 친구, 동호회 모임에서 총무, 고등학교 친구 모임의 멤버 등 여러 관계 속에서 다양한 역할을 맡고 있다. 자기개념 복잡성이 높으면 다양한 관계에서 수행하고 있는 다양한 역할을 통합된 자아로 인식하기 때문에 그중 하나가 어그러지더라도 다른 관계를 통해서 회복하거나 스트레스를 완화할 수 있다.

앞서 소개했던 민지 씨도 누군가의 여자 친구만은 아닐 것이다. 연인에게 집착하고 의존하고 불안이 느껴질 때 의식적으로 다양한 관계 속의 자신을 떠올려보고 다른 역할에 집중해보자. 전화기를 붙잡고 초조해하는 대신, 다른 친구에게 연락해서 안부를 묻는다든지, 그동안 바빠서 못 했던 활동에 집중한다든지 대안은 얼마든지 있다.

민지 씨는 남자 친구가 일부러 전화를 안 받는 것도 아니고 다른 일 때문이라는 것을 뻔히 알면서도 왜 그리 초조하고 불안해할까? 진짜 자신을 사랑한다면 어떤 상황에서든 연락을 할 수 있지 않느냐는 생각이 마음 깊숙한 곳에 자리 잡고 있기 때문이다. 언제나 자신이 상대방의 우선순위의 최상단에 있어야 하고 그렇지 않으면 자신을 더 이상 사랑하지 않는 것이라는 마음의 도식에 지배당하고 있을 가능성이 높다.

이와 관련된 심리학 개념이 거부 민감성이다. 거부 민감성이란 거절, 거부에 대해 예민한 특성을 가리킨다. 거부 민감성이 높은 사람은 거부당할 것을 매우 두려워해서 아주 작은 신호도 예민하게 잡아내고 해석하고 걱정한다. 그런 특성이 과도해지면 오히려 관계를 망치고 건강하지 못한 관계로 스트레스를 받을 가능성이 높다. 실제로 제럴딘 다우니 Geraldine Downey와 스콧 펠드먼Scott I. Feldman이라는 심리학자가 수행한 연구에서 거부 민감성이 높은 사람과 낮은 사람이 관계에서 각각 차이를 보였다.

첫 번째 연구에서는 실험 참가자들과 대화를 나누던 사람이 쉬는 시간에 떠나는 상황을 만들었다. 그때 거부 민감성이 높은 사람들은 그 사람이 날 싫어해서 떠났나, 내가 뭘 잘못했나 하며 자책하고 초조해하거나 심지어 분노하기까지 했다. 반면 거부 민감성이 낮은 사람들은 그런 부정적인 감정을 비교적 덜 느꼈고 그 사람이 갑자기 바쁜 일이 생겨 급하게 자리를 떠났을 것이라고 해석하는 경향을 보였다.

두 번째 연구에서는 진짜 연인들을 대상으로 실험을 실시했는데, 거부 민감성이 높은 사람들의 애인이 관계에 불만족을 느끼고 있는 것으로 나타났다. 그 과정을 분석해보았더니 거부 민감성이 높은 것이 직접적인 원인은 아니었다. 거부 민감성 때문에 모호하거나 중립적인 상황에서도 '내 애인이 사랑이 식었다', '나에게 덜 헌신적이다'라고 과대 해석하며 질투하거나 공격적으로 행동하는 것이 직접적인 원인이었다.

애착이 건강한 자아의 기초가 되는데, 불안 애착을 형성한 사람들은 자존감이 낮은 경우가 많다. 그러다 보니 거절에 민감해지고 항상 관계에서 예민하게 반응한다. 그 결과 불안해서 과대 해석하고 의심하고 집착하게 되니 실제로 관계가 망가진다. 그러면 역시 나는 이 정도밖에 안되고 사랑받지 못할 존재라는 도식이 강화되며, 다시 관계의 불안을 느

끼고 자존감이 낮아지는 안타까운 악순환이 반복될 수 있다. 어느 지점
에서든지 이 악순환의 고리를 끊어낼 필요가 있다.

서로가 성장하는 건강한 사랑의
기초를 다지는 법

1. '정말 그런 일이 일어날까?' 하고 자문해보자

관계에서 불안을 경험하는 순간, 내 안에 어떤 두려움이 생기는지 살펴보자. 그 두려움이 합리적인지 비합리적인지 스스로에게 질문해보자.

2. 관계를 믿을 수 있는 요인에 집중해보자

상대의 성품, 함께 보낸 시간, 위기를 같이 극복했던 경험 등 그동안 두 사람 사이에 쌓아온 긍정적인 경험을 떠올려보자. 스스로 하기 어렵다면 가까운 주변 사람에게 물어볼 수 있다.

3. 관계가 아닌 다른 것에 주의를 돌리자

지금 당장 상대를 믿을 만한 증거를 확보하기 어려운 상황이라면, 쓸데없이 스트레스 받지 말고 차라리 다른 일에 주의를 돌려보자. 뭘 할지 미리 생각해두는 것이 좋다. 예를 들면 친구에게 전화하기, 산책하기, 영화 보기 등이 있다. 의식적으로 다른 일에 집중하다 보면 조금씩 불안을 잊을 수 있을 것이다.

QR코드를 인식하면
〈알편심〉 2회 방송을 들을 수 있습니다.
https://youtu.be/dlmmb0E03GQ →

4부

소소한 행동,
오늘의 기쁨으로
스스로를 구해주자

13

땅으로 쑥 꺼져버리는 기분,
혹시 우울증일까요?

손 하나 까딱할 힘이 없다. 오늘 하루도 어찌어찌 버텼지만, 집에 들어서는 순간 하루를 버틴 힘이 모두 녹아내린 듯하다. 가만히 있는데도 한숨이 나오고 아무것도 아닌 일에 눈물이 난다. 우울인가 싶다.

우울이 마음의 감기라고 말하는 사람이 있다면 한 대 때려주고 싶다. 그 감기는 왜 당신이 아닌 나에게 이렇게 붙어 있는지 따지고 싶기도 하다. 물론 때릴 힘도, 물어볼 열정도 없어서 한번 흘겨보고 말겠지만.

얼마 전, 오랜만에 친구를 만났을 때(그것도 몇 번이나 약속을 미루고 취소한 끝에 겨우 만났다) 아무래도 우울증 같다고 속내를 털어놓았다. 돌아온 반응은 처참했다. "네가?"

내가 그저 하루를 어떻게든 버틸 뿐이라는 것을 사람들은 잘 모른다.

누군가 죽고 싶지만 떡볶이는 먹고 싶다더니, 땅속으로 꺼져버릴 듯 무겁고 습한 마음이지만 하루는 또 어떻게 살아간다. 일도 하고, 밥도 먹고, 친구도 만나고, 가끔 웃기도 하면서. 누군가는 우울증 때문에 아무것도 못 한다는데 그래도 이렇게 삶을 유지하고 있으니 우울증은 아닌가 싶다가도, 그냥 땅으로 쑥 꺼져버렸으면 좋겠다는 생각이 들 때는 정말 우울이 깊다 싶기도 하다.

우울은 누구나 겪는 감정이지만 사람마다 겪는 우울의 색깔과 깊이는 다르다. 우울하다는 말은 자주 쓰지만 그때의 상태와 감정 역시 사람마다 참 다르다. 그렇기 때문에 많은 사람들이 자신이 정말 우울한 것인지, 우울증에 걸린 것인지, 아니면 그저 잠깐 기분이 가라앉았을 뿐인지 고민한다.

우울에 대한 관심이 높아지고 정보도 많아졌지만 여전히 내 상태가 견딜 만한 수준인지 심각한 수준인지 가늠하기 어렵다. 우울의 얼굴이 너무 다양해서 자칫 우울인지 모르고 그냥 넘어가다 호되게 당하기도 한다. 우울은 어떤 모습으로 우리를 찾아올까? 우리에게 찾아온 우울을 건강하게 다루는 방법은 무엇일까?

우울의 증상은 단편적이고 전형적이지 않다

우울을 전혀 경험하지 못했다거나 도대체 우울이 뭔지 모르겠다는 사람은 아마도 없을 것이다. 몸에 기운이 빠지고 활력이 없는 사람, 눈물이 나고 슬프고 비참한 기분이 드는 사람, 입맛도 잃고 잠도 잘 못 자는 사람, 죽음을 자꾸만 떠올리게 되는 사람…. 우울은 다양한 모습으로 우리를 찾아온다.

강도의 차이는 있지만 우울할 때 영향을 받는 영역은 참 다양하다. 정서, 동기, 행동, 생각, 신체 등에 고루 영향을 미칠 수 있다. 우선 정서적으로는 비참함, 공허함을 많이 느끼고 즐거움, 쾌감을 상실한다. 뭘 해도 재미가 없고 텅 빈 깡통이 된 듯한 느낌이다. 기분만 가라앉는 것이 아니라 의욕도 낮아진다. 우울할 때는 평소에 하던 것도 하고 싶지 않고 새로운 일은 더더욱 시작하고 싶지 않아진다. 뭘 해도 억지로, 마지못해 하게 된다. 우울은 행동으로 나타나기도 한다. 우울하지 않을 때에 비해 움직임 자체가 느리거나 없어진다. 말도 느려지고 말수도 줄어들며 목소리도 작아진다.

우울할 때 가장 두드러지게 나타나는 증상은 인지, 즉 생각하는 방식과 관련되어 있다. 자신을 부정적으로 평가하고 비난하며, 이 세상은 늘 내 편이 아니고 내가 잘 사는 것을 방해한다고 생각하며 뭘 해도 안 될 거라고 믿는다. 자기 자신과 자신이 살아가는 세상, 자신이 살아갈 미래를 모두 부정적으로 보는데, 이를 인지삼제cognitive triad라고 한다.

이런 증상들은 다 연결되어 있다. 부정적으로 생각하니 할 필요도, 할 마음도 없어지고, 그러니 몸이 움직여지지 않는다. 그리고 가만히 있다 보면 마음은 더 가라앉는다. 신체적으로 증상이 표현되는 경우도 있다.

두통, 현기증, 복통 등 다양한 통증을 느끼기도 한다. 내가 요즘 우울하구나, 뭘 해도 재미없구나, 이 정서를 온전히 느끼고 표현할 수 있다면 정서 경험에 그치겠지만, 그렇지 않으면 신체 증상으로 나타나기 쉽다.

누가 봐도 힘없고 슬퍼 보여서 우울인가 보다 싶은 경우도 있지만, 앞서 소개한 사례처럼 겉으로 드러나지 않는 우울도 있다. 어떤 사람은 분명 우울한데 밝게 웃기도 한다. 말을 하지 않고 가만히 있으면 사람들이 왜 그러냐, 무슨 일 있냐 자꾸 물으니까 더 밝은 척 수다쟁이가 되기도 한다. 약속을 취소하는 것도 중요한 우울의 지표 중 하나다. 자신이 약속을 자꾸 미루고, 결국은 취소하고 있거나, 주변의 누군가가 그렇게 하고 있다면 혹시 우울의 또 다른 표현은 아닌지 살펴볼 필요가 있다.

마거는 관찰과 경험을 통해 우울하다 말하지 않아도 우울을 알아차리는 비공식 지표를 하나 발견했는데 바로 '택시'다. 평소엔 지하철로 출근하던 사람이 택시로 출근하는 날이 많아졌다? 걸어서도 가던 길을 택시로 간다? 우울의 증거일 수 있다. 우울하면 뭉그적거리다가 시간이 없거나 내 발로 움직일 힘이 없어서 택시를 타기 마련이다.

우울의 얼굴은 여러 가지다. 특히 연령대에 따라 우울 증상이 다르게 나타날 수 있다. 아기들은 먹지 않는 것으로 우울을 드러낸다. 어린이는 움직임이 줄어들고 신체적 증상을 호소하거나 과민해진다. 청소년의 증상이 특히 두드러지는데, 얼굴엔 짜증과 화가 서려 있고 반사회적 행동을 하곤 한다. 이른바 반항하는 청소년에게 사회에 불만 있냐, 왜 이렇게 공격적이냐 비난하곤 하지만 반항이 우울의 다른 얼굴일 수 있음을 기억할 필요가 있다. 성인들은 우울할 때, 맛있는 음식을 먹거나 바람을 쐬러 가는 등 자기 나름대로 기분을 전환할 자원이 있다. 하지만 어린아이나 청소년은 상대적으로 자원과 방법이 부족하기 때문에 다른 형태로 감정과 상태를 표현할 수밖에 없다. 노년기 증상도 특징적인데, 기억력이 저하되고 생각하는 속도가 느려지며, 우울이 심하면 망상이나 환각을 경험하기도 한다.

우울은 일상에서 경험할 수 있는 보편적인 정서지만, 우울함 때문에 너무 괴롭고 일상생활을 유지하기 힘들다면 우울증인지 살펴보는 것도 좋겠다. 정신질환진단 및 통계편람DSM-5에서는 '2주 정도 거의 매일 우울한 기분을 느끼고 거의 모든 활동에 있어 흥미나 즐거움의 상실을 보이는 상태'를 주요 우울장애로 정의하는데, 구체적인 증상과 진단 기준은 다음 페이지를 참고해보길 바란다. 물론 우울증 기준에 부합한다고 해서 지금 당장 우울증 환자가 되는 것은 아니다. 또한 진단 기준에 부합하지 않지만 스스로 느끼는 우울감이 크다면 전문가에게 진단을 받아보는 것도 필요하다.

사람은 저마다 다르고 우울해지는 이유도 천차만별이다

사람마다 우울의 증상이 다르듯 우울해지는 이유도 다양하다. 당신은 언제, 무엇 때문에 우울해지는가?

DSM-5 우울 기준

적어도 2주 이상, 처음 두 개 중 하나를 포함, 총 다섯 개 이상의 증상을 경험할 때 우울증으로 진단받을 가능성이 있다.

- [ ] 우울한 기분
- [ ] 일상 활동에서의 흥미나 즐거움의 상실: 무쾌감증anhedonia
- [ ] 식욕 장애
- [ ] 수면 장애
- [ ] 정신 운동성 지체 또는 초조psychomotor retardation, agitation
- [ ] 에너지 상실
- [ ] 무가치감, 죄책감
- [ ] 사고의 어려움
- [ ] 죽음이나 자살에 대한 반복적인 생각

다양한 이유가 있겠지만 뭐니 뭐니 해도 스트레스가 원인인 경우가 많다. 스트레스 받는 사건이 있고 그 사건을 경험한 후에 우울해지기 쉬운데, 외부 원인으로 인한 우울이기 때문에 '외인성 우울'이라고도 한다. 스트레스 받는 일이라 하면 대부분 부정적인 일을 떠올리곤 하지만 결혼, 승진, 출산처럼 기쁨과 괴로움을 동시에 주는 일들도 많다.

개인 내부적 요인 때문에 생기는 '내인성 우울'도 있다. 대표적인 내부 요인이 신경전달물질과 호르몬인데, 노르에피네프린과 세로토닌이 부족하거나 코르티솔이 비정상적으로 높을 때 우울해지는 것으로 알려져 있다. 우울증 약이 작용하는 기제도 바로 이런 신경전달물질을 조절하는 것이다. 멜라토닌도 우울과 매우 밀접하다. 멜라토닌은 낮에 햇빛을 받으면 밤에 생성되는 것이라 '드라큘라 호르몬'이라는 별명을 갖고 있다. 우울증인 사람들은 멜라토닌이 비정상적으로 높은 것으로 알려져 있는데, 우울할 때 수면 장애(너무 잠만 자거나 잠을 못 이루는 것)를 겪는 사람이 많은 것도 멜라토닌과 관계있을 것이다.

우울에 쉽게 빠지는 사람들은 기본적으로 부정적인 생각을 많이 한다. 앞서 자기와 세상, 미래에 대해 부정적으로 생각하는 인지삼제를 우울의 증상으로 소개했는데 이런 사고의 패턴은 우울의 원인이기도 하다. 세상은 내 맘대로 되지 않을 것이고 사람들은 나를 사랑하지 않을 것이라 생각하는 것이다.

우리를 우울에 빠뜨리는 또 다른 강력한 힘은 귀인 양식이다. 어떤 일이 일어났을 때 왜 그 일이 일어났다고 생각하는지 원인을 찾는 패턴이 바로 귀인 양식이다. 인간은 자기중심적이고 스스로를 사랑하는 존재이기에 잘하면 내 덕, 못하면 남 탓이 기본적인 귀인 양식이다. 그런데 이와 반대로 원인을 찾는 사람들도 있다. 잘되면 다른 사람 덕분인 것 같고 잘 안 되면 다 내 탓, 내가 원래 그렇지 싶다. 실패는 자기 탓으로, 성공은 남에게 공을 돌리는 것을 우울 귀인 양식이라고 한다. 우울을 부르는 사고방식이다.

우울의 원인은 다양한 이론의 관점에서 설명할 수 있다. 정신분석적 관점에서는 우울감을 상실에 대한 반응으로 해석한다. 중요한 대상을 상실하면 나를 두고 떠난 그 대상에 대해 화가 나기도 하고 실망스럽기도 한데, 그 모든 감정의 끝이 자신을 향할 때 경험하는 감정이 바로 우울이라는 것이다. 중요한 것을 잃어버린 자신에 대한 실망과 자책감이라 할 수 있다.

이때 상실한 대상은 누군가의 죽음이나 이별같이 구체적인 것일 수도 있지만 상징적인 것 혹은 상상 속의 것도 포함된다. 예를 들어 공부를 잘해야만 인정받는다고 생각한 아이에게는 성적이 떨어지는 현상 혹은 성적이 떨어질지도 모른다는 생각도 상실 경험일 수 있다. 대상관계 이론*에서는 어린 시절에 주 양육자와 안정적인 관계를 맺지 못한 경우, 우울을 더 많이 경험한다고 주장한다. 존재 자체로 충분히 인정받는 경험을 하지 못했을 때 우울감을 더 자주, 많이 느낄 수 있다는 것이다.

우울을 설명하는 강력하면서도 조심스러운 관점이 바로 행동주의 이론이다. 인간의 행동을 학습된 것으로 보며 보상과 처벌을 강조하는 이론인데, 이 이론에 따르면 삶에서 보상이 줄어드는 것이 우울을 유발한다. 노력했는데도 자꾸 안 풀리고 원하는 것을 얻지 못하는 상황을 생각

---

* 대상관계 이론은 정신분석학의 주요 이론 중 하나로 생애 초기에 양육자와 맺은 관계가 현재의 인간관계에 중요한 영향을 미친다고 설명하는 이론이다. 이 이론에서 대상object 은 중요한 타인을 의미한다. 대상관계 이론에 따르면 현재의 관계는 어릴 때 맺은 관계 의 재현과 반복일 가능성이 높다.

하면 이해하기 쉽다. 자신의 만족감, 타인의 미소, 승진이나 보너스 같은 실질적인 성과 등 적절한 보상이 없는 삶은 우울을 키운다. 심지어 내 노력에 처벌이 따라온다면? 잘해보려고 했는데 오히려 일을 망치거나 부정적인 평가를 받으면 우울에 빠질 확률이 높아진다.

행동주의 이론에 따르면 보상받은 행동은 유지되고 처벌받은 행동은 사라진다. 만약 당신이 우울감에서 벗어나고 싶어 하는데도 계속 우울 속에 머물고 있다면, 우울이 더 부정적인 괴로움을 피하게 해주는 일종의 보상을 제공하고 있기 때문일 가능성이 있다. 이를 우울을 통해 얻는 이차적인 이득secondary gain이라고 한다. 다시 말해 정말 감당하기 어려운 갈등이나 도전, 상황을 자기도 모르게 피하고 싶은 경우에 의식하지도 못한 채 우울에 빠질 수 있다.

우울 때문에 괴로운데, 정말 벗어나고 싶어서 애쓰는데 우울을 통해 무언가 얻고 있다니? 언뜻 이해되지 않지만 의외로 이차적인 이득은 많다. 예를 들어 당신이 우울하면 주변 사람들이 더는 스트레스 받지 않도록 세심하게 살펴주고 해야 할 일을 좀 놓쳐도 이해해준다. 더 따뜻하고 관대한 환경에 머물 수 있다.

엄청난 스트레스 사건 앞에서 자신을 보호하는 것은 자동적인 과정이며 무의식적으로 일어난다. 무언가를 회피하기 위해, 이차적인 이득을 얻기 위해 의식적으로 우울을 선택하는 것이 아니라, 나를 최소한으로라도 보호하기 위해 우울에 빠져들게 된다.

하지만 어떤 경우는 보호하는 수준에서 멈추지 못하고 우울이 자신을 공격하는 경우가 있다. 우울이라는 방어 막이 너무 강해져 우울증에 빠지는 것이다. 날아오는 화살을 피하기 위해 갑옷을 입었는데 그 갑옷이 너무 무겁고 단단해서 꼼짝도 못 하는 상태를 상상해보자. 만약 당신이 혹은 주변의 누군가가 상황에 어울리지 않는 두꺼운 우울의 갑옷을 입고 있다면, 그만큼 부담과 압박을 느끼고 있음을 이해하는 것이 중요하다.

우울이든 강박이든 의존이든, 모든 심리학적 증상은 괴로움으로부터 자기를 보호하려는 동기에서 출발한다. 나는 우울을 통해 어디로 피하고 싶었던 것일까? 나를 그만큼 괴롭히는 생각과 상황은 무엇이었을지, 우울이 정말 나를 보호하고 있는지 찬찬히 생각해보기를 권한다.

오랫동안 공무원 임용시험을 준비한 민재 씨는 계속되는 낙방에 우울이 깊어졌다고 했다. 꾸역꾸역 기출문제를 풀고 입에 삼각김밥을 밀어 넣으며 하루를 버티고 있지만 점점 감정 없는 인간이 되어가는 것 같다고 말했다. 가끔 멍해질 때가 있는데 인터넷강의가 끝난 줄도 모르고 모니터를 보고 있다가 흠칫 놀라기도 한단다. 가끔 친구들에게 안부 문자가 오면 그래도 반갑게 대화하곤 했는데 요즘은 문자 확인조차 귀찮게 느껴진다고 했다. 하지만 지난 2년을 준비했는데 이제 와서 무너지고 싶지는 않다며 시험 때까지 잘 버티고 싶어 했다.

시험에 떨어진 것이 민재 씨를 우울에 빠뜨렸을까? 아니면 애인과 헤어지고 친구들도 만나지 않아서 우울해진 것일까? 낙방이 커다란 상실로 경험되었기 때문일까? 그도 아니면 떨어질 줄 알았다고, 원래 운이 없는 사람이라고 말하는 사고방식 때문일까?

우울해지는 이유를 언급하자면 끝이 없다. 누군가는 1년을 꼬박 준비한 시험에서 떨어져도 금세 공부에 힘을 쏟는가 하면, 누군가는 쪽지 시험 하나 망친 것으로 세상을 다 잃은 사람이 된다. 똑같은 일을 당해도 누군가는 별 타격이 없는데 누군가는 눈물을 멈추지 못한다. 바로 이런 차이들 때문에 왜 하필 나는 우울한가, 왜 나는 이깟 일도 극복하지 못하나 자책감이 커진다.

우울의 원인을 찾다 결국 자기 비난에 빠지는 사람들에게 소개하고 싶은 책이 있다. 앨릭스 코브Alex Korb의 《우울할 땐 뇌과학》이라는 책이다. 뇌과학이라니, 마음이 한껏 무거워질 수도 있지만 저자는 쉽고 간명하게 우울을 설명해준다.

이 책에서는 뇌가 일을 처리하는 방식이 하강 나선을 그리는 상태가 우울이며, 이렇게 하강 나선을 그리게 되는 이유는 토네이도 발생과 같다고 말한다. 어떤 지역에선 토네이도가 건물을 휩쓸고 지나가는데, 어떤 지역에선 토네이도가 생기지 않는다. 지형과 기온, 습도와 풍향까지 다양한 요인의 복잡한 상호작용이 일어난 결과다. 토네이도의 직격탄을 맞은 것이 그 지역의 잘못은 아니다. 어떤 이유로든 우울해진다면 그건 복잡한 상호작용의 결과일 뿐, 내 탓만은 아님을 잊지 말자.

그럭저럭 살고 있다고 해서
우울을 외면하지 않기를

사람마다 우울의 얼굴은 참으로 다양해서, 누가 봐도 우울이구나 알아챌 수 있는 경우도 있지만 다른 사람은 잘 모르는, 때론 자신도 잘 알아차리지 못하는 우울도 있다. 남들 앞에서는 늘 웃음을 보이지만 속마음은 그렇지 않기 때문에 가면성우울증 혹은 스마일마스크증후군으로도 알려져 있다. 뉴스에서 유명인의 자살 소식이 들릴 때 자주 언급되는 단어이기도 하다. 이렇게 우울은 겉만 봐선 잘 모를 때도 많다.

　다른 증상에 가려져 우울증으로는 보이지 않는 것이 가면성우울증의 특징이다. 가면성우울증을 겪는 사람들은 우울감보다는 의욕 저하, 두통, 소화불량, 불면증, 만성피로 등을 많이 경험한다. 우울한 감정은 억압되고 그 대신 다른 증상이 두드러지게 나타나는 것이다. 앞서 말했듯 우울은 우울의 얼굴을 드러낼 때 그 나름의 기능이 있다. 위로와 공감, 적절한 도움을 받을 수 있기 때문이다. 하지만 가면성우울증은 우울처럼 보이지 않기 때문에 자신도, 타인도 필요한 무언가를 해주기 어렵다.

　겉으로는 생산적이고 성공적인 삶을 사는 듯 보이지만 내적으로는 힘든 시간을 보내는 것을 고기능 우울high-functioning depression이라고 한다. 끊임없이 자기를 비난하고 한 가지 생각에 과도하게 빠져들며, 때론 술이나 약으로 자신을 위로하기도 하지만 그 와중에도 사회생활은 제법 잘 해낸다. 고갈된 에너지로 삶을 꾸려야 하므로 시간이 얼마나 걸릴지, 시간을 투자할 만한 일인지 계속 걱정한다.

자신이 고기능 우울인지 의심된다면 혼자 집에 있을 때 모습을 관찰해보는 것이 좋다. 온전히 혼자일 때 우울이 모습을 드러내기 때문이다. 집에선 거의 순간마다 공허함과 피곤함을 느끼고, 나가지 않을 때는 며칠씩 씻지 않고, 멍하게 텔레비전만 보고 제대로 챙겨 먹지도 않으면서 설거지나 빨래도 잔뜩 미뤄두고 있다면, 그리고 이런 모습을 다른 사람들은 상상하지 못한다면 의심해볼 만하다. 사회에서 잘 지내느라 너무 지쳐 자신의 내밀한 삶은 엉망이 되곤 하는 것이다.

이 책에 소개한 우울의 다양한 모습이 나에게 해당할 수도, 그렇지 않을 수도 있다. 어떤 사람은 조금만 의기소침해지는 기분이 들면 그 기분에서 벗어나기 위해 더 활발하게 움직이는가 하면, 어떤 사람은 몇 날 며칠 씻을 힘조차 없다고 느끼기도 한다. 이때 그 어떤 설명보다 중요한 것이 자신의 경험임을 잊지 않기를.

당신의 우울은 어떤 얼굴을 하고 있는가? 애써 우울을 발견할 필요는 없지만 남들과 같지 않다고 해서, 할 일을 그럭저럭 해낸다고 해서 자신의 상태를 모른 척하지 않길 바란다. 타인의 우울에 대해서도 마찬가지다. 때로 우리는 우울조차 나만의 기준으로 평가하려고 한다. 나도 경험해봤는데 저 정도로 우울이라고 할 수는 없지, 진짜 우울하면 저렇게 안 할걸? 이런 식으로 말이다. 사람의 생김새가 저마다 다르듯 우리가 경험하는 우울 역시 서로 다른 얼굴을 하고 있음을 잊지 말자.

우울한 기분은
나를 돌볼 때라는 마음의 신호

우울은 신호다. 스스로를 보살펴야 할 시간임을, 잠깐 쉬어 가야 함을, 위로와 도움이 필요한 순간임을 알려준다. 우울은 멈추어 우리를 돌아보게 하는 기능이 있다. 우울이 보내는 신호에 적절하게 반응하면 건강한 삶을 살아가는 데 도움이 된다. 우울이 무조건 벗어나야 하는 대상은 아니란 이야기다.

그래도 우울에서 벗어나려는 시도는 중요하다. 때론 우울에서 빠져나오는 방법을 이미 알고 있으면서도 어찌하지 못해 우울에 머무른다. 우울이 한없이 무기력하게, 아무것도 변하지 않을 거란 생각을 하게 만들기 때문이다. 우울에서 벗어나고 싶을 때, 건강하게 벗어날 수 있는 방법은 무엇일까?

슬픈 영화를 보는 것은
의외로 도움이 된다

사람마다 우울 증상이 다르듯 우울을 극복할 수 있는 방법 또한 다양하다. 첫 번째 방법은 우울에 머물러보는 것이다. 많은 경우 우울한 감정을 지나치게 억누르거나 제대로 알아차리기도 전에 다른 감정으로 전환하려고 하기 때문에 더 깊은 우울을 경험한다.

우울이 상실에 대한 반응이라는 말을 기억하는가? 당신은 어떤 상실을 경험하고 있는가. 그 상실은 당신에게 어떤 느낌으로 다가오는가. 그런 감정을 느끼는 당신을 비난하지 말고 솔직히 인정해보는 것이 가장 효과적인 방법일 수 있다. 느낄 만한 우울이라면 느끼면서 그 속에 머물러보면, 내가 원한 것이 무엇이며 그것을 얻지 못했을 때 어떤 마음이 되는지 자신을 더 잘 들여다볼 수 있다.

마거는 우울할 때 우울을 충분히 느끼는 전략을 쓰곤 한다. 슬픈 영화를 보거나, 슬픈 음악을 듣거나, 슬픈 소설을 읽으며 눈물을 펑펑 쏟는 감정 정화의 시간을 갖는 것이다. 우선 우울한 감정을 쏟아낸 후 개운한 마음이 되면 생각을 바꾸거나 괜찮다고 다독이는 일이 한결 쉬워진다. 우울로 이미 가득 찬 마음에 긍정적인 생각과 감정을 아무리 집어넣으려 해도 튕겨 나올 뿐이다. 우울이 나갈 길을 터줘야 새로운 마음도 들어올 수 있다.

무기력에서 벗어나기 위한
사소한 루틴을 만들자

우울의 원인이면서 상태이기도 한 것이 무기력이다. 이 무기력은 반복되는 실패와 희망이 없는 환경 속에서 더 커진다. 저명한 심리학자 마틴 셀리그먼Martin Seligman은 '학습된 무기력learned helplessness'이라는 개념을 제안했다. 전기충격 장치를 설치한 우리를 몇 개 만들고 그 안에 개를 넣어두었다. 어떤 우리는 개가 점프를 하거나 특정 레버를 누르면 전기충격이 멈추도록 설계되었지만, 어떤 우리에서는 그 안의 개가 어떤 행동을 해도 전기충격이 계속되도록 설계되었다.

가장 관심을 끈 것은 전기충격이 계속되는 우리 속에 있었던 개의 행동이었다. 이 개는 나중에 점프만 해도 전기충격이 없는 곳에 갈 수 있는 우리로 옮겨 넣었을 때도, 아무런 행동을 하지 않은 채 전기충격을 오롯이 받아들였다. 전기충격을 피할 수 있었던 개들이 다른 우리에 가서도 계속 시도를 한 것과 달리, 아무것도 할 수 없었던 개는 아예 시도를 하지 않았다. 이러한 상태를 무기력을 배워버린 상태, 학습된 무기력이라고 한다.

인간의 우울도 학습된 무기력 상태에서 더욱더 커진다. 상대적 박탈감이 아니라 절대적 빈곤 속에 있을 때, 학대나 방임 속에서 아무것도 할 수 없을 때, 거대한 압력이나 환경 변화 속에서 대처할 만한 자원이 없을 때, 우리는 우울을 경험한다. 빠져나올 수 없는 구멍에 박힌 느낌이 든다.

지금 절대적인 어려움 속에 있다면 실질적인 도움을 구하는 것이 중요하다. 하지만 만약 이미 전기충격을 피할 수 있는 다른 우리로 옮겨졌는데 관성이 남아 있는 것이라면? 유리병 속의 벼룩을 떠올려보자. 낮은 유리병 안에 넣어둔 벼룩은 몇 번 유리병에 부딪힌 후에는 딱 유리병 높이만큼만 뛴다. 스스로 한계를 설정해버리는 것이다. 유리병을 제거해도 여전히 유리병이 존재하는 것처럼 딱 그만큼만 뛴다. 고개를 들어보면 예전과는 다른 세상을 발견할지도 모르는데 말이다.

학습된 무기력에서 벗어나는 분명한 길은 무언가 시도해보는 것이다. 그동안 놓고 있었던 일들을 다시 시작하고 하지 않았던 일에 도전해보자. 특별한 일이 아니어도 된다. 삶은 아주 사소한 것들로 유지된다. 아침에 일어나 나를 깨끗하게 단장하고, 음식을 차려 먹고, 그릇을 치우는 소소한 일상이 하루를 지탱하고 삶을 유지시킨다. 우울과 함께 찾아온 무기력감은 이런 소소한 것을 놓게 만든다. 무기력에서 벗어나는 가장 중요한 방법은 이러한 일상을 놓지 않는 것이다. 만사 귀찮고 이게 다 무슨 소용인가 싶은 순간에 머리를 감고 옷을 갈아입고 나를 위해 요리를 하는 것. 사소한 움직임이 우울로부터 한발 멀어지게 만든다.

자신만의 루틴을 만드는 것도 도움이 된다. 할까 말까, 언제 할까를 고민하는 데 에너지를 소모하지 않고 규칙적인 습관으로 해내는 일이 많아질수록 삶은 안정감으로 채워진다. 자신만의 리추얼ritual을 지켜나가다 보면 할 일을 자연스레 하는 동시에 무언가 해내는 자신에 대한 자긍심도 느낄 수 있다. 그러면 우울이 끼어들 틈이 점점 좁아진다.

우울의 강력한 치료제,
가벼운 운동

우울의 강력한 치료제는 운동이다. 운동하면 뇌에서 도파민, 세로토닌 등 각종 신경전달물질이 뿜어져 나오는데, 이것이 항우울제와 같은 기능을 한다.

운동 좋은 거 누가 몰라서 안 하나, 우울이 얼마나 사람을 무기력하게 만드는지 모르는 사람이 하는 소리인가 싶다면 이 이야기에 주목해보자. 심리학자라는 말보다 운동 전도사라는 말이 더 어울릴 만큼 운동을 강조하는 뉴욕대학 웬디 스즈키Wendy Suzuki 교수는 운동이 뇌에 어떤 영향을 미치는지 집중적으로 연구해왔다. 그녀는 단 한 번만 운동해도 우리를 기분 좋게 만들어주는 신경전달물질이 즉각적으로 분비된다고 강조한다. 매일 일정 시간 고강도 운동을 해야 한다고 생각한다면 실행에 옮기기가 무척 어렵다. 지금 경험하는 우울감이 깊을수록 실천 가능성 제로에 가깝다. 하지만 다행히 단 한 번의 작은 몸짓만으로 지금과는 다른 기분을 느낄 수 있다.

우울할 때 움직여야 한다, 운동해야 한다는 말이 얼마나 무겁게 들리는지 잘 알고 있다. 대박사는 임신과 출산을 겪으면서 우울에 빠졌다. 하루 종일 소파에 누워 그냥 이대로 땅으로 푹 꺼져버리면 좋겠다 싶은 마음으로 하루를 보내기도 했다. 명색이 심리학자인데, 우울의 늪을 벗어나는 방법을 이미 알고 있는데, 몸은 움직이지 않고 그저 가만히 있는 자신을 자책하고 괜히 주변 사람들에게 모든 실망과 분노를 쏟아내던 나

날이었다.

늘 바닥인 것 같지만 그래도 한순간은 바닥이 아닌 때가 있다. 그럴 때면 이대로는 안 되겠다, 어떻게든 벗어나 보자 싶은 마음이 든다. 무조건 집에서 나가기. 대박사가 세운 단 하나의 규칙이었다. 소파에서 잘 보이는 곳에 가벼운 외투를 걸어두고 옷이 보이면 나갈까 말까 생각하지 않고 우선 나가기로 했다. 운동이라는 말이 무색할 정도의 산보였지만, 동네라도 한 바퀴 돌면 숨이 쉬어지고 우울이 아닌 다른 감정도 깃드는 것이 느껴졌다. 몸의 작은 움직임이 우울이 지나갈 길을 터준다는 사실을 잊지 말자.

우울에 압도되지 않고
효과적으로 벗어나는 법

1. 내가 우울하다는 사실을 인정하자

우울한가? 내 상태를 알아차리고 인정하자. 집이 엉망인데 치울 힘이 없는 나, 게으른 것이 아니라 힘들다는 신호를 보내고 있는 것일 수도 있다.

2. 우울이 머물 자리를 만들어주자

하루에 어떤 순간, 어떤 공간에선 마음껏 우울이 얼굴을 드러낼 수 있게 하는 것도 좋다. 머리를 감지 않든, 설거지해야 할 그릇을 잔뜩 쌓아두든, 개야 할 옷들을 널브러트려 놓든 때론 그냥 그대로여도 괜찮다.

3. '왜 우울할까?' 질문하지 말자

우울의 원인에 집중하기보다는 지금 나는 어떻게 하고 싶은지를 더 많이 묻고 대답하면 좋겠다. 가만히 누워 있고 싶으면 누워 있고 이제 좀 나가고 싶으면 집 밖으로 나설 수 있는 장치들을 마련하자. 누군가에게 힘들다고 말해보거나, 필요하다면 심리치료, 약물치료를 받는 것도 좋다.

4. 인지치료 기법을 활용해보자

인지치료는 우울증에 가장 효과적인 심리치료 방법으로 알려져 있는데, 우울을 부르는 사고방식, 생각의 내용을 다룬다. 우울 귀인 양식에서 낙관 귀인 양식으로 바꿔보는 것이다. 잘되면 내 덕, 안 되면 그저 운이 없었던 것으로 귀인하는 연습을 해보자. 어떤 일의 원인을 다양하게 떠올려보는 것만으로도 도움이 된다.

귀인 양식은 다음 페이지 표와 같이 크게 세 가지 영역을 중심으로 살펴볼 수 있다. 첫 번째 축은 자신 안에서 원인을 찾느냐(내적) 아니면 외부 환경이나 상황, 타인에게서 원인을 찾느냐(외적)다. 두 번째 축은 성격이나 지능처럼 잘 변하지 않는 안정적인 것에서 이유를 찾느냐, 자주 변할 수 있는 불안정한 것에서 이유를 찾느냐다. 마지막 축은 삶의 다른 영역까지 적용될 만한 전반적인 것에 귀인하느냐, 아니면 특정 영역에만 제한되는 것에 귀인하느냐다.

실전에서는 귀인 양식을 좀 더 간단하게 적용할 수 있다. 좋은 일이 생겼을 땐 내가 잘한 점을 떠올리고, 힘든 일이 생겼을 땐 상황이나 환경이 안 도와준 점을 떠올려보는 것이다. 여기서 중요한

귀인 양식의 세 가지 영역

실패했을 때	내적 vs. 외적 (internal vs. external)	안정 vs. 불안정 (stable vs. unstable)	전반적 vs. 특수적 (global vs. specific)
우울 귀인 양식	내적으로 귀인한다. "내 노력이 부족했던 거지 뭐…"	안정적 요인으로 귀인한다. "내 능력이 딱 여기까지야."	전반적 요인으로 귀인한다. "내가 원래 뭘 해도 일머리가 없잖아."
낙관 귀인 양식	외적으로 귀인한다. "이번 일을 받쳐줄 만한 분위기가 안 만들어졌네."	불안정 요인으로 귀인한다. "이 일 하는 동안 상황이 특히 안 좋긴 했지."	특수적 요인으로 귀인한다. "이번 일이 평소 내 스타일과는 좀 안 맞긴 했지."

점은, 없는 일을 억지로 떠올리지는 말라는 것이다. 존재하지도 않는 긍정적인 측면을 만들어내다 보면 결국 회피하고 있을 뿐이라는 자괴감에 빠질 수도 있다. 이미 존재하고 있었지만 내가 미처 보지 않았던, 헤아리지 않았던 다양한 측면을 균형 있게 보는 것이 중요하다.

5. 햇볕을 쬐며 걷자

계절성우울증이라는 것이 있다. 가을에 접어들면 일조량이 줄어들면서 멜라토닌 분비가 감소되는데, 이는 불면과 우울을 야기한다. 멜라토닌과 우울은 밀접한 사이다. 낮에 햇볕을 쬐면 밤에 멜라토닌이 생성되고 이는 우울을 감소시킨다. 이왕이면 해가 떠 있는 낮에 산책하자. 햇볕과 운동의 효과를 동시에 누릴 수 있다.

QR코드를 인식하면 〈알편심〉 28회 방송을 들을 수 있습니다.
29회 방송도 함께 들어보세요.
https://youtu.be/zkfMcVJVDMs

14

걱정이 너무 많아서
걱정입니다

은지 씨는 평소에도 걱정이 많은 편인데 요즘 이것저것 고민이 많아서 잠도 못 이룬다. 열심히 노력해서 취직도 했고 사랑하는 남자 친구도 있고 잘 살고 있는데, 혹시라도 무슨 일이 생기면 삶이 와르르 무너지지 않을까 걱정이 든다. 친구에게 건넨 말이 기분을 나쁘게 하지 않았을까 하는 걱정부터 혹시라도 실직하지 않을까 하는 불안, 갑자기 불치병이 걸려 허망하게 죽지 않을까 하는 염려, 노후 걱정 등 일어나지도 않은 일에 대한 걱정이 꼬리에 꼬리를 문다.

요즘은 건강염려증이 생겨 조금만 아파도 혹시라도 큰 병이 아닐까 싶어 인터넷으로 정보를 찾느라 밤을 새운다. 불안을 못 이기고 검사를 받으면 아무 병도 없고 오히려 건강하다는 의사의 진단을 듣는다. 건강하다는 말에 안도하기는 하지만 시간이 지나면 또다시 밀려오는 건강에 대한 염려를 멈출 수가 없다.

이러다 보니 걱정이 습관이 된 듯하다. 이제는 너무나 사소한 것까지 걱정을 사서 하는 자신을 발견한다. 하루하루 반복되는 일상이지만 혹시 오늘 무슨 안 좋은 일이 일어나지 않을까 하는 걱정으로 집을 나서는 자신이 너무 한심하고 피곤하다. 그리고 다른 사람들도 자기처럼 걱정을 달고 사는지 궁금해진다.

걱정을 사서 하는 사람들은 불확실성을 견디지 못한다

걱정은 은지 씨만의 전유물이 아니다. 걱정 없는 사람은 없을 정도로 걱정은 인간이라면 누구나 경험하는 것이다. 오죽하면 걱정을 대신해주는 걱정 인형이라는 것도 있을까? 특히나 코로나19라는 신종 감염병이 삶을 전면적으로 바꿔버리고 불안에 떨게 하는 요즘, 걱정이나 근심을 평소보다 더 많이 경험하고 있다.

세상살이는 사실 불확실성의 연속이다. 어른이 되면 선명하게 알 수 있지 않을까 기대했는데 여전히 답이 없고 잘 모르겠다. 일도 관계도 불확실성의 지뢰를 걷는 기분이다.

그런데 뚜렷한 걱정거리나 위험이 있지도 않은 상황에서 유독 걱정과 근심이 일상을 지배하는 사람들이 있다. 이들은 불확실로 가득 찬 세상이 무섭고 버겁다. 어떻게 하면 이런 세상에서 걱정을 덜 하며 살 수 있을까? 우선 걱정이 많은 사람들의 심리적 특징을 살펴보자. 그들의 특성에서 걱정을 줄이며 살 수 있는 힌트를 얻을 수 있을 테니.

걱정이 많은 사람들은 비관주의, 완벽주의, 불확실성에 대한 인내력 부족, 문제 해결에 대한 자신감 부족과 같은 특징을 보인다. 비관주의와 완벽주의는 책의 앞부분에서 다루었기에 꽤 익숙한 개념이고 걱정을 불러일으키는 특징이라는 것이 직관적으로 다가온다. 그런데 '불확실성에 대한 인내력 부족Intolerance of Uncertainty'이라니…. 평상시에 쓰는 용어가 아니라 낯설지만 뭔지 궁금해진다.

불확실성에 대한 인내력 부족이란 용어는 불확실함이 인내해야 할 대상임을 직관적으로 알려준다. 불확실하면 불안하고 걱정되는 것이 당연하지, 그걸 어떻게 인내해? 하는 마음이 들었다면 당신은 불확실성에 대한 인내력이 부족할 가능성이 있다. 걱정이란 본질적으로 불확실한 것에 대한 근심과 초조함으로 이루어져 존재한다. 불확실함을 어떻게 받아들이느냐가 걱정을 덜 하는 비결일 수 있으니 이 개념을 자세히 살펴보자.

'불확실성에 대한 인내력 부족'을 좀 더 구체적으로 설명하면 다음과 같다. '사건의 발생 가능성과 무관하게 부정적인 사건이 일어날 수도 있다는 사실을 수용하지 못하는 경향.' 따라서 미래의 결과를 예측할 수 없는 상황을 위협적으로 느끼고 회피하려는 성향으로도 볼 수 있다.

이런 사람들이 스스로에게 자주 하는 말이 있다. '만약 ~하면 어쩌지

What if?' 이런 부정적인 시나리오를 계속 돌리다 보면 위험한 상황에 대한 걱정이 꼬리에 꼬리를 물고 일어나고 결국에는 최악의 시나리오까지 상상하게 된다. 걱정과 불안이 증폭되는 악순환이다.

그러면 불확실성에 대한 인내력 부족이 어떤 특성을 지니고 있는지 다음 페이지에 나오는 척도로 살펴보고 자신의 상태를 점검해보자.

문항을 살펴보면 불확실성을 견디기 어려워하는 사람들이 왜 걱정이 많고 삶이 충만하지 못한지 새삼 알 수 있다. 예를 들어 '최고의 계획을 세우더라도 예측하지 못한 사소한 일이 모든 것을 망칠 수 있다'와 같은 생각을 일종의 파국화catastrophizing라고 하는데, 마음속에 이런 불안이 있다면 늘 계획을 완벽히 짜고 점검하느라 시간과 에너지를 과도하게 쓸 가능성이 높다. 게다가 사소한 것이 모든 것을 망친다고 생각하면 과감하게 시도하거나 도전하기 어려울 것이다. '행동에 옮겨야 할 시점에 분명하지 않은 일이 있으면 나는 아무것도 할 수 없다'라는 문항에서도 도전이나 실행 앞에서 꾸물거리는 경향이 드러난다.

'나는 모든 모호한 사항을 피하고 싶다'라는 마음 역시 삶을 힘들게 만든다. 일에서도 힘들어지겠지만 관계도 어렵게 만드는 요인이다. 관계야말로 상호작용이기 때문에 내가 알 수 없는 모호한 영역이 뒤따른다. 예를 들어 상대의 태도나 표정이 이전과 다른 경우 여러 이유가 있을 테고 상대방이 말해주기 전까지는 그 이유를 알 수 없다. 그런데 불확실성에 대한 인내력이 부족하면 그 모호한 순간과 상태를 견디기 힘들어한다. 그래서 그 사람 뒤를 캐거나 주변 사람들에게 물어보거나 그 사람을

불확실성에 대한 인내 척도

문항	전혀 아니다	대체로 아니다	대체로 그렇다	매우 그렇다
나는 무슨 일이든 사전에 계획을 세워서 해야 한다.	1	2	3	4
당황하지 않으려면 항상 앞일을 생각해야 한다.	1	2	3	4
조금만 의심스러워도 행동을 계속할 수 없다.	1	2	3	4
당황하는 경우에 참아낼 수 없다.	1	2	3	4
예측하지 않은 일이 발생하면 매우 당황한다.	1	2	3	4
앞으로 어떤 일이 닥칠지 알고 싶다.	1	2	3	4
최고의 계획을 세우더라도 예측하지 못한 사소한 일이 모든 것을 망칠 수 있다.	1	2	3	4
불확실한 미래는 참을 수가 없다.	1	2	3	4
필요한 모든 정보를 갖고 있지 않으면 좌절한다.	1	2	3	4
나는 모든 모호한 상황을 피하고 싶다.	1	2	3	4
불확실하다는 것은 그 사람이 체계적이지 않다는 것을 의미한다.	1	2	3	4
불확실하다는 것은 내가 뛰어난 사람이 아니라는 것을 의미한다.	1	2	3	4
모호한 상황에 있게 되면 일을 진행시킬 수가 없다.	1	2	3	4
불확실하면 충만한 삶을 살 수 없다.	1	2	3	4

모호하면 일을 잘할 수가 없다.	1	2	3	4
불확실하다는 것은 삶을 참을 수 없게 만든다.	1	2	3	4
불확실하다는 것은 내게 자신감이 부족하다는 것을 의미한다.	1	2	3	4
불확실하다는 것은 나를 나약하고 불행하게 하며 심지어 슬픔까지도 느끼게 한다.	1	2	3	4
다른 사람이 미래에 대해 확신을 하는 것은 부당하다고 생각한다.	1	2	3	4
나와는 달리 다른 사람은 자신의 삶이 어디로 가고 있는지 항상 알고 있는 것 같다.	1	2	3	4
삶에서 보장된 것이 없다는 것은 부당하다.	1	2	3	4
불확실한 삶은 내게 스트레스를 준다.	1	2	3	4
내일 어떤 일이 발생할지 모르면 마음이 불편하다.	1	2	3	4
불확실하다는 것은 나를 불편하고, 불안하고, 스트레스를 받게 한다.	1	2	3	4
명확하지 않은 일이 있으면 잠들기 어렵다.	1	2	3	4
행동에 옮겨야 할 시점에 분명하지 않은 일이 있으면 나는 아무것도 할 수 없다.	1	2	3	4
모호하면 확고한 견해를 가질 수 없다.	1	2	3	4

▶ 연령대, 성별, 현재 상황 등에 따라 다소 차이가 있지만 85점 이상이면 불확실성에 대한 인내력이 부족한 편에 속한다. 점수만 확인하기보다는 문항 내용을 살펴보며 자신의 특성을 확인해보자.

물고 늘어지며 이유를 알아내려고 한다. 그러다 보면 관계에서 불안이나 부적응을 경험할 가능성이 높아진다.

더 나아가 '불확실하다는 것을 상대방이나 자신의 능력 부족으로 동일시'하기도 한다. 만약에 상대방이 "이렇게 될 줄 몰랐어"라고 말하면 "그러니까 네가 잘 알아봤어야지", "확실히 준비했어야지"라고 비난하기 쉽다. 그리고 자기 자신도 그런 잣대로 평가하니 과도하게 걱정하고 준비하게 된다.

이 밖에 '나와는 달리 다른 사람은 자신의 삶이 어디로 가고 있는지 항상 알고 있는 것 같다', '내일 어떤 일이 발생할지 모르면 마음이 불편하다', '명확하지 않은 일이 있으면 잠들기 어렵다'라는 문항에서 공통적으로 엿보이는 심리가 있다. 세상에는 무언가 확실한 것이 있다거나 혹은 확실해야만 한다는 생각이다. 그런데 이 세상에는 확실한 것보다 확실하지 않은 것이 훨씬 더 많지 않은가? 그 진리를 받아들이지 못하고 자신이 그려놓은 이상적인 모습, 즉 확실성이 보장된 드림 랜드를 추구하기에 불확실성을 견디기 힘든 것 아닐까?

내 인생에 꽃길만 펼쳐질 가능성은 단언컨대 0퍼센트

인간이 모호한 상황에서 불안과 공포를 느끼는 것은 원시시대 때부터 존재한 본능일 수 있다. 자연환경에서 인간은 작고 연약하기 그지없다.

손에 쥔 것은 한낱 막대기 나부랭이나 돌멩이뿐인데, 언제 어디서 맹수가 덮칠지 모른다고 생각하면 불확실성이 두렵고 견디기 힘들었을 것이다. 게다가 얻을 수 있는 음식도 제한되어 있었다. 오늘은 다행히 먹을 것을 구할 수 있었지만 내일은, 모레는 먹을 것이 있을지 없을지 기약이 없었을 것이다. 언제 들이닥칠지 모르는 자연재해는 두말할 나위도 없다. 이런 환경에 던져진 인간의 뇌에는 불확실성에 대한 두려움과 공포가 새겨져 있을 수 있다.

인간의 통제 욕구 또한 불확실성을 견디지 못하는 이유 중 하나다. 통제 욕구는 외부 환경, 타인 및 자기 자신에 대한 통제를 획득하거나 유지하고 싶은 욕구이며 인간이라면 누구나 갖는 자연스러운 욕구다. 이 욕구가 원동력이 되어 상황에 대한 준비나 대처를 가능하게 해준다. 그러나 이 욕구가 과도해지면 통제 실패를 맛보게 된다. 세상에 확실하고 완벽하게 통제되는 일은 거의 없기 때문이다. 결국 과도한 통제 욕구가 '모든 것을 통제하고 싶다'에서 '모든 것을 통제해야 한다. 그래야 안전하다'라는 비합리적 신념을 만들어내고 결과적으로 불확실성에 대한 인내력을 떨어뜨린다.

인간이 불확실성을 잘 인내하지 못하는 또 다른 이유는 실패나 사고 또는 질병과 같은 부정적 상황에 맞닥뜨렸을 때 뒤따르는 부정적 감정에 직면하는 것이 불편하고 어렵기 때문이다. 우리는 보통 긍정적인 감정을 일으키는 사건의 불확실성 때문에 걱정하거나 불안해하지는 않는다. 예를 들어 우리는 당첨될지 안 될지도 모르는 불확실성을 안고 로또를 산다. 정확히 말하면 당첨 안 될 걸 알지만 혹시 모르는 우연과 벼락 맞는 것보다 더 낮은 확률에 기대어 로또를 산다. 불확실성의 끝판왕이다. 그럼에도 불구하고 로또를 사면서 '당첨되면 어떡하지?'라고 불안해하거나 걱정하지는 않는다.

결국 불확실성이 싫은 이유는 이후 느끼게 될지도 모르는 부정적 감정이 두렵기 때문일 수 있다. 그런데 세상에 어떻게 나에게 우호적인 상황만 일어나겠는가? 세상에는 좋은 일과 나쁜 일이 공존할 수밖에 없음을 마음속 깊이 수용하는 것이 불확실성을 인내하며 살 수 있는 지름길이다.

뜻대로 흘러가지 않아
의외로 즐거운 것이 인생

"걱정을 해서 걱정이 없어지면 걱정이 없겠네." 티베트 속담이라고 한다. 라임을 살려서 읊조리다 보면 배시시 미소가 떠오르며 '진짜 그렇네'라는 생각이 든다. 이 속담은 걱정이 실제로는 아무 쓸모 없는 에너지 낭비임을 의미한다. 걱정을 해서 문제가 해결된다면 적극적으로 걱정을 해야 할 것이다. 그러나 걱정의 대부분은 아무것도 해결해주지 못하고 삶을 갉아먹을 뿐이다.

삶에서 걱정을 아예 몰아낼 수는 없겠지만, 불필요한 걱정을 줄이고 좀 더 편안한 마음으로 살아가고 싶은 것이 우리 모두의 소망이다. 어떻게 하면 이 불확실하고 알 수 없는 세상에서 걱정을 덜고 편안하게 살 수 있을까?

① 불확실성을 수용하기

먼저 누구나 불확실성을 불편해한다는 점을 이해하고 받아들이는 것이
우선이다. 정도의 차이는 있겠지만 인간이라면 불확실성을 좋아하지 않
고 불편해하며 그래서 피하고 싶어 한다. 그러나 불행하게도 이 불확실
성을 삶에서 배제하기란 불가능하다. 인간사, 세상사, 미래의 본질은 불
확실성에 있다는 사실을 수용해야만 한다. 그 본질을 거부하려고 들면
오히려 더 불안해진다. 세상에 확실한 것은 하나다. 바로 확실한 것은 없
다는 것! 이 진리를 떠올리면 불확실성을 받아들이고 수용하는 것이 조
금은 편해질 것이다.

　더 나아가 불확실하고 모호한 상황에서 느끼는 불편함을 자각하고
실체를 있는 그대로 바라보고 받아들이는 과정도 걱정과 불안을 줄이는
데 도움이 된다. 이럴 때는 명상이 특히 좋다.

② 불확실성의 긍정적인 점 떠올리기

우리는 불확실성을 부정적인 것으로만 여기기 쉽다. 특히 불확실성에
대한 인내력이 낮은 사람들은 불확실성을 부정적이고 위협적인 것으로
간주하는 경향이 있다.

　그러나 불확실하기 때문에 설레고 행복하고 기분 좋은 스릴을 느낄

때도 있다. 우리가 여행을 좋아하는 이유는 무엇일까? 반복적인 일상에서 벗어나 새롭고 낯선 곳에서의 경험을 기대하기 때문이다. 걱정을 많이 하는 사람이라도 그 불확실한 새로움을 경험하기 위해 여행을 떠나는 것 아닐까? 애니메이션 〈빨강머리 앤〉에 나온 대사를 음미해보자.

> "엘리자가 말했어요. 세상은 생각대로 되지 않는다고. 하지만 생각대로 되지 않는 건 정말 멋지네요. 생각지도 못했던 일이 일어나는걸요."

불확실성의 또 다른 긍정적인 점은 세상이 불확실하기 때문에 아직 미지의 영역이 많고 그래서 더 큰 기회를 발견할 수 있다는 것이다. 영국의 심리학자 리처드 와이즈먼Richard Wiseman은 운 좋은 사람들의 공통점을 연구하여 《잭팟 심리학》이라는 책을 썼다. 연구 결과 불운한 사람들은 항상 확실한 것만을 찾고 불확실한 상황을 기피하는 특성을 보였고, 행운아들은 불확실한 상황에 더 많이 동참하여 불확실성을 즐기고 그 결과 새롭고 큰 기회를 발견했음을 알아냈다.

불확실성이 달갑기만 한 사람이 있을까? 그럼에도 불구하고 불확실성을 견디고 즐기다 보면 잭팟을 터트릴 수 있다. 그리고 불확실하기 때문에, 즉 정해져 있지 않기 때문에 더 노력한 결과 성취와 발전을 이룰 수 있다. 시합이나 시험의 결과가 이미 정해져 있고 미리 알 수 있다면 그 이상으로 노력할까? 결과가 어떻게 될지 알 수 없기 때문에 우리는 자신의 한계를 뛰어넘기 위해 노력하는 것이다.

③ 불확실성을 견디는 힘, 소극적 수용력 기르기

어떻게 하면 불확실성에 대한 인내력을 키울 수 있을까 고민하던 차에 하하키기 호세이帚木蓬生의 《답이 보이지 않는 상황을 견디는 힘》이라는 책을 만났다. 저자는 불확실성을 견디는 힘으로 '소극적 수용력negative capability'을 소개한다.

소극적 수용력이란 어떤 사실이나 이유를 황급히 찾으려 하지 않고, 불확실하거나 놀랍거나 의심스러운 상태를 견딜 수 있는 능력이다. 저자에 따르면 인간의 뇌는 무엇이든 알고 이해하고 의미를 부여하려고 한다. 모호한 상태로 있으면 불쾌감을 느끼기 때문에 이런 상태를 빨리 벗어나려고 한다. 사람들이 노하우, 비법, 매뉴얼을 좋아하는 이유다.

소극적 수용력의 반대는 '적극적 수용력positive capability'인데 적극적으로 이유와 방법을 빠르게 찾아내려고 하는 것이다. 이 적극적 수용력의 문제는 자칫 표면의 지식만을 파악하고 그 아래 숨은 본질을 놓칠 수 있다는 데 있다. 물론 적극적 수용력도 중요한 능력이다. 소극적 수용력과 균형을 이룰 수 있다면 말이다.

소극적 수용력을 지닌 사람은 스트레스가 심한 상황에서도 빠르게 답을 얻고 상황을 종결하려고 하지 않는다. 그 덕분에 편향된 결정을 내릴 확률이 낮다. 게다가 불확실하고 의심스러운 상황에서도 성급하게 굴지 않기 때문에 뛰어난 협상가의 자질을 보인다. 관계에서도 소극적 수용력은 필수다. 관계야말로 여러 명이 상호 작용하기 때문에 모호하고 불확실한 면이 많을 수밖에 없는데, 소극적 수용력은 그것을 견디고 기다릴 수 있는 여유를 준다.

사실 소극적 수용력은 찬찬히 들여다보면 불확실성에 대한 인내력의 다른 말이다. 그런데도 이 개념을 소개하는 것은 '소극적 수용력'이라는 어휘의 메시지를 전달하고 싶어서다. 불확실성에 대처하는 방법이 불확실성을 적극적으로 타파하고 빠르게 해답을 찾는 것이 아님을 단어 그 자체가 알려주고 있다. 불확실성을 견디기 어려울 때, 그래서 걱정이 밀려들 때 '소극적 수용력'이란 말과 의미를 떠올리는 것만으로도 마음이 차분해질 수 있다.

지금 당장 할 수 있는 만큼만 하다 보면 길이 열린다

인간에게 주어진 가장 확실한 답은 모든 인간은 언젠가 죽는다는 사실이다. 그러나 세상에서 가장 불확실한 질문도 죽음에 관한 것이다. 바로 언제 죽을지 모른다는 것이다. 이 불확실성에 대처하는 가장 좋은 방법은 오늘을 성실히 즐겁게 사는 것이다. 언제 무슨 일이 일어날지 몰라 전전긍긍하느라 지금-여기에서 경험해야 할 것을 놓치고 있지는 않은지 자문해보자. 물론 인생은 길고 오늘만 살고 죽을 것은 아니기에 미래도 대비해야 한다. 그러나 앉아서 머릿속으로 걱정만 한다고 미래를 대비할 수 있는 것은 아니다.

삶은 곧잘 여행에 비유된다. 여행을 떠올려보자. 멋진 풍경과 맛있는 음식 앞에서 다음 여정을 골똘히 걱정한다면, 눈앞에 펼쳐진 멋진 풍경과 혀에서 춤추고 있는 맛을 제대로 음미할 수 있을까? 삶의 여정에서 걱정에 시간과 에너지를 쏟느라 순간순간 놓치고 있는 경험이 있다면 이 얼마나 안타까운 일인가?

걱정과 불안이 덮칠 때일수록 의도적으로 '지금-여기'로 주의를 기울여보자. 걱정거리는 내가 통제할 수 없지만 지금-여기에서의 경험은 온전히 내 통제 범위 안에 있다. 이 과정을 반복하다 보면 어느새 현재를 살고 있는 자신을 발견할 것이고 걱정은 한층 내려놓을 수 있다.

경제학에서는 불확실성의 속성에 대한 연구가 많이 진행되어왔다. 경제학 연구에서도 불확실성에 대처하는 법의 힌트를 찾을 수 있다.

시카고대학 경제학과 프랭크 나이트Frank Knight 교수는 불확실성을 '측정 가능한 불확실성measurable uncertainty'과 '측정 불가능한 불확실성unmeasurable uncertainty'으로 구분했다. 측정 가능한 것은 다양한 지식과 정보를 바탕으로 측정하고 예상할 수 있지만, 아무리 많은 지식과 정보를 갖다 대도 측정할 수 없는 영역이 있다. 삶의 불확실성도 이와 같지 않을까? 다양한 정보를 바탕으로 노력하면 예측하고 통제할 수 있는 불확실성이 있고, 아무리 애를 써도 통제할 수 없는 불확실성이 있다. 통제할 수 있는 것은 적극적으로 해결하려고 노력해야겠지만, 통제할 수 없는 것은 그냥 두는 편이 가장 현명한 대처법이다.

불확실성이 가장 높은 영역 중 하나가 투자다. 요즘 주식 투자 열풍이 불고 있는데 성공적인 투자를 위해서는 이 불확실성에 잘 대처하는 것이 중요하다. 기본적으로 투자의 불확실성을 인지하고 수용하되 불확실성을 줄이기 위한 노력이 필요하다. 자신이 투자하는 기업에 대해 심도 있게 공부하는 것이다. 이 기업이 무슨 사업을 하고 있고 현재 매출과 영업이익이 어떻게 되며 경쟁력은 무엇인지, 향후 산업 전망은 어떠한지 등에 대해 가용한 정보를 가지고 검토하는 것은 측정 가능한 불확실성을 줄이기 위한 방법이다. 그럼에도 불구하고 앞으로 세상이 어떻게 될지, 이 기업에 무슨 일이 생길지는 아무도 알 수 없다. 그런 불확실성은 통제 밖의 영역이므로 투자에 따르는 수수료라 여기고 감내해야 성공적이면서도 마음 편한 투자를 할 수 있다.

관계에서도 마찬가지다. 어떤 사람과 깊이 있고 안정적인 관계를 맺기 위해 우리는 그 사람을 알기 위해 노력한다. 이 사람은 무엇을 좋아하고 이런 상황에서는 어떻게 반응하는지 등을 알려고 한다. 이런 시도와 노력은 예상 가능한 맥락 안에서 좋은 관계를 맺기 위함이다. 이렇게 노력했는데도 예상 밖의 반응을 마주할 때도 있고 내가 모르는 면이 툭 튀어나올 때도 있다. 좋은 관계를 맺기 위해 애쓰는 것은 내가 통제할 수 있는 영역이지만, 상대의 반응이나 기분은 내가 통제할 수 없는 영역임을 자각하고 구분하자.

미래에 예측되는 문제나 어려움에 대처할 수 있다는 믿음이 부족할 때도 걱정이 많아진다. 따라서 문제를 해결할 수 있다는 믿음과 자신감을 키우는 것이 걱정을 줄이는 또 하나의 방법이 될 수 있다. 이 자신감은 거저 생기지 않는다. 대처 능력을 키우려면 실제 행동으로 경험해봐야 한다.

그런데 하나의 걱정거리가 줄면 또 다른 걱정거리를 만들어내는 일종의 걱정 중독에 빠진 사람들이 많다. 이들은 스스로 문제 해결 능력이나 대처 능력을 부족하게 여기는 경향이 있다. 자신감이 부족하니 걱정으로 회피하는 악순환이 발생한다. 이 악순환의 고리를 끊기 위해서는 불안한 상황에 직면하여 부딪쳐봐야 한다. 불확실한 상황에 뛰어들어 무언가 시도해보면, 걱정하던 일이 벌어지지 않거나 일어나더라도 별거 아니라는 사실을 발견할 것이다.

마거는 어릴 때 엄마와 마늘 까기를 했을 때가 떠오른다. 엄청나게 많은 마늘을 보며 어린 마거는 불평을 했다. "이걸 어느 세월에 다 까?" 이런 푸념에 마거의 엄마는 이렇게 응수하곤 했다. "눈은 게으르지만, 손은 부지런하다." 눈은 걱정만 하지만, 손은 실행을 통해 일을 해결한다는 뜻이다. 그 많은 마늘을 한눈에 담았을 때는 부담스러웠지만, 생각을 비우고 하나하나 까다 보면 어느새 매끈하게 껍질이 벗겨진 마늘이 산더미를 이루었다.

걱정만으로 우리가 할 수 있는 것은 없다. 행동과 실행만이 우리를 걱정으로부터 건져 올려줄 것이다.

걱정에서 벗어나
편안한 마음으로 행동하는 법

1. 정말 걱정할 만한 일인지 따져보자

걱정이 떠오를 때마다 구체적으로 적어본다. 언제 어떤 내용의 걱정을 얼마 동안 하는지 관찰하고 기록하자. 그리고 그 걱정이 실제로 일어날 가능성이 얼마나 되는지, 통제 가능한 영역인지 점검해보자.

2. 통제할 수 없다면 흘려보내자

일어날 가능성이 희박하거나 통제할 수 없는 것이라면 그냥 흘려보낸다. 이때 '걱정 상자' 같은 도구(가상의 도구여도 괜찮다)를 만들어 상자 속에 버리는 의식을 해보는 방법도 추천한다.

3. 통제할 수 있다면 행동하자

통제할 수 있는 것이라면 구체적으로 어떻게 대처할지 생각해보고 실행한다. 바로 실행하기 어렵다면 그 이유를 들여다보자. 혹시 부정적 감정이나 생각이 든다면 피하지 말고 직시하고 수용하자. 특히 감정이라면 옳고 그름이 없으니 있는 그대로 인정해준다.

(예: '어떻게 실행해야 할지 머리로는 알지만, 아직 용기가 안 나는구나. 안 될까 봐 두려워하는구나.')

4. 불확실하고 모호한 세상을 받아들이자

원래 세상은 불확실하고 모호하고 정해진 답이 없다. 그리고 불확실성을 불편해하고 두려워하는 것은 인간의 본능이다. 그러니 나를 탓하지 말자. 누구나 알 수 없는 세상이다. 그럼에도 불구하고 한 발짝 떼보는 것이 중요하다.

QR코드를 인식하면
〈알편심〉 41회 방송을 들을 수 있습니다.

https://youtu.be/9fTjSJIu0ZQ

15

위로가 필요한 순간,
하지만 너무 외로워요

유난히 긴 하루였다. 지친 몸을 침대에 털썩 던졌다. 평소라면 잠든 아이를 깨울까 작은 몸짓도 조심하는 혜인 씨였지만 그만한 에너지도 남아 있지 않았다. 인기척에 깨어난 아이가 작은 팔을 한껏 벌려 꼭 안으며 말했다. "엄마. 난 엄마가 제일 좋아." 아이의 작은 품이 이리도 큰 위로가 될 줄이야. 아이 품에 안겨 가만히 숨소리를 듣고 있으니 하루의 고단함이 녹는 듯하다.

문득 자신만큼이나 긴 하루를 보냈을 남편에게 시선이 머문다. 급한 일이 생겨 어쩔 수 없다는 전화를 남기고 일에 온 정신을 쏟고 있는 동안 남편은 혼자 저녁상을 차리고 아이를 먹이고 씻겨, 엄마 찾는 울음을 달래가며 재웠을 것이다. 그 정신없음을 잘 알면서도 '언제쯤 끝날 것 같아?'라는 문자에 '그냥 먼저 자' 하는 건조한 답장을 남겼다. 아이도 건네는 위로를 나는 왜 하지 못하나 싶은 밤이다.

위로가 필요한 순간은 많은데 위로를 받고 위로를 건네기는 참 어렵다. 위로를 전하고 싶은데 이게 정말 무슨 힘이 될까 싶어 망설이기도 하고 내 진심은 알겠지 싶어 그냥 넘어가기도 한다. 위로받고 싶어 얘기를 꺼냈다가 "어머, 너는 그래도 나보다 낫다. 그 정도면 행복한 거야. 나는 말이야…"로 시작하는 이야기에 복에 겨운 사람이 되기도 한다.

많은 사람들이 제대로 위로하고 위로받는 방법을 고민한다. 〈알편심〉 방송을 하면서 청취자들에게서 어떤 주제를 다뤄달라 요청받는 경우가 많은데, 보는 순간 이건 꼭 다뤄야겠다 싶었던 댓글이 있었다. "타인과 나 스스로를 위로하는 방법에 대해 다뤄주시면 좋겠습니다. 남편은 제가 위로할 줄을 모른다고 합니다. 내가 정말 그런가 하고 노력해보려는데 방법을 모르겠고, 자책하다 이제는 정말 지쳐서 관계를 포기하고 싶어지네요."

마음이 없는 것도 아닌데, 자꾸만 어긋나는 위로의 순간에 답답함이 쌓인 모습. 닿지 않는 마음을 전하다 보면 결국 이런 내 마음은 누가 위로해주나 싶어 지쳐가기 마련이다. 누군가에게, 그리고 자신에게 따뜻한 힘이 되는 위로, 어떻게 건네야 할까?

위로의 마음은 공통이지만, 위로의 언어는 제각각이다

위로의 사전적 의미는 '따뜻한 말이나 행동으로 괴로움을 덜어주거나 슬픔을 달래주는 것'이다. 사람마다 괴롭고 슬픈 이유가 다르니 위로받는 순간도 제각각이다. 실생활에서는 괴로움, 슬픔을 떠올리지 않아도 힘을 얻고 기분이 좋아지는 소소한 순간에 위로받았다 혹은 위로된다는 표현을 쓰기도 한다. '위로'라는 말을 들을 때, 어떤 사람은 '어떻게 하면 위로를 잘할 수 있을까?'를 고민하고 어떤 사람은 '나는 어디서 위로받을 수 있을까?'를 생각한다. 먼저 떠올리는 것은 달라도 위로를 주고받는 것이 우리 인생임은 분명한 것 같다. 위로를 사전에서 검색하다가 '위로되다', '위로하다'라는 파생어에 한참 눈이 머문 것도 그런 이유다.

당신에게 위로의 순간은 언제인가? 따뜻한 커피 한 잔 마실 때. 선선한 바람과 따뜻한 햇볕이 느껴질 때. 고단한 몸을 푹신한 소파에 파묻을 때. 떠올리는 것만으로도 몸과 마음이 풀어지는 바로 그 위로의 순간. 물론 사람에게서 받는 위로도 크다. 열심히 한 일을 인정해줄 때. '요즘 힘들지' 하며 티 내지 않은 마음도 알아줄 때. 그리고 가만히 안아줄 때. 위로받은 경험을 나열해보면 매우 다양한 순간, 다양한 방법이 등장할 것이다.

여기에 위로의 첫 번째 비결이 있다. 진정한 위로를 위해서는 먼저 위로의 순간과 의미가 저마다 다르다는 사실을 이해하고 발견해야 한다. 누군가는 따뜻한 말을 들을 때 위로받지만, 누군가는 백 마디 말보다 따뜻한 포옹 한 번에 위로받는다. 누군가는 내 말 좀 잘 들어달라는 말로 위로가 필요함을 표현하지만, 누군가는 밥 사달라는 말로 위로를 구한다. 당신은 무엇을 위로라고 느끼는가?

위로는 결국 사랑의 언어이기도 하다. 위로받고 싶다는 말에는 내가 소중한 존재임을, 정말 사랑받고 있음을 느끼고 싶다는 마음이 담겨 있다. 위로하고 싶을 때 역시 마찬가지다. 내가 당신에게 마음을 두고 있고 그렇기에 힘이 돼주고 싶은 마음에서 위로가 시작된다. 위로가 곧 사랑이므로, 자신과 타인에게 필요한 위로가 무엇인지 알고 싶다면 '다섯 가지 사랑의 언어'를 떠올려보자.

세계적인 상담가 게리 채프먼Gary Chapman은 인정하는 말, 함께하는 시간, 선물, 봉사, 스킨십이라는 다섯 가지 사랑의 언어를 소개했다. 자신이 나고 자란 곳에 따라 모국어가 다르고 언어가 다른 사람들끼리 소통에 제한을 받듯이 사랑에도 언어가 있어 사랑하는 사람들끼리도 이해할 수 없는 순간이 있다. 사람들은 대부분 자기가 선호하는 언어로 사랑을 표현하고 그 방식으로 사랑받길 원한다. 사랑의 언어가 다르면 전혀 모르는 언어를 사용하는 곳으로 여행 간 심정일 것이다. 아무리 말해도 원하는 것을 얻기 힘들고 속 시원히 대답해줄 수도 없는 심정 말이다.

채프먼은 다양한 부부와 가족 상담 사례를 통해 상대방이 쓰는 사랑의 언어를 알면 관계 문제를 개선할 수 있다고 말했다. 사랑이 부족해서가 아니라 표현 방식이 달라서 생기는 갈등이 그만큼 많다는 것이다.

부부 관계의 속사정을 털어놓는 텔레비전 프로그램에서 사랑의 언어가 다른 부부를 본 적이 있다. 남편은 가장의 책임을 다하며 하루하루 최선을 다해 살고 있었다. 그는 시간과 봉사로 가족을 향한 사랑을 표현하고 있었다. 정작 아내는 그런 남편이 서운하다고 말했다. 자신이 스킨십을 시도하면 피곤해하며 밀치는 모습이 반복되니, 이렇게 무미건조한 것이 결혼 생활인가 회의가 든다고 했다. 심지어 아빠에게 안기려는 아이도 불편해하는 모습에 스킨십이 그렇게 어려운가 싶어 점점 포기하게 된다고 했다. 하지만 남편은 아내가 그렇게까지 서운할 일인지 모르겠단다. 서로 다른 사랑의 언어를 쓰는 두 사람은 상대방 언어를 이해하려 하기보다는 자기 언어를 써주길 바라면서 평행선을 달리고 있었다.

위로도 다르지 않다. 사람들은 자기에게 익숙한 방법을 쓰고 자기가 원하는 방법으로 위로하려 한다. 위로했지만 위로가 전해지지 않는 이유다. 소소한 대화를 통해 위로를 얻는 사람은 작은 표정 변화를 놓치지 않고 물어봐 주고 같이 이야기하며 시간을 보낼 때 따뜻한 위로를 경험한다. 그런 사람이라면 누군가를 위로하고 싶을 때 대화를 시도한다. 무슨 일인지 어떤 마음인지 하나하나 살핀다. 하지만 혼자 쉬고 싶거나 생각을 정리하고 싶은 사람에게는 그런 시도가 위로로 느껴지지 않을 수도 있다.

내가 편안하게 느끼는 방법이 아닌 상대가 원하는 방법으로 다가갈 때 진정한 위로가 깃든다. 정말 누군가를 위로하고 싶다면 그 사람이 받고 싶은 위로는 어떤 언어인지 살펴보는 것이 먼저다. 위로받고 싶을 때도 마찬가지다. 자신에게 무엇이 위로인지 알아야 정말 필요한 위로를

요청할 수 있다. 결국 자신과 타인의 욕구를 선명하게 바라볼 수 있어야
한다.

"내가 힘든데, 힘내라고 하면 힘이 납니까?"

많은 사람이 위로라고 착각하는 행동이 있다. 조언하고 해결책을 제시
하는 행동이 대표적이다.

　혜인 씨는 얼마 전 상사에게 일과 육아를 병행하기가 너무 힘들다고
이야기했다. 자칫 일을 줄여달라는 말처럼 들릴까 봐 내색하지 않다가
같은 워킹맘 처지에서 이해해줄 것 같아 속 얘기를 꺼냈다. 상사는 자기
경험을 얘기했다. "내가 딱 그랬잖아. 혜인 씨처럼 이것저것 다 손에 올
려놓고 고민하면 안 되는 거야. 나는 그때, 결정을 내렸거든. 우선순위를
정해야 해. 안 그러면…." 도와주고 싶은 마음은 알겠지만 속이 쓰렸다.
'누가 몰라서 안 하나, 알아도 안 되니까 그러지. 선배는 참 좋으시겠네
요, 우선순위 분명하고 딱 결정할 수 있어서.' 괜히 기분만 더 나빠졌다.
역시 이런 이야기는 안 하는 게 나았다 싶었다.

　과잉 공감 역시 위로와는 거리가 멀다. 힘든 마음을 꺼내놨을 때 너무
딱해하거나 과하게 몰입하면 위로받아야 할 사람이 위로를 하는 상황이
벌어진다. "아, 나 그 정도는 아닌데…." 설명하고 안심시키느라 위로받
을 겨를이 없다.

힘내, 잘될 거야 등의 말도 큰 위로가 되지 않는다. 위로의 대명사 펭수(EBS 프로그램 〈자이언트 펭TV〉에 등장하는 펭귄 캐릭터)의 말이 떠오른다. "내가 힘든데, 힘내라고 하면 힘이 납니까? 아니죠, 그렇죠? 그러니까 힘내라는 말보다 저는 '사랑해'라고 해주고 싶습니다."

위로랍시고 꼬치꼬치 캐물으며 상처를 후벼 파는 일도 있다. 상황을 잘 알아야 제대로 된 위로를 해줄 수 있으니 질문하는 것이 당연하다 생각하지만 사실은 개인적인 호기심을 채우느라 물을 때가 많다.

위로처럼 보이지만 위로가 아닌 행동의 공통점은 진정으로 상대방이 무엇을 원하는지 아는 것보다 자신의 불편함을 해소하는 데 초점이 맞춰져 있다는 점이다. 타인의 고통에 지나치게 죄책감이나 책임감을 느끼는 사람은 서둘러 그 상황을 해결하고 싶은 마음이 앞선다. 타인의 마음보다 자신의 시간과 욕구가 더 중요한 사람 역시 빨리 그 상황을 마무리 짓고 싶어 한다. 가만히 그 순간을 함께하기보다는 조언과 해결책, 과잉 공감과 지나친 질문, 표면적인 응원의 말을 앞세운다. 위로하는 것이 힘들다고 생각해왔다면 위로의 순간을 망치는 자신의 욕구가 무엇이었는지 찬찬히 들여다보기를 권한다.

위로를 받아야 위로가 된다는
착각에서 벗어나자

사람마다 위로의 언어가 다르니 각자에게 맞는 방법으로 위로하고 위로 받으려는 노력이 필요하다. 언제나 그렇듯, 말은 참 쉬운데 위로의 언어를 어떻게 찾아야 할지, 알고 나서는 어떻게 실천해야 할지 막막해진다. 진심으로 위로를 주고받는 방법은 무엇일까?

새로운 외국어를 배우듯
위로의 언어를 배우자

위로는 서로 다름을 인정하는 것에서 시작된다. 부부 상담으로 유명한 케빈 리먼Kevin Leman 박사는《부부, 심리학에게 길을 묻다》라는 책에서

302

남편과 아내가 원하는 것이 얼마나 다른지 소개했다.

남편이 아내에게 원하는 것을 물었을 때, 남편들은 1순위로 아내의 존경을 꼽았다. 필요한 존재가 되는 것, 성적 충족감이 그 뒤를 따랐다. 반면 아내가 남편에게 원하는 것 1순위는 애정이었다. 솔직한 대화, 가족에 대한 헌신이 뒤를 이었다. 리먼 박사 말대로라면 대부분의 남편에게 "당신 덕분에 우리 가족이 이렇게 행복하게 잘 지내고 있네. 늘 고마워"라는 말은 큰 위로가 될 것이다. 대부분의 아내는 "여보, 사랑해. 오늘도 참 예쁘다"라는 애정 표현에 위로받을 것이다. 서로가 원하는 것이 다름을 인정하고 차이를 발견하려 노력한다면 위로의 순간은 더 늘어날 것이다.

상대가 원하는 것이 무엇인지 알고자 할 때, 위로가 시작된다. 위로의 언어를 발견하는 방법은 간단하다. 상대방에게 진정으로 관심을 가지고 관찰하자. 무엇을 좋아하는지, 어떨 때 표정이 편안해지는지, 적극적으로 자기 이야기를 꺼내는 순간은 언제인지. 관찰한 내용을 기록해두는 것도 좋은 방법이다. 상대방이 선호하는 위로가 무엇인지 알았다면 그 방법으로 표현해보고 다시 관찰하고 또 시도하면 된다. 이때, 대화는 필수다.

외국어를 배우듯 위로의 언어를 배워나가야 한다. 처음부터 능숙하게 외국어를 구사하는 사람이 없듯 위로도 연습이 필요하다.

중후한 멋을 풍기는 상근 씨는 다른 사람을 잘 위로하는 사람이 되고 싶다고 했다. 하지만 말로 하는 위로는 낯뜨겁다는 생각이 자꾸만 그의 발목을 잡았다. 익숙하지 않아서인지 마음속에선 부드러웠던 말이 퉁명스럽게 나갔다. 급기야 말하지 않아도 진심을 알 거라 생각했던 아내조차 말 한마디 따뜻하게 하기가 그렇게 힘드냐며 서운함을 내비쳤다. 발음도, 억양도 어색한 외국어를 내뱉듯 조심스레 위로의 말을 건네기 시작했다. 처음엔 어색해했지만 입꼬리가 실룩 올라가는 아내의 얼굴, 아빠가 변했다며 징그럽다 외치던 딸도 그 어느 때보다 밝은 표정이 되었음을 놓치지 않았다.

이 연습은 자기 자신에게도 해당된다. 자신이 쓰는 말을 가만히 살펴보면 '나에게 이런 언어 습관이 있구나!' 하고 알게 되듯이 나에게 필요한 위로는 무엇인지 가만히 살펴보고 상대에게 표현해야 한다. "나 좀 안아 줘" 혹은 "내 얘기 좀 들어줄래?"라고 요청하면 상대방이 내 위로의 언어를 더 빨리, 정확하게 배울 수 있다.

토닥토닥 쓰담쓰담
몸으로 표현하는 위로의 힘

위로를 전하는 강력하고 효과적인 방법은 접촉이다. 가만히 머리를 쓰다듬어줄 때, 따뜻한 품을 내줄 때, 토닥토닥 등을 두드려줄 때, 우리는 큰 위로를 경험한다.

접촉이 주는 위로의 중요성을 처음 밝힌 사람은 미국의 심리학자 해리 할로Harry Harlow다. 새끼 원숭이에게 철사로 만든 엄마 원숭이와 헝겊으로 감싼 엄마 원숭이를 만들어주었다. 이 실험은 애초에 아기들이 왜 엄마를 좋아하는가 하는 질문에 대답하기 위한 것이었고, 그 당시 사람들은 엄마가 우유를 주기 때문에 엄마에게 강한 애착을 보인다고 믿었다. 하지만 새끼 원숭이는 부드러운 감촉의 헝겊 엄마에게 더 많은 시간을 매달려 있었다. 심지어 철사 엄마에게서만 나오는 우유를 먹을 때조차 몸은 헝겊 엄마에게 매달린 채 목만 내밀었다. 이상한 소리가 들리거나 낯선 물체를 보면 헝겊 엄마에게 안겨 공포가 사라지기를 기다렸다. 위로는 음식이 아닌 접촉에서 얻을 수 있는 것이었다.

접촉이 위로가 되는 이유는 뇌과학에서 찾을 수 있다. 뇌를 연구하는 심리학자들은 "피부는 밖으로 돌출된 뇌"라고 표현한다. 토닥토닥, 쓰담쓰담 접촉하는 순간, 피부에 느껴진 감촉이 뇌에 전달되어 엔도르핀과 옥시토신을 방출한다. 이 두 가지는 행복과 안정감을 느끼게 하는 물질이다.

접촉 경험만으로 행복과 위안을 경험하기에 이를 '접촉 위안'이라고 부른다. 엄마가 우는 아기를 달랠 때 등을 쓰다듬고 잠들기 전에도 가만히 토닥여주는 모습을 떠올려보면, 접촉 위안이 어떤 느낌인지 짐작할 수 있다. 어린아이들이 보드라운 담요나 인형을 가지고 노는 이유도 접촉 위안에서 찾을 수 있다. 불안하고 무서울 때 더욱 담요나 인형에 집착하는데, 이는 스스로 접촉을 통해 위안을 얻는 행동이다.

위안을 얻는다는 것은 단순히 안심하는 것 이상의 힘이 있다. 헝겊 엄마와 함께 있을 때 새끼 원숭이는 흥미로운 대상에 더 적극적으로 다가

가고 왕성한 호기심을 보였다. 아기들 역시 충분한 접촉을 경험할 때 옹알이도 많이 하고 호기심을 더 강하게 보인다.

가만히 어깨를 두드려주는 것만으로도 충분한 위로를 전할 수 있다니, 그리고 그 위로가 새로운 것을 찾아나갈 힘이 된다니, 때로는 말로만 위로하지 말고 토닥토닥, 쓰담쓰담 해보면 어떨까?

나를 가장 잘 위로해줄 수 있는 사람은 다름 아닌 나 자신

언제나 다른 사람에게서 위로를 구할 수만은 없다. 내 위로의 언어를 찰떡같이 이해하는 사람이 있다면 감사한 일이지만 항상 함께일 수는 없다. 때론 나를 위로할 사람이 없다는 생각만으로 더 외로워지기도 한다. 위로가 필요한 순간 스스로 위로할 수 있는 힘이 필요한 이유다.

심리학자 크리스틴 네프Kristin Neff는 건강한 사람에 대한 다양한 연구를 바탕으로 고통스러운 순간에 과도하게 자기 자신을 비난하는 대신 너그럽게 스스로를 보살피고 이해하는 태도가 중요하다고 말한다. 인생이라는 과정을 살아가느라 참 애쓰고 있다고, 누구나 넘어지고 실수한다고, 나 역시 그래도 괜찮다고 생각하는 것이 건강한 삶의 태도임을 강조한다.

사람들은 흔히 더 많은 성취를 이루려고 스스로를 질책하며 애쓰거나 긍정적인 모습에만 집착하지만, 이런 태도는 오히려 실패 앞에 쉽게 무너져버리거나 남 탓을 하게 만든다. 괴롭고 슬픈 순간 우리에게 필요한 것은 혹독한 질책이나 현실성 없는 낙관이 아니라 자애로운 마음이다. 마치 실의에 빠진 누군가를 위로하듯이 자신의 삶과 모습에 대해 자애로운 태도를 갖는 것, 바로 '자기 자비'다.

자기 자비를 가진 사람은 자신의 실패와 실수를 담담하게 받아들인다. 누구에게나 이번 생은 처음이고 그렇기 때문에 어려운 것이라고. 때로 넘어질 수 있음을 인정하고 넘어져도 괜찮다고 생각한다. 실패와 실수가 왜 아프지 않겠냐마는 그 감정에 함몰되지 않는다. 나 참 애쓰고 있다고, 잘하고 있다고 토닥일 줄 안다. 자신에게 친절해지는 것이 바로 자기 자비다.

자기 자비의 힘을 보여주는 흥미로운 실험이 있다. 줄리아나 브레인Juliana G. Breines과 세리나 첸Serena Chen 교수는 연구에 참여한 학생들에게 최근에 잘못한 일, 죄책감과 후회와 수치심을 느꼈던 일을 떠올려보라고 했다. 그다음에 학생들에게 짧은 글을 쓰도록 했다. 첫 번째 그룹은 자기 자비 글쓰기 조건으로 "당신이 떠올린 일에 대해 관대하고 친절한 마음을 갖고 글을 써보세요. 당신 스스로에게 뭐라고 말할 수 있을까요?"라는 지시를 받았다. 두 번째 그룹은 자존감 글쓰기 조건이었는데 "당신의 긍정적인 면을 써보세요. 예를 들어 스스로 자랑스럽다고 느껴지는 특징이나 성취를 써보세요"라는 지시를 받았다. 마지막 그룹은 자신의 취미에 대해 써달라는 지시를 받았다. 글쓰기가 끝난 후 참가자들은 자신의 실수를 얼마나 바로잡고 싶은지, 미래에 같은 일을 되풀이하지 않겠다는 의지가 얼마나 강한지와 관련된 설문에 응답했다.

사람들은 흔히 자기를 긍정적으로 바라볼수록 큰 힘을 가지게 될 것이라고 믿지만 결과는 의외였다. '그런 상황에서 그런 행동을 할 수밖에 없었지', '이런 상황도 내 행동에 영향을 미쳤을 거야'와 같이 자비로운 시선으로 자신을 바라본 그룹에게서 잘못을 고치고 다시는 그런 행동을 반복하지 않겠다는 동기 부여가 가장 강하게 나타났다.

브레인과 첸 교수 팀은 다양한 연구를 수행했는데, 자기 자비 태도를 가진 사람들은 자신의 약점도 극복할 수 있다는 믿음을 보였고 실패한 직후에도 더 나은 결과를 얻기 위해 더 많은 시간을 공부했으며 다른 사람에게서 배우는 것도 멈추지 않았다. 자기를 따뜻하게 품는 위로가 새롭게 나아갈 원동력을 제공한 것이다. 많은 사람들이 자기를 용서하기를 두려워한다. 혹여 나태해질까 봐, 더 무너질까 봐 걱정한다. 하지만 이 연구 결과는 자기 자비가 오히려 성장 동력을 제공한다는 사실을 보여준다. 지친 하루를 보냈을 때 잘 쉬고 나면 그다음 날을 살아갈 힘이 생기는 것과 같은 이치다. 긍정적 환상에 빠져 나태한 태도를 보인 사람들은 자존감 글쓰기 그룹이었다. 자랑할 만한 모습을 쓰고 나니 한껏 기분이 좋아졌지만 반성하거나 더 나아지려는 태도는 보이지 않았다.

자기 자비는 계획이 틀어졌다 느끼거나 삶에서 삐끗하는 순간을 맞이했을 때 진가를 발휘한다. 클레어 애덤스Claire E. Adams와 마크 리리 Mark R. Leary는 실험실에 온 여학생들에게 '텔레비전을 보면서 먹는 행위에 대한 반응'을 살펴보는 연구라고 설명했다. 이는 여학생들이 먹는 행위를 관찰하고 있음을 숨기기 위한 설명이었을 뿐, 실제로는 몸에 좋지 않은 음식을 먹은 후의 행동에 자기 자비가 어떤 영향을 주는지 알아보는 실험이었다. 참가자들은 텔레비전이 놓인 방에 들어서자마자 물한 잔을 다 마셔야 했는데, 깨끗한 위와 미각을 위한 것이라 소개했지만 사실은 배를 부르게 하기 위함이었다. 참가자들은 영상을 보면서 도넛 하나를 먹어야 했다.

지금부터 진짜 실험이 시작된다. 연구자는 일부 참가자에게만 "사람들은 텔레비전을 보는 동안 건강하지 않은 단 음식을 많이 먹곤 하지요. 이런 현실을 그대로 반영하기 위해 정크푸드인 도넛을 선택했습니다. 그러니까 이 도넛을 다 먹었다고 해서 스스로 힘들어하지 않기를 바랍니다. 모든 사람이 건강하지 않은 음식을 먹고, 여기 이 연구에 참여한 사람들 모두와 스태프도 마찬가지입니다. 이걸 먹었다고 그렇게 걱정할 일은 전혀 없어요. 이 정도 양의 음식은 별다른 영향을 미치지도 못합니다. 설문지 가져올 때까지 잠시만 기다려주세요"라고 덧붙였다. 자기 자비 조건이다. 다른 참가자들에게는 이런 설명 없이 "설문지 가져올 때까지 잠시만 기다려주세요"라고 말했다.

설문지를 가지러 간 연구자는 설문지와 함께 사탕이 가득 담긴 그릇도 들고 돌아왔다. 미각 테스트를 한다며 사탕을 먹고 맛을 평가해달라고 요청했다. 맛 평가를 위해 최소한 하나 이상은 먹어야 하지만 원한다면 얼마든지 더 먹어도 된다고 했다. 5분 동안 방에서 혼자 사탕 맛을 평가한 후 마지막 설문에 응답했다. 연구에 참여해서 먹는 동안 어떤 감정을 느꼈는지, 자신에 대해 어떤 생각이 드는지 등을 묻는 내용이었다.

연구자들이 가장 관심 있었던 것은 사탕을 얼마나 먹는가였다. 사탕을 먹은 양은 자기 자비에 따라 달라졌다. 죄책감을 덜 느끼도록 자기 자비 메시지를 들었던 사람들은 평균 30그램 정도 사탕을 먹었지만, 자기 자비 메시지를 듣지 않은 사람들은 두 배가 훌쩍 넘는 평균 70그램에 가까운 양을 먹었다.

이 결과가 평소 예민하게 식단을 관리했던 사람들에게서 나왔다는 점이 더욱 흥미롭다. 건강하게 먹고 몸을 관리해야 한다고 믿는 사람들은 이미 도넛을 먹은 상태에서 사탕을 최소한으로 먹을 것 같다. 하지만 자기 자비가 없었던 사람들은 이왕 이렇게 망쳐버렸는데 '에라 모르겠다' 하는 심정이 되었다. 반면 자기 자비를 경험한 사람들은 도넛을 배불리 먹은 후에도 자기조절을 발휘할 수 있었다.

무언가 잘못되고 망쳐버린 것 같을 때, 자기 자비를 가지면 누구나 실수할 수 있고 한 번의 실수로 모든 것을 망치지 않는다는 사실을 깨닫게 된다. 이제부터 잘하면 된다고 자신을 다잡을 수 있다.

내가 얼마나 스스로에게 자비로운 사람인지 궁금하다면 다음페이지의 문항을 참고해보자. 한국판 자기 자비 척도 중 일부 문항을 소개한다. 이 척도는 자기 친절, 자기 판단, 보편적 인간성, 고립감, 마음 챙김, 과잉 동일시를 측정하는 스물여섯 개 문항으로 이루어져 있는데, 그중에서 자기 자비를 이해하는 데 도움이 되는 여섯 개 문항을 소개한다.

☐ 나는 감정적으로 힘들어질 때(마음이 아플 때) 나 자신을 사랑하려고 애를 쓴다.

☐ 나는 고통을 겪고 있을 때, 나 자신에게 친절하게 대한다.

☐ 나는 내가 겪은 실패들에 대해서 사람이라면 누구나 겪을 수 있는 일로 보려고 노력한다.

☐ 나는 상황이 나에게 좋지 않게 돌아갈 때, 그러한 어려움은 모든 사람이 겪는 인생의 한 부분이라고 여긴다.

☐ 나는 뭔가 고통스러운 일이 생기면, 그 상황에 대해 균형 잡힌 시각을 가지려고 노력한다.

☐ 나는 기분이 처질 때면 호기심과 열린 마음을 갖고 내 감정에 다가가려고 노력한다.

서툰 위로에도 마음이 담겨 있다는 사실을 알아주자

살다 보면 위로가 필요한 순간이 참 많다. 그때마다 내가 원하는 방법으로 위로가 찾아온다면 좋겠지만, 타인의 언어를 온전히 이해하기는 어렵고 우리는 참 서툴다. 그렇기 때문에 일상 속에서 완벽한 위로보다 서툰 위로를 마주할 때가 더 많다. 그러니 내가 원하는 방법이 아니라 해도 위로를 전하려는 마음을 알아주자.

네 살 된 둘째는 엄마가 지쳐 보이면 아끼는 꼬마곰 젤리를 나눠 준다.

여덟 살 첫째는 안 읽던 책을 꺼내 읽고 방 청소를 한다. 마흔 넘은 남편은 아이들을 단속하고 "가방 하나 사러 갈까? 요즘 너무 뭘 안 사더라, 쇼핑 좀 해" 하며 너스레를 떤다. 저마다의 방법으로 위로한다. 이 방법들이 기대한 바로 그 방법은 아니라 하더라도 진심을 알기에 위로받는다.

정말 원하는 방법으로 위로받고 싶다면? 진심과 노력을 알아주되 요청할 수 있다. "선물이라도 줘서 나 힘내게 해주려는 거지? 고마워. 내 생각 해주는 그 마음 덕분에 힘이 난다. 그런데 나는 선물이 없어도, 가만히 앉아서 대화하는 시간만 있으면 힘이 날 것 같아. 나한테 무슨 일 있냐고, 뭐든 얘기해보라고 말해주는 걸로 난 충분해."

때론 자신의 위로 방법이 너무 서툴게 느껴질 때도 있다. 정말 위로하고 싶은데 도무지 방법을 모르겠다 싶으면 진심을 전하면서 물어보는 것도 좋은 방법이다. "난 너에게 힘이 되고 싶은데, 방법을 잘 모르겠어. 내가 어떻게 하면 네가 힘이 날까?"

간혹 나는 도대체 누구에게, 언제 위로받을 수 있냐고 묻는 사람들을 만난다. 이렇게 일상에, 대인 관계에 지친 사람들에게 소개하고 싶은 연구가 있다. 위로를 받을 때뿐만 아니라 위로를 할 때도 힘이 난다는 사실을 보여주는 내용이다.

연구자들은 사람들이 쓴 일기 내용을 바탕으로 가까운 사람을 얼마나 이해하고 공감하며 그 마음을 표현했는지 살펴봤다. 일기를 쓴 사람의 외로움, 스트레스, 불안도 측정했다. 다른 사람을 정서적으로 많이 위로한 사람일수록 외로움과 스트레스, 불안을 모두 덜 느꼈다. 위로하는 것만으로 마음이 더 건강한 삶을 누릴 수 있다니, 위로는 일단 하고 볼 일이다.

막연히 위로를 기다리기보다 먼저 공감과 이해를 전해보면 어떨까? 그 마음이 나에게 돌아올 뿐만 아니라 혹여 돌아오지 않더라도 내가 건강해질 수 있으니.

진정한 위로를
주고받는 법

1. 내가 쓰는 위로의 언어를 찾아보자

책에서 설명한 '다섯 가지 사랑의 언어'를 활용해도 좋다. 더 간단한 방법은, 자신이 위로받았던 경험을 떠올려보거나 상대방이 위로받은 순간을 물어보는 것이다.

2. 자기 자비의 마음을 갖자

다음과 같은 세 가지 질문을 해보면 자기 자비에 한 걸음 더 다가설 수 있다.

① 나는 나에게 친절하고 이해심을 가지고 있나?

② 나는 누구나 실패와 실수를 경험할 수 있다는 사실을 잘 알고 있나?

③ 나는 부정적 감정에 대해 균형적 태도를 유지하고 있나?

3. 위로의 말과 행동을 준비해두자

자신과 타인에게 위로가 필요한 순간을 대비해서 그때 써먹을 말과 행동을 생각해두자. 위로도 연습이 필요한 기술이다. 처음부터 능숙하게 잘하기는 어렵다.

"이 정도면 괜찮아. 오늘 열심히 살았잖아."

"네 탓이 아니다. 생길 일들이니까 생겼을 뿐이다."

위로받은 말이 있다면 기록해두어도 좋다. 물론, 접촉 위안을 기억한다면 위로를 반드시 말로 전달할 필요는 없다.

QR코드를 인식하면
〈알편심〉 26회 방송을 들을 수 있습니다.
https://youtu.be/jPP-a3cpVZo

나오며

당신의 마음은
충분히 그럴 수 있다

독자들 가운데 이런저런 시도를 했는데도 좀처럼 편해지지 않는 마음 때문에 힘든 시간을 보내고 있는 사람도 있을 것이다. 조금 더 깊이 자신을 이해하고 싶다고 생각하는 사람도 있을 것이다. 이런 사람에게는 심리상담을 권한다.

예전에 비해 심리상담에 대한 정보가 많아지긴 했지만 여전히 모호한 부분이 있다. 어느 정도 상태일 때 상담을 받아야 하는지, 어떻게 진행되는지, 어디에서 누구에게 받아야 하는지, 비용은 얼마나 드는지 등 어디에 물어봐야 할지조차 모르는 질문들이 많다. 상담심리 전문가로서 이 책의 독자가 안전하고 전문적인 서비스를 받길 바라는 마음으로 심리상담에 대해 몇 가지 안내하고자 한다.

심리상담은 심리적 어려움이나 문제를 해결하기 위한 과정이며, 자기 이해를 도모하고 변화와 성장으로 가는 학습의 경험이다. 정신의학과에서 약물치료를 주로 한다면 심리상담은 약물처방 없이 대화를 중심으로 하되 필요한 경우 미술이나 음악 등 다양한 매체를 활용한다.

심리상담은 옷장을 정리하는 행위와 같다. 버렸어야 할 옷, 사두고 잊어버린 옷, 세탁소에 맡겼어야 할 옷들이 뒤엉켜 있으면 옷장은 제 기능을 하지 못한다. 우리 마음도 마찬가지다. 심리상담을 통해 마음에 무엇이 들어 있나 들여다보고 제자리에 둘 것은 두고 버릴 것은 버리는 작업을 해나간다. 정리하고 난 옷장에 여유가 생기듯 심리상담은 마음을 순환시키고 새로운 나를 발견할 기회를 준다.

심리상담의 필요성을 느낀다 해도 상담소를 찾아가기가 쉽지 않다. 내가 상담을 받아야 할 만한 상태인가, 괜히 별것 아닌 일로 상담받는 것은 아닐까 하는 생각에 망설여진다. 하지만 몸이 아플 때도 누군가는 재채기만 나도 병원에 가고 누군가는 아파 죽겠다 싶어도 약국에서 약만 사 먹듯 마음도 마찬가지다. 실제 상담소에는 오랫동안 반복되어온 뿌리 깊은 문제로 고통을 겪다가 오는 사람부터 환경이나 상황의 변화로 급격하게 발생한 심리적 문제로 오는 사람, 특별히 문제는 없지만 조금 더 자신을 잘 알고 싶어서 오는 사람까지 증상의 종류와 정도가 천차만별인 사람들이 모두 방문한다.

상담소 문턱을 넘었다 해도 여전히 불편함은 존재한다. 심리상담을 받는다고 하면 나를 이상한 사람, 문제 있는 사람으로 보진 않을까, 혼자서 해결하지 못한 나약한 사람으로 보진 않을까 걱정한다. 하지만 심리 상담을 받는 내담자들은 누구보다 건강하게 살고자 하는 의지와 자신의 문제를 직면하려는 용기를 가진 사람이다. 스스로 상담 한번 받아볼까 하는 마음이 들었다면 상담이 필요한 상태라는 신호일 수 있으니 괜한 걱정 때문에 그 신호를 무시하지 않길 바란다. 심리상담이 필요하다고 느끼는 것은 당신이 문제를 바라보고 해결할 준비가 되었다는 의미이기 도 하니 용기를 내보자.

심리상담은 작은 세계다. 상담자와 내담자가 만나 대화를 나눌 뿐인 데, 그 속에서 그동안 일상에서 반복되던 인간관계의 어려움을 반복하 기도 하고 아주 어린 시절의 자신으로 되돌아가기도 한다. 잊고 있었던 기억이 떠오르기도 하고 진정한 욕구를 만나기도 한다. 자기를 돌아보 고 정리하며 자신에 대한 이해와 세상에 대한 관점이 변해간다. 자기 안 의 힘을 발휘해 불편했던 문제들을 해결해나간다.

물론 심리상담이 모든 문제를 해결해주지는 않는다. 편도샘 때문에 고생하던 아이가 편도샘 수술을 했다. 수술하면 더 이상 병원 갈 일이 없 을 줄 알았는데 여전히 자주 아프다. 하지만 수술하기 전만큼 오랫동안 아프거나 목에서 시작해 코와 귀까지 증상이 심해지는 경우는 확실히 줄어들었다. 심리상담의 효과도 마찬가지다. 상담을 받았다고 예전과는 다른 완전히 새로운 내가 되지는 않겠지만 같은 경험을 해도 더 빨리 회 복하고 심리적 타격을 덜 받고 자기 삶을 더 충실히 살아갈 수는 있다.

심리상담을 받을 때 가장 중요한 점은 전문성을 갖춘 상담자에게 상담을 받아야 한다는 것이다. 때로는 마음이 통하는 지인과의 대화만으로 문제가 해결되기도 한다. 그러나 몸이 아플 때 민간요법으로 통증을 완화할 수는 있지만 근본적인 치료가 아닌 것과 마찬가지로 일상 대화로 심리치료를 대체하는 데에는 한계가 있다. 심리상담은 문제 해결과 치료라는 목표를 가진 전문적인 대화이므로 전문 훈련을 받은 공인된 상담자에게 받는 것이 중요하다. 이를 위해 어떤 자격증을 갖고 있는지, 관련 학위를 가지고 있는지 확인해야 한다. 한국상담심리학회 상담심리사, 한국상담학회 전문상담사, 한국임상심리학회 임상심리전문가, 보건복지부 정신건강임상심리사 등 공인된 기관이나 학회에서 인증한 자격증을 가진 상담자를 추천한다.

상담 비용도 중요한 고려 대상이다. 1회기당 비용은 상담자의 경력과 전문성 정도에 따라 다를 수 있다. 다만 지나치게 고가이거나 여러 회차 비용을 미리 한꺼번에 결제하라고 유도하는 경우, 불필요하게 비싼 심리검사를 무조건 받도록 하는 경우는 피하는 편이 좋다. 빠른 치료나 완치를 강조하거나 상담자의 능력을 지나치게 강조하는 경우도 조심해야 한다. 제대로 훈련받은 상담자는 내담자의 권리와 책임, 자유의지를 존중하므로 과도한 요구를 하지 않고 상호 동등한 관계 속에 상담을 진행한다.

나다움의
끝은 없다

마거와 대박사 역시 스스로를 알아가고 나답게 살기 위해 끊임없이 노력하고 있다. 답을 찾기 위한 치열한 고민의 시간도 있었고, 편안함을 느끼며 안도했던 때도 있었다. 심리학자이자 상담자인 우리가 각자의 변화뿐만 아니라 다른 사람들의 변화와 성장도 함께하면서 분명히 알게 된 것은 나다움의 끝은 없다는 것이다.

한때 나다움이라 여겼던 것들이 시간이 지나고 보면 나답지 않았던 것이 될 수도 있다. 한때 간절히 원했던 모습이 어느새 별로 중요해지지 않을 수도 있다. 완전한 나다움, 변하지 않는 진짜 나라는 것은 애초에 존재하지 않을 수도 있다. 우리는 다만 지금 이 순간의 나로 충실히 살아갈 뿐이다.

혹여 이 책을 읽고 자신을 비난하거나 이건 진짜 내가 아니라고 부인하지 않길 바란다. 완벽주의자라면? 충분히 그럴 수 있다. 남들보다 더 많이 우울하다면? 역시 충분히 그럴 수 있다.

모든 면에서 이상적인 모습이 될 필요는 없다. 그저 마음속에 남는 아주 작은 행동, 한번 해보고 싶은 새로운 시도가 있다면 지금 바로 해보길 바란다. 지금 이 순간 당신의 마음이 이끄는 곳에서 자기다움을 즐겨볼 수 있길!

QR코드를 인식하면 〈알편심〉 24회 첫 번째 방송을 들을 수 있습니다.
두 번째 방송도 이어서 함께 들어보세요.
https://youtu.be/sRy-EoLlxjE

참고 문헌

1부 '해야 한다'를 '해도 된다', '할 수 있다'로 바꿔보자

1 오늘부터 당장 시작하고 싶은데 자꾸만 미루게 돼요

- Sirois, F. M., Yang, S, & Eerde, W. V. (2019). Development and validation of the General Procrastination Scale (GPS-9): A short and reliable measure of trait procrastination. *Personality & Individual Differences. 146*, 26-33.
- Sheldon, K. M., & Elliot, A. J. (1999). Goal-striving, need satisfaction, and well-being: The self-concordance model. *Journal of Personality and Social Psychology, 76(3)*. 482-497.
- Carels, R. A., Hlavka, R., Selensky, J., Solar, C., Rossi, J., & Miller, C. (2019). A Daily Diary Study of Internalized Weight Bias and its Psychological, Eating and Exercise Correlates. *Psychology and Health, 34*, 306-320.
- 박수련, 오세진, 이요행 (2011). 셀프모니터링 실시 빈도의 차이가 사무직 근로자의 올바른 앉은 자세에 미치는 효과. 한국안전학회지, 26(6). 97-103.
- Urban, T. (2016). Inside the mind of a master procrastinator. Ted. https://www.ted.com/talks/tim_urban_inside_the_mind_of_a_master_procrastinator

2 후회할까 봐 두려워서 결정을 못 하겠어요

- Iyengar, S. S., & Lepper, M. R. (2000). When choice is demotivating: Can one desire too much of a good Thing? *Journal of Personality and Social Psy-*

chology, 29(6), 995-1006.

- Reutskaja, E., Lindner, A., Nagel, R., Andersen, R. A., & Camerer, C. F. (2018) Choice overload reduces neural signatures of choice set value in dorsal striatum and anterior cingulate cortex. *Nature Human Behaviour, 2 (12)*, 925-935.

- Schwartz, B. (2004). 선택의 패러독스. (형선호 역). 웅진. (원전은 2004년에 출판) (개정판: 선택의 심리학)

- Kahneman, D., & Tversky, A. (1982). The Psychology of preferences. *Scientific American, 246*, 160-173.

3 오늘도 무심코 화를 내고 말았습니다

- Mayer, J. D., Salovey, P., & Caruso, D. R. (2004). Emotional Intelligence: Theory, Findings, and Implications. *Psychological Inquiry, 15(3)*, 197-215.

4 내가 누구인지, 뭘 원하는지 잘 모르겠어요

- Erikson, E. H. (1968). *Identity: Youth and Crisis*. New York, NY: Norton.

- Marcia, J. E. (1966). Development and validation of ego-identity status. *Journal of Personality and Social Psychology, 3(5)*, 551 – 558.

- Vaillant, G. E. (1977). *Adaptation to Life*. Harvard University Press.

- Levinson, D. J., Darrow, C. N., & Klein, E. B. (1978). *The Seasons of a Man's Life*. Ballantine Books

- Jung, C. G. (2014). 영혼을 찾는 현대인. (김세영 역). 부글북스. (원전은 1955년에 출판)

2부 있는 그대로의 나를 충분히 들여다보자

5 나도 내가 왜 이러는지 이해할 수가 없어요

- Meck, W. H. (2003). *Functional and Neural Mechanisms of Interval Timing*. Boca Raton, FL : CRC Press.
- Powers, K. E., Worsham, A. L., Freeman, J. B., Wheatley, T., & Heatherton, T. F. (2014). Social connection modulates perceptions of animacy. *Psychological Science, 25(10)*, 1943 – 1948.

6 지금 내 모습이 최선일까요? 이대로 살아도 괜찮을까요?

- Burns, D. D. (1980). The perfectionist's script for self-defeat. *Psychology Today*, 34-51.
- Hewitt, P. L., & Flett, G. L. (1991). Perfectionism in the self and social contexts: Conceptualization, assessment, and association with psychopathology. *Journal of Personality and Social Psychology, 60*, 456-470.

7 나보다 잘난 사람들을 보면 자꾸만 주눅이 들어요

- 한민, 서신화, 이수현, 한성열 (2012). 한국인의 자존심 개념과 특성에 대한 연구. 한국심리학회지: 문화 및 사회문제, 19(2), 203-234.
- Branden, N. (2015). 자존감의 여섯 기둥. (김세진 역). 교양인. (원전은 1994년에 출판)
- 기시미 이치로, 고가 후미타케 (2014). 미움받을 용기. (전경아 역). 인플루엔셜. (원전은 2013년에 출판)

8 실패할까 봐, 낙오할까 봐 무서워서 도전하기가 힘들어요

• Rogers, C. (1961). *On becoming a person: A therapist's view of psycho-therapy*. London: Constable.

• Higgins, E. T. (1987). Self-discrepancy: A theory relating self and affect. *Psychological Review, 94(3)*, 319-340.

• Dweck, C. S. (2017). 마인드셋. (김준수 역). 스몰빅라이프. (원전은 2006년에 출판)

3부 '내가 원하는 것'을 잘 표현하는 방법을 배우자

9 다른 사람들의 시선이 항상 신경 쓰여요

• Cooley, C. H. (1902). *Human nature and the social order*. New Brunswick.

• Gilovich, T., Medvec, V. H., & Savitsky, K. (2000). The spotlight effect in social judgment: An egocentric bias in estimates of salience of one's own actions and appearance. *Journal of Personality and Social Psychology, 78*, 211-222.

• Savitsky, K., Epley, N., & Gilovich, T. (2001). Do others judge us harshly as we think? Overestimating the impact of our failures, shortcomings, and mishaps. *Journal of Personality and Social Psychology, 81*, 44-56.

• Epley, N., Savitsky, K., & Gilovich, T. (2002). Empathy neglect: Reconciling the spotlight effect and the correspondence bias. *Journal of Personality and Social Psychology, 83*, 300-311.

10 '싫어요', '아니요'라고 말하기가 너무 힘들어요

• Bohns, V. K., Roghanizad, M., & Xu, A. Z. (2014). Underestimating our influence over others' unethical behavior and decisions. *Personality and Social Psychology Bulletin, 40(3)*, 348-362.

- Patrick, V. M., & Hagtvedt, H. (2011). "I don't" versus "I can't": When empowered refusal motivates goal-directed behavior. *Journal of Consumer Research, 39*, 371-381.

11 툭 내뱉은 말 한마디로 또다시 상처를 주고 말았습니다

- Rosenberg, M. B. (2017). 비폭력대화. (캐서린 한 역). 한국NVC센터. (원전은 2015년에 출판)
- Kawamichi, H., et al. (2015). Perceiving active listening activates the reward system and improves the impression of relevant experiences. *Social Neuroscience, 10*, 16-26.

12 소중한 사람이 떠나갈까 봐 무서워서 집착하게 돼요

- Ainsworth, M. D. S., Blehar, M. C., Waters, E., & Hillsdale, S. W. (2015). *Patterns of attachment: A psychological study of the strange situation*. N. J., Erlbaum, 1978[distributor, Halsted(Wiley), New York]. xviii, 392.
- Bartholomew, K. & Horowitz, L. M. (1991). Attachment Styles Among Young Adults: A Test of a Four-Category Model. *Journal of Personality and Social Psychology, 61*, 226-244.
- Bowlby, J. (1988). A secure base: *Parent-child attachment and healthy human development*. New York: Basic Books.
- Lavigne, G. L. , Vallerand, R.J., & Crevier-Braud, L. (2011). The fundamental Need to Belong: On the distinction between growth and deficit-reduction orientations. *Personality and Social Psychology Bulletin, 37*, 1185-1201.

- de Botton, A. (2007). 왜 나는 너를 사랑하는가. (정영목 역). 청미래. (원전은 2006년에 출판)
- Downey, G. & Feldman, S. I. (1996). Implications of rejection sensitivity for intimate relationships. *Journal of Personality and Social Psychology, 70*, 1327-1343.

4부 소소한 행동, 오늘의 기쁨으로 스스로를 구해주자

13 땅으로 쑥 꺼져버리는 기분, 혹시 우울증일까요?
- Korb, A. (2018). 우울할 땐 뇌과학. (정지인 역). 심심. (원전은 2015년에 출판)
- Miller, W. R., & Seligman, M. E. (1975). Depression and learned helplessness in man. *Journal of Abnormal Psychology, 84(3)*, 228 – 238.
- Suzuki W. (2018). The brain-changing benefits of exercise. Ted. https://www.youtube.com/watch?v=BHY0FxzoKZE

14 걱정이 너무 많아서 걱정입니다
- Dugas, M. J., Freeston, M. H., & Ladouceur, R. (1997). Intolerance of uncertainty and problem orientation in worry. *Cognitive Therapy and Research, 21*, 593-606.
- Freeston, M., Rhéaume, J., Letarte, H., Dugas, M. J., & Ladouceur, R. (1994). Why do people worry? *Personality & Individual Differences, 17*, 791 – 802.
- Wiseman, R. (2008). 잭팟 심리학. (이은선 역). 시공사. (원전은 2003년에 출판)
- 하하키기 호세이 (2018). 답이 보이지 않는 상황을 견디는 힘. (황세정 역). 끌레마. (원전은 2017년에 출판)

15 위로가 필요한 순간, 하지만 너무 외로워요

• Chapman, G. (2010). 5가지 사랑의 언어. (황을호, 장동숙 역). 생명의말씀사. (원전은 2010년에 출판)

• Leman, K. (2010). 부부, 심리학에게 길을 묻다. (박선령 역). 느낌이있는책. (원전은 2009년에 출판)

• Harlow, H. F. (1958). *The nature of love. American Psychologist, 13(12)*, 673–685.

• Neff, K. D. (2003). Self-compassion: An alternative conceptualization of a healthy attitude toward oneself. *Self and Identity, 2*, 85-101.

• Breines, J. G. & Chen, S. (2012). Self-Compassion Increases Self-Improvement Motivation. *Personality and Social Psychology Bulletin, 38(9)*, 1133-1143.

• Adams, C. E., & Leary, M. R. (2007). Promoting Self–Compassionate Attitudes Toward Eating Among Restrictive and Guilty Eaters. *Journal of Social and Clinical Psychology, 26(10)*, 1120-1144.

• 김경의, 이금단, 조용래, 채숙희, 이우경 (2008). 한국판 자기자비 척도의 타당화 연구, 한국심리학회지: 건강, 13(4), 1023-1044.

• Morelli S. A., Lee, I. A., Arnn, M. E., & Zaki, J. (2015). Emotional and instrumental support provision interact to predict well-being. *Emotion, 15(4)*, 484-493.

모든 마음에는 이유가 있다

초판 1쇄 발행 2021년 6월 9일 **초판 4쇄 발행** 2022년 12월 1일

지은이 김혜영(마거), 이수란(대박사)
펴낸이 이승현

출판2 본부장 박태근
W&G 팀장 류혜정
기획·편집 남은경
디자인 김태수

펴낸곳 ㈜위즈덤하우스 **출판등록** 2000년 5월 23일 제13-1071호
주소 서울특별시 마포구 양화로 19 합정오피스빌딩 17층
전화 02) 2179-5600 **홈페이지** www.wisdomhouse.co.kr

ⓒ 김혜영(마거), 이수란(대박사), 2021

ISBN 979-11-91583-91-5 03180